学术共

构 筑

美国大学教师发展制度研究

王保星 黄梦婉 等著

Preface

前　言

作为人类制度文明中古老而美好的知识传播与探索机构，大学以其在人类社会事务中所发挥的越来越重要的作用而逐步成为社会的轴心机构。这一过程也同时见证了大学从“教士的村庄”“知识人的城镇”最终走向“多元化巨型知识都市”的演变历程。而就大学的基本要素而言，无论是“大学者，非谓有大楼之谓也，有大师之谓也”的中国式表述，还是“大学教师就是大学本身”的西方式诠释，均强调了大学教师对一所大学的意义。注重大学教师发展进而实现大学的发展，是世界各国大学不断满足社会需要和拓展自身生长空间的基本方略。因此，为大学教师发展提供必要的制度保障，就成为现代大学发展的重要议题之一。

19 世纪后半期，美国大学教育在继承欧洲大学教育传统的基础上，完成了从殖民地学院向现代大学的转型。这一转型对于美国大学教师发展而言具有多方面的意义。首先，大学教师经历了从“教学者”到“研究者”再到“教学与研究者”等职业身份的转变。其次，大学教师理念也得到不断更新。前哈佛大学校长科南特(James B. Conant, 1893—1979)曾基于其自身的大学治理经验明确提出，一个学校要站得住，教师一定要出色。[1] 最后，更为重要的是，大学教师职业的发展还持续获得制度变革的支持，大学教师逐步成为一项需要发展的职业，一项需要借助知识更新和科学研究活动支撑的职业。

---

[1] 陶爱珠. 世界一流大学研究[M]. 上海：上海交通大学出版社，1993：9.

19 世纪后半期至 20 世纪末，美国大学教师的发展相继经历了三个阶段：美国大学教师发展制度初步确立的“奠基时代”（19 世纪后半期至 1945 年），美国大学教师发展实践与制度建设的“黄金时代”（1945 年至 1970 年），美国大学教师发展制度调整的“危机时代”（1970 年至 1985 年）。基于各个历史时期美国大学教育发展所处的社会环境和大学自身理念与制度的差异，美国大学教师发展的实践形式也表现出差异性。

在“奠基时代”，借助 20 世纪上半叶美国社会经济的快速发展，20 世纪中期的美国社会步入高度工业化、科学化和专业化的时代。在适应和促进该阶段社会发展的过程中，美国大学教育体系日益完善，美国大学教师职业发展逐步呈现出申请资格专业化、学术职能多样化、学科知识制度化、学术专业稳定化、学术专业组织化等发展成就和特征。

在“黄金时代”，接受高等教育的人数迅速增加，高等教育观念、结构和功能发生了重大变化。美国大学教师的生存状况也悄然发生变化：其一，大学教师在社会发展中逐渐发挥着举足轻重的作用，大学教师的社会威望得到提高；其二，大学教师的学术自由权利受到保护，科研资金及物质条件得到保障；其三，大学教师更专注于学术职业发展，大学之间学术交流乃至国际学术交流加强，各类学术团体纷纷建立。

在“危机时代”，美国高等教育发展面临经济危机、社会危机和公众信任危机，同时也受到该时期肯定性行动计划、“学生消费者至上”观念和妇女解放运动等的深刻影响。美国大学教师的工作环境与生活状况发生了重大变化，职业发展受到直接挑战。终身教职制度、学术休假、教师评价机制、新教师职业适应计划、教学研习会等制度的确立与实施成为该时期美国大学教师发展的主要内容。

在美国大学教师发展的历程中，在落实美国大学教师各项职业发展事务的过程中，包括终身教职、教学发展、学术自由权利保障、学术休假、同行评议等在内的一系列大学教师发展制度逐步形成，构建起美国大学教师发展制度体系，有力地促进了美国大学教师发展。

美国大学教师发展实践的演进历程，为实现美国大学教师共同体构建的目的而探索实施的美国现代大学教师发展制度的变迁过程，见证了美国高等教育的发展历史。基于此，我们能在一定意义上就美国大学教师发展得出一些基本结论，具体包括：美国大学教师发展制度的诞生与变革是美国大学教育实践的历史产物；美国大学教育环境的改变和大学教师群体的内在需求是推动美国大学教师发展实践与制度建设的双重动力；美国大学教师发展制度建设的历程同时也是大学教师发展内涵日益丰富的过程；美国大学教师发展实践与制度建设的宗旨是以服务和发展的理念促进大学教师发展；美国大学教师发展实践与制度建设的基本抓手在校园；美国大学教师发展实践与制度建设的理想是促进所有教师实现全面的、有针对性的发展；美国大学教师发展实践与制度建设始终追求教学与科研的平衡；保障大学教师的学术自由权利是大学教师发展实践与制度建设的重要内容；大学教师发展实践与制度建设的基本机制在于竞争与合作；大学教师强烈的自我发展意识和职业角色意识是大学教师发展的原动力；大学教师发展实践与制度建设需要获得持续的理论指导、组织保障和资金支持。

本书具体写作分工：刘丽琼，第一章；付玉美，第二章；王春梅，第三章；王保星，前言、第四章、第五章、第六章及结语；罗福益，第七章；黄梦婉，第八章。全书统稿工作由王保星和黄梦婉完成。

Contents

目　录

第一章

“奠基时代”：美国大学教师发展制度的初步确立（19 世纪后半期至 1945 年）

“奠基时代”美国大学教师发展制度的成型与大学教师发展实践的推进，是建立在19世纪后半期至20世纪中期美国社会发展与教育变革的基础之上的。其具体背景包括：美国工业化和都市化进程加快；科学技术发展对工业和商业产生重要影响；德国大学重视科学研究的观念影响美国高等教育；世俗团体逐渐出现，宗教影响削弱；人们的教育观念转变；最为重要的是，工业界、铁路运输和商业界投向大学建设的资金不断增加。[1]

第一节

美国大学教师发展的社会背景

19世纪后半期，美国社会步入工业化时代，经济生产方式和发展方式均发生了前所未有的变化。科学技术的发展对工业和商业产生了巨大影响，进而对劳动者素质和专业技术人员的技术素养提出了更高的要求，并最终对高等学校的专业设置、课程与教学提出了进一步的要求。大学教师发展也在适应社会经济发展和大学革新的过程中获得新的内容。

[1] 陈利民. 办学理念与大学发展——哈佛大学办学理念的历史探析[M]. 青岛：中国海洋大学出版社，2006：73.

一、美国工业化时代来临

（一）西部开发运动的推进

美国建国之初，阿巴拉契亚山脉以西直到密西西比河的广阔土地大多是未开垦的处女地，丛林遍布，只有人数不多的印第安人在那里生活。早年联邦政府宣布美利坚合众国的土地应当属于国家，但却不能控制和处理那里的土地，也不能颁布实施任何处理西部土地的政策和办法。因此，任何人都不可能取得拥有某块西部土地的合法权利，于是很快就出现了西进的移民浪潮。

没有政府的有效管理和支持，西部移民的处境十分困难。联邦政府于 1784 年、1785 年、1787 年先后通过了三部土地法令，规定西北土地的建州原则和步骤以及出售土地的方法。后来，西部其他地区也沿用这些原则和步骤，且取得很好的效果。售地办法则存在较多问题，几经修改，最后被 1862 年的《宅地法》取代。它规定：每个家庭户主，或年满 21 岁的美国公民以及取得美国国籍而又未曾使用武力对抗过美国的人可以无偿获得约 65 公顷(160 英亩)西部公共土地，在连续耕种 5 年以后即可获得该片土地的所有权。[1] 之后又制定一系列处理西部土地的补充法令，如 1873 年的《育林法》[2]、1877 年的《荒地法》[3]、

[1] 张友伦. 美国西进运动探要[M]. 北京：人民出版社，2005：218.

[2] 允许取得宅地的宅民再申请约 65 公顷(160 英亩)耕地，如果 4 年内能够在四分之一地段[约 16 公顷(40 英亩)，1878 年改为约 4 公顷(10 英亩)]上种植树木，即可取得这个地段的所有权。参见：韩毅. 美国工业现代化的历史进程(1607—1988)[M]. 北京：经济科学出版社，2007：87.

[3] 一个移民只要按大约每 0.4 公顷(每英亩)25 美分的价格预先付款，就可以占有约 259 公顷(640 英亩)荒地，在 3 年内保证对土地进行灌溉并经检查合格后，再补缴大约每 0.4 公顷(每英亩)1 美元的地价，就可正式拥有土地所有权。参见：韩毅. 美国工业现代化的历史进程(1607—1988)[M]. 北京：经济科学出版社，2007：87.

1878 年的《木材和砾石法》[1]等，吸引了大批移民，带来了美国农业的繁荣。据统计，1860 年至 1900 年，农民分得土地达 8 100 万公顷。西部的农业在全国占有越来越重要的地位。1870 年时，密西西比河以西地区的农业产值约占全国农业总产值的 16%，到 1890 年即增至 32%。到 1910 年，这一比例上升到 45%。[2]

从南北战争到 19 世纪末 20 世纪初，美国实现了以畜力为主要动力的农业半机械化，并开始了以蒸汽机、内燃机为基本动力的机械化过程。1860—1900 年间，农业机械和农具总值从 2.46 亿美元增加到 7.5 亿美元，农业劳动生产率成倍提高。19 世纪 90 年代的小麦劳动生产率比内战前提高了 17 倍。农业生产力的发展使得农业在这 40 年间以每年 2.5%的速度递增，其总产值也从 1860 年的 22 亿美元增加到 1900 年的 58 亿美元。[3]

自然资源的开发和利用进一步扩大了美国的资源基础。随着西部的开发，人们在俄亥俄州、印第安纳州、伊利诺伊州等地发现大量煤矿。运输事业的发展和蒸汽机的应用加速了采煤业的发展。工业方面，美国的钢产量在 1867 年时不足 2 万吨，1890 年达到 427.7 万吨，居世界第一位；1899 年美国的钢产量占全世界总量的 43%，1900 年更是达到 1 018 万吨。生铁产量 1890 年达到 920 万吨，居世界第一位；1900 年达到 1 379 万吨，占全世界总量的 1/3。[4] 1859 年，首先在宾夕法尼亚州西部发现了石油。不久后，在俄亥俄州和印第安纳州发现新油田。后

---

[1] 经一个较有地位的人断言地下没有蕴藏有价值的矿物后，购买者就可按大约每 0.4 公顷（每英亩）2 美元 50 美分的价格买到一块不超过约 65 公顷（160 英亩）的土地。参见：韩毅. 美国工业现代化的历史进程（1607—1988）[M]. 北京：经济科学出版社，2007：87.

[2] 韩毅. 美国工业现代化的历史进程（1607—1988）[M]. 北京：经济科学出版社，2007：78.

[3] 陈利民. 办学理念与大学发展——哈佛大学办学理念的历史探析[M]. 青岛：中国海洋大学出版社，2006：69.

[4] 同上：68－69.

来又在西弗吉尼亚、堪萨斯、加利福尼亚、田纳西、俄克拉荷马等地发现了石油。石油开采量从 1860 年的 50 万桶增加到 1900 年的 6 360 万桶，到 1914 年更达到 26 500 万桶。[1] 之后又开采出铁、铜、铝、铅、锌、镁、石灰、硫黄等多种矿物。

西部土地的开发使得大量人口向西流动，大量移民促进了自然资源的开发，铁路运输将全国的经济接连在一起，而迅速扩大的资源基础为 19 世纪下半期美国工业的迅速增长提供了雄厚的物质基础。

（二）科学技术的飞速发展

19 世纪 70 年代，资本主义各国开始了一次新的工业革命。发电机和电动机的发明成为这次新的工业革命的先声。随后，电灯、电话、电报、电车、电钻等一系列与电有关的发明如雨后春笋般涌现，迅速改变了生产和生活的各个领域。而美国在第一次工业革命尚未完成的情况下进入第二次工业革命，并取代了英国在第一次工业革命中的地位。到 19 世纪末，美国基本完成近代工业化，赶上并超过了世界最先进的工业国家。其主要原因在于科学技术的迅速进步。

1. 国家大力扶持科学技术事业

美国特别重视本国的技术发展和革新，大力发展本国的科学技术研究事业。1863 年，联邦政府建立了国家科学院，19 世纪 80 年代在全国各州设立工业科学研究所和农业试验站。此外，联邦政府还专门制定专利法鼓励个人的发明创造。1860—1890 年间，在联邦政府登记获得专利权的技术发明就达 44 万项之多。在这个时期，工业和其他经济

[1] 韩毅.美国工业现代化的历史进程(1607—1988)[M].北京：经济科学出版社，2007：79.

部门的发明创造和技术革新层出不穷，几乎在所有生产领域都可以找到大批的发明家。农业方面，发明的新型机器有蒸汽机发动犁、播种机、收割机和拖拉机，第一次世界大战前又引进柴油拖拉机；交通运输方面，改善钢轨、车厢、气闸、桥梁和公路建设等设施；工业方面，出现了冶炼钢铁的新工艺、电力的应用、食品加工和纺织机的改进等。[1]

2. 电气领域的科技成就显著

本杰明·富兰克林（Benjamin Franklin）不仅发现了电荷守恒定律，发明了避雷针，还创造了“正电”“负电”“导电体”“电池”“充电”“放电”等词汇。1793 年，伊莱·惠特尼（Eli Whitney）发明轧棉机，使美国南部大片种植棉花成为可能；1829 年，约瑟夫·亨利（Joseph Henry）改进了电磁铁；19 世纪 30 年代，莫尔斯（Samuel Morse）发明电报，推动了通信事业的发展；贝尔（Alexander Graham Bell）于 1876 年发明电话；爱迪生（Thomas Alva Edison）改进了白炽灯，并且于 1882 年利用当时最大的发电机建成了第一座大型发电厂。

3. 科研机构和科学组织数量不断增多

一批科学研究人员开始出现，民间科研机构不断增多。1743 年，富兰克林创办美国哲学学会（American Philosophical Society），该学会的宗旨是促进新世界中“有用知识”的传播。1785 年到 1815 年，美国的科研机构增加了 4 所，而从 1815 年到 1825 年的 10 年时间里，科研机构新建 15 所，到 1865 年已经增加到 36 所，并逐渐形成了一些重要的科学组织。如 1816 年，哥伦比亚鼓励艺术和科学研究所成立；1846 年，著名的史密逊研究所成立；1848 年，美国科学促进协会成立；1863 年，美国国家科学院成立。仅在 19 世纪，美国就成立了 407

［1］ 韩毅. 美国工业现代化的历史进程（1607—1988）［M］. 北京：经济科学出版社，2007：83 - 84.

个科学学会和专业组织，其中315个是在1860年后建立的。

二、学科知识专业化

（一）科学知识进入学院体系

自19世纪初《路易斯安那购买条约》(Louisiana Purchase)打开了西部开发的阀门后，美国工业化进程加快，高等教育走向世俗化，科学知识进入古典学院体系。以实用学科为主的州立大学大量出现。[1]州立大学将工程、农业、机械制造等应用研究领域的知识纳入课程，致力于在农业实验和扩展服务、工业培训、教师教育、家庭经济、公共健康和兽医教育等方面承担公共服务职责，为新兴国家培养专业建设人才。

科学思维方法走进大学知识领域，大学学科设置不再专以培养未来国家管理者为目标，自然科学知识的传播在大学占据一席之地。例如，1804年至1866年，联合学院(Union College)在诺特(Eliphalet Nott)院长治理下，不仅开展教学项目鼓励学生学习数学和现代语言，而且打破陈规旧俗，规定学生只要修完古典课程计划和科学课程计划中的任何一项课程计划就可以获得文学学士学位。[2] 1830年，哥伦比亚学院设立科学艺术课程，学生须精通法语语法、数学和地理学方可入学，学习时间为三年，但不授予学位。1850年建立的罗切斯特大学不仅在古典课程之外设置科学课程，还为科学课程设立了理学学士学位。[3]

自从州立技术学院为美国的工业发展提供大批建设性人才后，美

[1] 1785年建立佐治亚大学(The University of Georgia)，1789年建立北卡罗来纳大学(The University of North Carolina)，1801年建立南卡罗来纳大学(University of South Carolina)，1819年建立弗吉尼亚大学(The University of Virginia)，1817年建立密歇根大学(University of Michigan)，等等。

[2] COHEN A M. The Shaping of American Higher Education: Emergence and Growth of the Contemporary System[M]. San Francisco: Jossey-Bass Publishers, 1998: 77.

[3] 郭德红. 美国大学课程思想的历史演进[M]. 北京：中央编译出版社，2007：50.

国早期成立的学院和大学也纷纷开始将科学课程引入大学。1851 年，哈佛学院实行实用课程与古典课程并行的举措。1852 年，达特茅斯学院创建钱德勒理学院。1852 年，布朗学院建立实用科学系，招收大量学生入学。1855 年，宾夕法尼亚大学创建了矿物、艺术与工业制造系。1864 年哥伦比亚学院开设了平行课程。

科学课程在科学知识的不断分化中走向专业化，专业教育在大学和学院中出现。1820 年，一些学院设立化学课程，接着又开设天文学、物理学和生物学课程。[1] 19 世纪中期，知识生产速度不断加快，生物学分解为基因学、微生物学和园艺学，不久又分化出生物化学学科和生物物理学科。19 世纪 60 年代，一些学院在规定的古典学科之外开设植物学、化学、天文学、地质学和物理学学科。医学学科分化产生牙科、药剂学、兽医学以及护理学，新闻学、教育学和工程学也分化出二级学科。哲学观念逐渐摆脱宗教的钳制，将研究范围延伸到社会科学领域。道德哲学出现于 19 世纪 60 年代，19 世纪 70 年代分化出政治经济学和政治科学，政治经济学后更名为经济学，十几年后又产生社会学学科。[2]

1870 年，工程学只是一个单独分支，谢菲尔德理学院于该年建立了第一个工艺工程系。康奈尔大学从土木工程专业和工艺专业开始，也于同年设置了系统的机械工程课程。随着工程在工业和交通中的应用日益增强，第一个电机工程系也在该校建立。中西部各州越来越重视工程学，拥有矿藏的州则强调金属研究。最终，从土木工程学中派生出一系列专业和学院。[3]

19 世纪 90 年代，农学成为赠地学院的一个主要课程领域，在一些

[1] CLARK B R. The Academic Life：Small Worlds，Different Worlds[M]. New Jersey：Princeton University Press，1987：27.
[2] 同上：28 - 30.
[3] 李素敏. 美国赠地学院发展研究[M]. 保定：河北大学出版社，2004：65 - 66.

规模较大的大学，已经发展成为农业学院。农学包括农业化学、园艺学、应用植物学等，覆盖农业实践的许多领域。乳品学最早分离出来，接着，动物养殖、兽医科学也分化出来，后者逐渐发展成独立的系或学院。1895 年，赠地学院一般设有园艺学、植物学、昆虫学、农业化学、乳品化学、农业物理学、细菌学、真菌学、乳品管理、动物饲养等学科。[1]

在这一时期，学院的规模还无法让教师只讲授一门专业课程。教师往往需要讲授在某一学科分支下的一系列课程。学生又缺乏相关知识的充分储备。因此，大学教师试图使自身知识专业化的努力收效甚微。

（二）《莫里尔法案》的颁布与实施

为了适应工农业迅速发展和人口激增对高等教育的新需求，美国于 1862 年通过《莫里尔法案》(Morrill Act)[2]，1890 年通过《第二莫里尔法案》。《莫里尔法案》采取赠地与资助的形式鼓励农工学院的发展，催生出美国赠地学院运动，极大地促进了美国国家技术教育的发展，使教育适应职业技术市场成为美国高等教育的合法职责。赠地学院的产生与发展标志着美国强调应用技术教育的高等教育模式的形成。

赠地学院集中体现了美国高等教育的几个关键理念：(1) 直接服

[1] 李素敏. 美国赠地学院发展研究[M]. 保定：河北大学出版社，2004：65.

[2] 《莫里尔法案》规定：联邦政府向各州赠予一定数量的土地以资助各州开设重视农业和工艺教育的学院，促进农业和工艺教育的发展；联邦政府向各州赠拨土地的面积依 1860 年各州拥有的国会议员人数而定，向第一位议员赠拨土地的面积约为 12 141 公顷(30 000 英亩)；各州需要将所赠拨土地出售，用所得经费建立永久性资金，以资助、供给和维持至少一所专门学校，这种学院主要讲授农业和机械制造工艺方面的知识，但也不排斥其他学科和经典学科知识的传授，并应包括军事战术训练；各州可用联邦政府赠拨土地出售所得资金来购买联邦政府发行的债券或其他可靠性证券以盈利，其中永久性资金的 10%可用来购买土地建立学院或实验基地；各州不得以任何借口，直接地或间接地用联邦赠拨土地所得经费和利息建造或维修任何建筑；起义暴动反对联邦政府的州无权从本法中获益；各州若 5 年内没有把赠拨土地用于上述目的，则必须无条件地将全部赠拨土地归还联邦政府。参见：续润华，李建强. 美国"莫雷尔法案"的颁布及其历史意义简析[J]. 河北师范大学学报(教育科学版)，1998(1)：55 - 59.

务于社会；(2) 以传统的文科教育作为本科生教育的基础；(3) 强调大学的科研职能。这些理念从一些大的州立大学渗透到早先建立的私立大学，如哈佛大学和耶鲁大学，同时也对一些较小的学院产生了较大的影响。[1] 赠地学院不仅培养了一批掌握新兴农业机械、实用农业技术的技术人员，也加速了学科知识的分化，加速了文科课程向实用主义方向的发展，促进了教师对知识的亲身探索和实践以及研究意识的形成。为了摆脱教学内容陈旧和教学资源匮乏的困境，教师不得不根据个人的经历，想方设法进行授课。[2] 学院附设示范农场(model farm)、铸造场、熔铁炉及机械工厂，让师生有机会实地观察和操作。

《莫里尔法案》在美国高等教育史上具有多方面的重要意义。第一，它较好地回应了美国社会发展对高等教育提出的要求，促进了美国高等教育社会服务职能的形成。加州大学前校长、卡内基高等教育委员会(Carnegie Commission on Higher Education)前主席克拉克·克尔(Clark Kerr)曾指出，1862年《莫里尔法案》推动的赠地学院运动，适应了美国工农业迅速发展和人口激增对高等教育的新需求，美国现代公立大学体系开始形成。[3] 第二，它间接地推动了美国综合性大学和研究生教育的诞生。美国著名高等教育专家考利(W. H. Cowley)曾指出，《莫里尔法案》最有意义之处是它在资助创建教授农业、机械或其他实用学科的高等院校时，并没有规定这些院校不能教授其他自然学科

---

[1] 菲利普·G. 阿特巴赫，帕特丽夏·J. 冈普奥特，D. 布鲁斯·约翰斯通. 为美国高等教育辩护[M]. 别敦荣，陈艺波，译. 青岛：中国海洋大学出版社，2007：11.

[2] 爱荷华州立大学的农科教授罗伯茨(Isaac Roberts)在其自传中回忆："当我要教给学生有关马的生育、年龄、养护及管理等知识时，我到图书馆去查阅资料，但那些讨论马的书籍都已经过时，里面充满了马如何跳跃、赛跑以及马术特技等资料……我认为农民应该具有准确无误地指出马的年龄的足够知识。当我听说这几天附近地区的许多小马因流行病而死亡时，我请两位农场工人将马挖出来，保存了头颅及因病而变形的身躯。仔细研究后，我有能力精确地指出这些动物的年龄。我将材料安排在公开的工作台上，并要求学生坐在向风的一面，教他们观察马齿的基本原则。"转引自：李素敏. 美国赠地学院发展研究[M]. 保定：河北大学出版社，2004：60-61.

[3] 李素敏. 美国赠地学院发展研究[M]. 保定：河北大学出版社，2004：52.

或古典学科。[1] 美国高等教育专家梅茨格(Walter P. Metzger)也指出,《莫里尔法案》的重大意义不在于赠地学院与研究生院同时存在,而在于它们共存于同一学院,从而促进了以科学研究为主要职能的研究生教育的出现。作为研究性组织,赠地学院注重应用型科学知识的研究;而作为教学组织,它们不仅要传授传统的学科知识,还要讲授应用性的学科课程。[2]《莫里尔法案》最初设想资助职业性的学院,但其中一些却演变成为德国式的研究型大学,使科学研究成为美国大学的主要职能。著名的加州大学、伊利诺伊大学、明尼苏达大学、密歇根州立大学、康奈尔大学、威斯康星大学、麻省理工学院等的建立,很大程度上都受惠于《莫里尔法案》。

三、美国研究型大学诞生

(一) 德国的现代大学观

19 世纪,德国在科学领域取得了巨大的成功。毫无疑问,德国人在科学界所处的地位,主要归功于其大学所发挥的作用。[3] 1809 年,洪堡(Karl Wilhelm von Humboldt)领导创办柏林大学,将科学研究确立为德国大学教师的正式职责,并引领了德国大学的现代化改革,对大学的职能和大学教师的角色进行了重新定位。

首先,大学教师成为研究者。高等教育机构不仅仅是贮存知识、传播知识的地方,还应去探究知识的渊源并创造知识。高等教育机构不仅仅是一个学者的社团,更是一个高等学术机构,具有研究性质。探索知识之路是无穷尽的,大学应视科学为一尚未完全解答之问题,因而始

[1] 李素敏. 美国赠地学院发展研究[M]. 保定：河北大学出版社,2004：53.
[2] 同上：52－53.
[3] 陈洪捷. 德国古典大学观及其对中国大学的影响[M]. 北京：北京大学出版社,2002：2.

终处于探索之中。大学赖以立身的原则在于，把科学看成尚未穷尽且永远无法穷尽的事物，并不舍地探求之。[1] 大学不应只对学生进行带有具体目的、实用的职业教育。教授和学生以同样的方式共同为科学服务，不同之处是，教授是已知者和研究者，而学生则是求学者和研究者，双方共同探讨科学问题。大学教师的任务不再是原来意义上的“教”，大学教师的“教”应当是对学生从事研究的一种引导；学生的“学”也不再是原来意义上的“学”，而是一种独立的研究与钻研。

其次，学术研究需要学术自由。大学应该独立于国家意志之外，学术自治既有利于保障大学的学术纯粹性，也为大学教师进行学术研究提供了良好的自由的学术氛围。学术自由是保证师生独立开展教学活动的第一个而且是不可缺少的条件。精神活动需要“必然的自由”和“不受干扰”才能进行：只有保证教学和科学研究的自由，才能充分发挥教师和学生的积极性与创造性。在寂寞和悠闲中从事其学术的大学教师不受国家的管束，不受社会种种利益的牵制，完全服从科学的内在要求，自由自在地进行科学的探索，当然需要享受完全的学术自由。大学教师可以自由开设各种课程，自由讲授他们的学术思想与学科知识；同时也可以自由确定他们的研究课题，进行各种科学研究。大学中允许不同的学派存在，允许各学派各抒己见，不要求统一，并鼓励教师们独树一帜，形成自己的学派。

1814年起，第一批4名美国学生到德国学习，到第一次世界大战前，大约有1万名美国人赴德求学，[2]包括乔治·蒂克纳（George Ticknor）、丹尼尔·吉尔曼（Daniel Gilman）、安德鲁·怀特（Andrew White）、查尔斯·埃利奥特（C. W. Eliot）、西奥多·伍尔西（Thodore

[1] 陈洪捷.德国古典大学观及其对中国大学的影响[M].北京：北京大学出版社，2002：30.
[2] 贺国庆，王保星，朱文富，等.外国高等教育史[M].北京：人民教育出版社，2003：214.

Woolsey)、斯坦利·霍尔(G. Stanley Hall)等人。回国后，他们立足于美国社会和世界形势发展的实际，汲取德国大学"教学与科研相结合"的理念，改造早期学院和新建大学，发展研究型大学。当美国新型大学诞生时，它将不是外国大学的摹本，而是植根于美国社会和政治传统而逐渐地自然结成的硕果。[1]

美国从德国大学学到的主要经验之一是大学教师的专业化。[2]美国大学在学科知识的分支背景下建立学术系科制，强调研究是美国大学建立之初的显著特点。大学提供了更加广泛的、专业化的课程，尤其是学士后的或研究生教育的课程；大学确立了更为专业的、实用的办学定位，与职业准备的联系更加紧密；最重要的是，以往教学一直是学院的主要任务，而现在大学的重点则转向学术和研究。[3] 由此，许多早期学院增设了关注研究、学术和公共服务职能的研究生专业学院。

（二）约翰斯·霍普金斯大学的设立

当德国学术界奉行的"教学与科研相结合"的大学模式传到美国时，从德国学成归来的美国学者们坚定地信奉学术研究和基于研究的指导与学习必须相结合的思想。1876 年，美国第一所研究型大学——约翰斯·霍普金斯大学建立，[4]吉尔曼(Daniel Gilman)校长在就职演说中宣称，学术研究将是这所大学教师和学生的前进指南和激励器，大

[1] 郭健. 哈佛大学发展史研究[M]. 石家庄：河北教育出版社，2000：102.

[2] TOURAINE A. The Academic System in American Society[M]. New York：McGraw-Hill，1974：33.

[3] 张斌贤，李子江. 大学：自由、自治与控制[M]. 北京：北京师范大学出版社，2005：92.

[4] 约翰斯·霍普金斯是一位慈善家，1795 年出生于美国马里兰州。通过顽强努力，40 岁时他就成了"巴尔的摩与俄亥俄铁路公司"的最大股东之一，并担任巴尔的摩商业银行的总裁。约翰斯·霍普金斯于 1873 年去世，他在遗嘱中明确把 700 万美元平均分配给准备创建的大学和医院。约翰斯·霍普金斯的办学初衷是创建一所"冲破世俗，与众不同"的大学(university)而不是学院(college)。参见：贺国庆，王保星，朱文富，等. 外国高等教育史[M]. 北京：人民教育出版社，2003：291.

学最重要的使命是研究生教育（或称作"高级专业教育"），大学教育的目标是最自由地促进有益知识的发展，鼓励研究和提高学者的学术水平。[1] 该校招收的研究生多于本科生。1876 年，约翰斯·霍普金斯大学注册的本科生与研究生之比为 35∶54，1880—1881 年为 37∶102；1885—1886 年为 96∶184，1895—1896 年为 149∶406。[2] 研究生教育不仅要培养学生掌握高深的知识，更应该训练学生具备从事高深知识探索所需要的研究意识、研究能力和科学探究精神。

约翰斯·霍普金斯大学把研究生教育放在第一位，这使授予博士学位和开展科学研究成为一所学院转变为大学的标志，拥有博士学位成为在大学特别是研究院从事教育和科研的必备资格，学者们第一次能够在自己的专业领域内把教学和创造性的研究结合起来。

在适应 19 世纪后半期美国社会和高等教育发展需求的基础上，研究生教育获得适度发展。到 1900 年，美国开设研究生课程的高校已达 150 所，共授予博士学位 382 名，较 1890 年增加了 1 倍，全国研究生总数已超过 3 000 名。[3] 美国教育史学家鲁迪（Willis Rudy）把这些显著的增长归功于约翰斯·霍普金斯大学成功经验的影响。据统计，从 1876 年约翰斯·霍普金斯大学创建到 19 世纪末，约翰斯·霍普金斯大学授予的博士学位超过美国其他任何一所大学所授的博士学位。哈佛大学校长埃利奥特认为，当时只有哈佛大学能与约翰斯·霍普金斯大学在博士学位授予数量上相抗衡，哈佛大学通过拓展研究领域效仿约翰斯·霍普金斯大学。经过 20 年的时间，约翰斯·霍普金斯大学闻名遐迩。心理学家卡特尔（J. M. Cattell）1926 年调查发现，在当时 1 000

[1] 沈红. 美国研究型大学形成与发展[M]. 武汉：华中理工大学出版社，1999：32－33.
[2] 贺国庆，王保星，朱文富，等. 外国高等教育史[M]. 北京：人民教育出版社，2003：293.
[3] 同上：300.

名优秀的美国科学家中，有243人是约翰斯·霍普金斯大学的毕业生。在它成立的20年中，美国60多所学院和大学各有3名或更多的在约翰斯·霍普金斯大学取得学位的教师。因此，有人称约翰斯·霍普金斯为设在美国的柏林大学。[1]

吉尔曼认为，大学的声誉依赖于它所聚集起来的教师和学者的声望。约翰斯·霍普金斯大学的研究生院聘任教授级别的学者，将关注科学研究和富有生命力的学者队伍视为该大学的基石。在选拔教师方面，通过与董事会讨论，吉尔曼校长确定了以下标准：能够全身心投入科学研究事业，并在自己的学科领域取得公认的学术成就；具备独立开展科学研究与实际观察的能力，能够激发学生学习与研究的热情；能够不受宗教势力及地方利益的影响；能为新建大学的建设献策献力。当时约翰斯·霍普金斯大学的教师待遇远远高出其他大学，教授的薪酬为每年3 000—5 000美元，任期5年的助教每年1 000—3 000美元。[2]大学给教师以充分的自由，营造团结协作、开拓创新的良好氛围。教授可以自由讲授自己的科学研究成果，在从事研究工作时，享有免受教会、政府、党派以及陈旧传统干预的自由。

由于约翰斯·霍普金斯大学注重科学研究，不断创新，探索知识，大力聚集科学研究优秀人才，创建并实行研究生教育制度，学校很快成为举世闻名的研究型大学。之后，其他大学也纷纷效仿设立研究生院，重视并加强研究生教育，把科学研究放在极其重要的位置。

自此，美国的研究型大学既不是教师培训机构，也不是师范院校，它们致力于培养有生产力的学者和科学家。美国研究生教育致

---

[1] 贺国庆，王保星，朱文富，等. 外国高等教育史[M]. 北京：人民教育出版社，2003：214-215.

[2] 王英. 约翰·霍普金斯大学早期办学理念分析[J]. 河北大学学报(哲学社会科学版)，2005(1)：131-134.

力于让学生从事研究，学院和大学教学为学生提供就业机会。除传播知识外，研究型大学给予专业工作人员另外一份责任：促进知识增长和社会进步。[1] 研究型大学教师以研究为主，通过讲座、习明纳、实验法和讨论等教学方式来培养高水平学生；一个共有的观念是，大学教师将一部分时间用于教学，另一部分时间用于研究。教授应该既是教师又是学者。[2] 如果大学教师仅仅把精力放在本科生教学，他们就不能成为专职人员。

第二节

美国大学教师发展制度初步成型的表征

伴随着19世纪70年代现代研究生教育的出现，大学成为大学教师萌发学术专业意识的重要场所。研究职能促使大学教师在其探索的狭小领域内越来越专业化。到19世纪90年代，大学教师的这种专业兴趣使其根据学术学科来组成系科。[3] 基于对学科专业知识的执着探索，大学教师将毕生精力奉献给这份工作。到19世纪末20世纪初，美国大学教师发展制度初步成型。

[1] CLARK B R. The Academic Life: Small Worlds, Different Worlds[M]. New Jersey: Princeton University Press, 1987: 34.

[2] COHEN A M. The Shaping of American Higher Education: Emergence and Growth of the Contemporary System[M]. San Francisco: Jossey-Bass Publishers, 1998: 126.

[3] 同上：127.

一、大学教师申请资格专业化

早期学院教师缺乏充分的学科知识准备,助教的申请资格是学士学位,大部分来自政府、法律和医药部门等非学术专业领域,主要职责是传播知识和管理年轻人。[1] 19 世纪以来,教师的工作任务走向世俗化:训练职业人员,为公民提供基础教育,传递美国民主思想的文化遗产,讲授数学、自然科学和艺术类的高深学科。工作任务世俗化的直接结果是大学教师人数增加,学院教师需要接受更高深的教育。

1900 年美国高校数为 977 所,到 1940 年达到 1 708 所。大学教师也从 1890 年的近 1.6 万人上升到 1940 年的 14 余万人,增长了近 8 倍(见表 1-1)。

表 1-1　美国大学和教师数量增长情况

年　份	大学机构(所)	教师数量(人)
1890 年	998	15 809
1900 年	977	23 868
1910 年	951	36 480
1920 年	1 041	48 615
1930 年	1 409	82 386
1940 年	1 708	146 929
1950 年	1 851	246 722

注:大学机构数量不包括分支学校。

资料来源:CLARK B R. The Academic Life: Small Worlds, Different Worlds[M]. New Jersey: Princeton University Press, 1987: 12.

[1] 张斌贤将美国的学术专业化过程划分为学院教师的助教(1636—1721)、早期学院教授——教师(1722—1880)、职业化学者——教师(1880—1914)。参见:张斌贤.学术职业化与美国高等教育的发展[J].北京大学教育评论,2004(2):92-95。芬克尔斯坦在考察美国 18—19 世纪学术专业化的进程后,把美国学术专业的发展划分为三个阶段:18 世纪 20 年代初期之前被喻为"旋转门"的流动频繁的助教,18 世纪 20 年代至 19 世纪末的早期学院教授,19 世纪末 20 世纪初出现的专业化学者。参见:郭丽君.大学教师聘任制:基于学术职业视角的研究[M].北京:经济管理出版社,2007:60.

由于出版社与学术领域联系较少，早期学院教师的创新想法并不以研究和学术成果的方式来展现，而是通过在公共场所进行说教和演讲、参与周末布道活动和社区事务来传播。到 19 世纪中期，大学中一半以上的教师开始出版他们的研究成果，参加专业组织活动。他们投入专业学科研究和社区事务的时间明显多于布道。在校外主要的公共演讲中，教师把他们的观点和最新研究成果传授给公众。[1] 另外，学术机构可以任命一个讲师为教授，并送他去欧洲接受专业学科知识的研究生阶段的学习。哈佛大学于 1880 年首创教师学术休假制度：凡符合规定的教师在一所学校连续工作 6 年以后，即可选择享受全薪休假半年或半薪休假一年，其间可自由从事科研学术活动。到 20 世纪 30 年代，哈佛大学几乎一半的教师都有赴欧洲学习的经历。20 世纪 50 年代，布朗大学申请学术休假获批的教师多选择到德国大学或相关学术机构交流或研修。

从 19 世纪 80 年代开始，美国高等教育机构对教师任职资格的要求出现明显的专业化倾向，即更为注重申请者所接受的专业教育和训练，或申请人的学术声望和成就。大学教师作为一项有着高度专业化要求的职业，注定了其从业人员必须在某一学科领域接受过高深的专业训练和教育，获得基本的专业知识和能力。学历认可逐渐成为大学教师学术专业准入机制的一道门槛。

大学教师必须拥有博士学位，大多数研究型大学专业学院开始招收研究生和博士生。1870 年，本科阶段招收的学生人数不到 50 人，19 世纪末激增至将近 6 000 人。1870 年，研究型大学仅授予 1 个博士学位，在 1900 年，它们授予 1 500 多个硕士学位和将近 400 个博士学位。

[1] COHEN A M. The Shaping of American Higher Education: Emergence and Growth of the Contemporary System[M]. San Francisco: Jossey-Bass Publishers, 1998: 72.

研究生学历和本科学历的比例也在发生变化（见表 1 - 2）。[1]

表 1 - 2　1870—1980 年美国大学授予学位数量的变化情况

单位：个

年　份	学士学位	硕士学位	博士学位
1870 年	9 372	0	1
1880 年	12 896	879	54
1890 年	15 539	1 015	149
1900 年	27 410	1 583	382
1910 年	37 199	2 113	443
1920 年	48 622	4 279	615
1930 年	122 484	14 969	2 299
1940 年	186 500	26 731	3 290
1950 年	432 058	58 183	6 420
1960 年	392 440	74 435	9 829
1970 年	827 234	208 291	29 866
1980 年	999 548	298 081	32 615

资料来源：CLARK B R. The Academic Life：Small Worlds，Different Worlds[M]. New Jersey：Princeton University Press，1987：35.

研究型大学成为扩展高等教育知识并使学科知识多样化的主要教育机构。研究生教育成为学术层级的第二阶段，并逐渐被师生认可为重点研究领域，不断开创高深的研究项目。攻读硕士、博士学位成为有志于学术事业人员的必经之路。到 1920 年，美国共有 16 所研究型大学，分别是：哈佛大学、耶鲁大学、宾夕法尼亚大学、普林斯顿大学、哥伦比亚大学、密歇根大学、威斯康星大学、加州大学、康奈尔大学、约翰

[1] CLARK B R. The Academic Life：Small Worlds，Different Worlds[M]. New Jersey：Princeton University Press，1987：34.

斯·霍普金斯大学、斯坦福大学、芝加哥大学、明尼苏达大学、伊利诺伊大学、麻省理工学院和加州理工学院。[1]

二、大学教师学术职能多样化

早期学院教师的教学活动被严格限定在基督教教义允许的范围之内。随着时代的发展，大学教师不再仅仅是已有知识的传声筒，对未知世界的研究已成为高于一切的学术追求。大学教师再也不能固守现有的知识和传统的价值观念，而必须不断地进行知识的研究与创新。他们迫切希望讲授高深知识，并引导科学研究。那些通过出版学术著作证明研究能力的年轻教师在美国成熟的学术市场中获得不断晋升的机会。部门领导和大学管理者非常看重这些教员。他们能够从私立慈善机构、企业或者政府代理人中获得科研基金，这些基金主要用于发现和聘任农业、公共健康、国内工程以及其他实践领域的专门人才。[2]

20 世纪上半叶，虽然研究型大学的教师热衷于研究，但由于本科生教育可以给大学和学院带来丰厚的福利，所以教学时间不能让位给研究，教学仍然占据大学教师的大量时间。不过，教师平均每周的教学时间和承担的教学任务因大学类型的不同而呈现明显的差异。1908 年卡内基教学促进基金会（The Carnegie Foundation for the Advancement of Teaching）的调查结果显示：研究型大学教师除了在实验室工作外，平均每周教学时间为 8—10 个小时，文理学院教师的每周平均教学时间为 15—18 个小时。研究型大学不断为教师提供研究时间，而在具体的教学和研究时间安排上，不同层次的大学有所差异：声望越高的研究

[1] 沈红. 美国研究型大学形成与发展[M]. 武汉：华中理工大学出版社，1999：29.
[2] GRAHAM H D，DIAMOND N. The Rise of American Research Universities：Elites and Challengers in the Postwar Era[M]. Baltimore：Johns Hopkins University Press，1997：20.

型大学，教师的教学任务相对较少，而在声望相对不高的大学，教师的教学任务繁重。到1920年，在声望较高的研究型大学，教师每周的教学时间一般为6—8个小时，而其他研究型大学教师一般为10—12个小时。6—8个小时的教学时间成为大学"一流管理的标记"。[1] 弗莱克斯纳(Abraham Flexner)也指出，科研工作具有学术性，而教学拥有很好的辅助功能。在不同类型的高等教育机构，教学和研究的时间比例也不尽相同：研究型大学会尽量缩短教学时间以扩充教师的研究时间，四年制大学、两年制学院的教学时间相对较长。

《莫里尔法案》的实施和"威斯康星观念"[2]的形成促使美国大学教师的社会服务职能得以形成。赠地学院运动巩固了建立在服务基础上的高等教育与公众的关系；服务不再仅限于培养学生(虽然这仍然是服务的一部分)，而且通过支持农业发展和提供专门技术使高等教育服务于国家发展。[3] 任何地方的大学，都无法超过英国尽量为本科生考虑、德国尽量为研究生和研究人员考虑、美国尽可能为公众考虑的目标。[4] 威斯康星大学校长范·海斯(Charles Van Hise)在1904年的就职演说中主张"大学为州服务"，将大学的资源直接用于解决社会问题；大学教师应与州政府密切合作，在州的金融、畜牧、交通、国内贸易、司法、劳动、税收、商业等部门任职，以提供切实具体的服务，为改善交通状况，增进大众健康，保护自然资源以及解决各类社会问题提供知识服务。威斯康星大学教师参与州的各项事务，至20世纪初，威斯康星大学的各种实验室向全州开放，几十位教授在州的各类职能部门兼职。

[1] CLARK B R. The Academic Life: Small Worlds, Different Worlds[M]. New Jersey: Princeton University Press, 1987: 32-33.

[2] 威斯康星观念是源于威斯康星大学的教育实践及办学理念，其主要内涵：大学须参与州的各项事务；大学与州政府密切合作；倡导学术自由。

[3] 许迈进. 美国研究型大学研究——办学功能与要素分析[M]. 杭州：浙江大学出版社，2005：19.

[4] Clark Kerr. 大学的功用[M]. 陈学飞，等，译. 南昌：江西教育出版社，1993：12.

1932年出任明尼苏达大学校长的考夫曼(Lotus D. Coffman)也倡导大学为社会发展提供一切形式的智力服务。

第二次世界大战期间，研究型大学从基础研究转向应用研究。大学教师中的核心领导人员不仅促使联邦政府相信学术可以用来发展军事技术，而且还成功说服了联邦政府的执行部门成立了一个主要由科研人员领导的军事问题研究机构。大批教师承担了雷达研究、原子弹研究、固体燃料火箭研制和无线电引信雷达研制等多项重大军事项目的具体研究工作，甚至还参与研究政策的制定。例如，1940年，在万尼瓦尔·布什(Vannevar Bush)领导的国防研究委员会(The National Defense Research Committee)组建的雷达项目中，有36名年龄在35岁到45岁之间的年轻物理学家集中于麻省理工学院的雷达研究实验室。到1945年战争结束前，实验室人员超过4 000人，其中1/4的实验室人员为大学学者，学者中的一半是物理学家。[1] 约翰斯·霍普金斯大学、加州大学伯克利分校、芝加哥大学和哥伦比亚大学都成为当时主要的科学研究中心。

20世纪初期，为了适应美国大学教育改革及美国民众接受高等教育的需要，初级学院得以形成并迅速发展。据美国初级学院研究专家库斯(L. V. Koss)的统计，1900年全美共设立初级学院8所，在校生100名；1909年，初级学院的数量增加到20所，1919年达到70所。到1920年，全美48个州中有37个设立了初级学院。初级学院的数量猛增到207个，在校生约2万人。[2] 20世纪30年代初期，面对经济危机造成的大量失业问题，初级学院教师主动根据地方劳动力市场的要求，开设实用技术课程，并有针对性地为失业工人举办不同形式的实用技

[1] 沈红.美国研究型大学形成与发展[M].武汉：华中理工大学出版社，1999：51-52.
[2] 贺国庆，王保星，朱文富，等.外国高等教育史[M].北京：人民教育出版社，2003：302-303.

术培训班，讲授汽车维修、装潢、餐饮服务等实用课程。第二次世界大战期间，初级学院在保留原转学教育课程的基础上，在较短的时间内开设战地救护、无线电维修、汽车修理、真空食品制作、航海、焊接等职业技术课程，为军工企业及战地服务培养了大批实用人才。由于能够迅速适应美国社会发展的实际需求，初级学院被人们称为“人民的学院”和“民主的学院”。

三、大学教师学科知识制度化

科学研究的进步使得大量新知识出现，知识的专业化促使学科领域进一步分化。各学科摆脱了哲学的“母体”，获得了学科独立，成功地走上了专业化、制度化的道路。19 世纪以前，每个科学家差不多拥有两个或三个头衔，例如，天文学家兼物理学家，数学家和自然科学家有时竟然是学者和诗人。但到了 19 世纪，这种称谓就很少见了。大学课程中的学科设置变得精细化，学术知识的专业化正在一系列的系科“容器”中被分配。[1] 学科专业的精细化使大学教授的专职领域固定，节约了频繁转换工作的时间。大学教授能够集中精力于一项学术活动，从而促使学术知识不断增长。反过来，专门研究领域的研究成果进一步促进研究领域的分化。

萨克雷（A. Thackray）和默顿（R. K. Merton）认为，学科的制度化是指处于零散状态且缺乏独立性的一个研究领域转变为一门独立的、组织化的学科的过程。[2] 19 世纪末开始，新知识在大学机构中不断学科化和专业化，19 世纪人类思想史的首要标志就在于知识的学科化和

[1] CLARK B R. The Academic Life: Small Worlds, Different Worlds[M]. New Jersey: Princeton University Press, 1987: 26.
[2] 朴雪涛. 知识制度视野中的大学发展[M]. 北京：人民出版社，2007：135－136.

专业化，即创立了以生产新知识、培养知识创造者为宗旨的专门机构。多元学科的创立乃基于这样一个信念：由于现实被合理地分成了一些不同的知识群，因此系统化研究便要求研究者掌握专门的技能，并借助这些技能去集中应对多种多样、各自独立的现实领域。[1]

1880年以来，美国高等教育的学科知识不断发展，任何分科知识都可能成为大学学科的“科目候选者”：职业技术成为一门专业，厨艺、运动、军事装备、音乐、艺术演播等知识也上升到学术领域的高度。大学中开设音乐、物理甚至军事科学课程。[2] 1900年后，大学专业从传统的“七艺”和科学学科扩大到新闻、护士、心理咨询等专业，出现许许多多半专业化的课程，一些原来根本进入不了大学的专业和学科也成为大学课程的组成部分。赫钦斯(R. M. Hutchins)指出，大学的构成已经发生了巨大的变化。20世纪以来，以培养学生适应特定的职业为目标的下述学科声誉日隆：新闻学、商科、图书馆学、社会服务、教育、牙医、护士、林学、外交、药学、兽医外科以及公共行政。[3]

以学科知识为基础建立的学院系统构成了大学制度的主干。学科首先只是一个以具有专业知识的研究者为中心的研究集体，为了便于集体成员相互交流和开展研究工作，制定了一定程序的集体规范和标准。学科是大学这栋大厦的基地和框架，大学的其他制度安排皆围绕学科制度而形成。先有学科的出现，然后才有一个专业，一个学系，一个学院。1893年4月，芝加哥大学的生物学经历了一次知识重组，它被分为五个新的学科：动物学、植物学、解剖学、神经学和生理学。这就意味着拥有五个新的系科主任，五个新的小型学术专业团体，五个新的知

[1] 郭德红.美国大学课程思想的历史演进[M].北京：中央编译出版社，2007：81.
[2] CLARK B R. The Academic Life：Small Worlds，Different Worlds[M]. New Jersey：Princeton University Press，1987：30.
[3] 罗伯特·M. 赫钦斯.美国高等教育[M].汪利兵，等，译.杭州：浙江教育出版社，2001：20.

识、理想和兴趣的选择领域。现代语言系被分为德语系和拉丁语系，历史政治经济系分为历史系和政治经济系，历史系进而分为欧洲史系和美国历史系，政治经济系分为政治科学系、经济学系和社会学系。[1]再如，除了19世纪成立的牙医学院（1867年）外，20世纪上半叶，哈佛大学又设立了商学院（1908年）、教育学院（1920年）、公共卫生学院（1922年）、城市规划学院（1929年）、公共行政管理学院（1936年）等诸多专业学院。

“在教授和教师的许多特殊活动中，我们可以找到的共同内容就是知识操作，只是发现、保存、提炼、传授和应用知识的工作组合形式有所不同罢了。如果说木匠的工作就是手拿榔头敲打钉子的话，那么教授的工作就是围绕一组一般的或特殊的知识，寻找方式扩大它或把它传授给他人。不管我们的定义是广义的还是狭义的，知识就是材料。研究和教学是主要的技术。”[2]大学教师以“闲逸的好奇精神”不懈追求知识。学科体系自身不断处于量的积累和范式转换之中，不断从基础研究领域向应用领域和开发研究领域延伸。各门学科在科学体系中不断地精深化和专业化，学科专业数目需要用字母和数字排序来表示。19世纪80年代后，历史学全面发展，其研究和教学领域延伸到现代西方社会史，包括美国及其他国家的政治、经济、文化发展史，从古代社会绵延到现代社会的世界史。人类史的研究领域大大拓宽，它独有的科学性和浪漫性使它可以探索世界最遥远的角落，也可以回溯到有记录的史前年代。经济学的研究行为遍布大学、博物馆和公司等机构。社会学研究自20世纪开始扩展到社会的所有方面——戏剧艺术、体育、

[1] RUDOLPH F. The American College and University: A History[M]. Athens, Georgia: University of Georgia Press, 1990: 400.
[2] 伯顿·R. 克拉克. 高等教育系统——学术组织的跨国研究[M]. 王承绪，等，译. 杭州：杭州大学出版社，1994：11-12.

犯罪行为、宗教信仰以及阶级、种族矛盾和权力问题。[1] 物理学研究在20世纪迈向电子、X射线和放射性现象等领域。

19世纪末，在美国学科知识制度化背景下，同一学科的学术专家被纳入大学管理机构，这有助于让多名教师拥有学科知识权利。每一个领域都是一种自治的事业；每一个领域都有一块以组织为形式的地盘要保存、维护和扩张；每一个领域都有自己的知识疆界、分析步骤和研究方法。[2] 这也更能发挥学科竞争力，按照公众需求设置专业，以此来吸引更多学生。但系科只是单纯的教学科研组织，主要承担教学管理与协调工作，包括设置学生入学标准、学术要求、毕业条件等问题。教师的任命、晋升、终身教职的获取和解雇的相关权力仍由大学管理人员掌握。

四、大学教师学术专业稳定化

早期学院教师流动性很大，教师不是作为一种职业存在。早期学院也没有能力为教师提供永久住房、教学工具。教师职业缺乏保障，社会地位低下，工资偏低。当时，学院教师的标志就是“诚实的面孔加一身皱皱的、松垂的旧式衣服”[3]。而社会人士却认为教学报酬已经足够，没有提高教师薪水的必要。因此，许多教师不得不兼做多份工作。他们往往同时教授多种科目，且经常是“多重身份”。佛罗里达学院一名拥有文学硕士学位的教师讲授“农业、园艺及希腊文”课程；新罕布什

[1] CLARK B R. The Academic Life: Small Worlds, Different Worlds[M]. New Jersey: Princeton University Press, 1987: 30 - 31.

[2] 伯顿·R.克拉克.高等教育系统——学术组织的跨国研究[M].王承绪，等，译.杭州：杭州大学出版社，1994：230.

[3] RUDOLPH F. The American College and University: A History[M]. Athens, Georgia: University of Georgia Press, 1990: 395.

尔大学的第一位教授要负责行政工作，准备年度报告，筹划校舍的兴建或修缮，组织和讲授大部分课程，游说议员，到校外演讲，并广泛招募学生。[1]

19 世纪初，虽然当时的教师待遇仍然无法让其过上“中产阶级水平”的生活，但学科知识的制度化使大学教师沿着学术专业化路径走向制度化。专业学者阶层替代和超越作为业余爱好者的学者阶层，使归属于某一学科的学者将大学视为其事业的中心，并逐渐在现代大学中沿着一条学术职业化的路径发展。尽管助教仍然占多数，但在著名高等教育机构中已出现全职的教师。他们对教学负责任，德高望重，接受过专业化的高等教育，在学术知识专业领域教学，并把从事教师职业看作他们的学术生涯，而不是等待牧师职位的机会。

19 世纪中后期，大学机构中出现专职的管理人员和教学人员。这种分工不仅节约了工作时间，而且形成了一批专门从事管理的人员和专业研究者。“个人只有通过最彻底的专业化，才有可能具备信心在知识领域取得一些真正完美的成就……只有严格的专业化能使学者在某一时刻，大概也是他一生中唯一的时刻，相信自己取得了一项真正能够传之久远的成就。”[2]大学教师唯有通过严格的专业化知识的学习和研究，在该学科领域作出一定的学术成就，才能成为具有独特尊严和合法性的独立学科学者，并在这个学术集体乃至大学中获得较高的学术专业地位。

最初，学院教职员工只拥有助教身份，在不同类型的学科教学中花费的时间较短；如今，他们成为在某个独立学术学科领域拥有渊博知识

[1] 李素敏. 美国赠地学院发展研究[M]. 保定：河北大学出版社，2004：61.
[2] 马克斯·韦伯. 学术与政治[M]. 冯克利，译. 3 版. 北京：三联书店，2005：23.

的教授，并献身于长期的全职聘任生涯。[1] 但大学教师学术专业的形成速度很慢，主要原因在于工资低、地位低和职业安全无保障。美国大学教师的工资收入几乎无法维持正常的生活需要。1893年，大学教师的年平均工资仅有1 470美元，仅相当于熟练工人的水平。约翰·杜威（John Dewey）抱怨芝加哥大学4 000美元的年薪太低，不能维持正常的生活。坎比（Henry Seidel Canby）回忆道："我们最强烈的愿望就是安全，维持生活所需的工资水平，以及工作时的安全保障……我们不能依靠节俭或者到校外赚钱来维持生活。我们希望学院能够提供生活保障，然而学院的经济状况也一直比较紧张，根本无法为我们提供生活保障。"[2]

20世纪以来，教师工资待遇稳步提升，即使在经济衰退时期，教师工资也能保持基本稳定。20世纪30年代经济下滑时期，美国大学教授协会（American Association of University Professors）于1937年所作的一项关于125所学院和大学的调查发现，1930年到1936年间，84%的学校至少削减教师工资一次，其中包括95%的公立学校和65%的私立学校，但教师工资的购买力仍然比1929—1930年高出10%。[3] 埃利奥特担任哈佛大学校长期间，教授的年薪由3 000美元提高到4 000美元，并提供休假及退休金，而当时美国主要大学教授的年薪均在3 000美元以下。同时，他将研究所、理学院及学院本部重组成文理学院，扩充教师组织的权力。1869年，文理学院教师薪水中最高者为年薪

[1] COHEN A M. The Shaping of American Higher Education: Emergence and Growth of the Contemporary System[M]. San Francisco: Jossey-Bass Publishers, 1998: 124 - 125.
[2] 转引自：张斌贤，李子江. 大学：自由、自治与控制[M]. 北京：北京师范大学出版社，2005：102 - 103.
[3] 乔治·凯勒. 大学战略与规划：美国高等教育管理革命[M]. 别敦荣，主译. 青岛：中国海洋大学出版社，2005：10.

4 000 美元，1918 年则为 5 500 美元，1919 年为 8 000 美元，1928 年增至 9 000 美元，1930 年则为 12 000 美元。20 世纪 30 年代经济大萧条时期，社会保障水平低和通货膨胀及校际竞争提高了办学成本，雇员们的工资有所减少，但教师们的情况有所不同。教授的薪水在 1931 年是 8 000—12 000 美元，这种情况一直持续到第二次世界大战后。对于持有终身教职的教师来说，20 世纪 30 年代是一个黄金时代，保障好，收入稳定，住房、食品、旅行、服务的费用都很便宜。即使在大萧条中最困难的时期，非终身教师也没有一人被解雇。[1]

大学教师工资待遇提高的主要原因在于学院和新兴大学获得收入的渠道增加：第一，定期向自己的毕业生募款；第二，州政府拨款，到 20 世纪 20 年代，美国东北部以外的多数州都将十分之一以上的年度政府预算经费用于资助本州的学院和大学；第三，美国工业化时代涌现了一大批富翁，他们成为学院和新兴大学的捐赠者。1876 年约翰斯·霍普金斯大学由私人捐赠建立。康奈尔大学既获取了康奈尔（Ezra Cornell）50 000 美元的私人捐赠，也接受了纽约州的法案资金捐赠。芝加哥大学通过获得洛克菲勒（John D. Rockefeller）和一些芝加哥商业领袖的捐赠建立起来。当哈珀（William Rainey Harper）被任命为新建的芝加哥大学校长并拥有足够的经费后，他做的第一件事就是在全美寻找最优秀的教授。他从耶鲁大学招募教授并聘任几位前任学院院长。另外，他以双倍工资吸引克拉克大学的教职员工。当克拉克大学校长提出抗议时，哈珀居然邀请他加入芝加哥大学教职行列。事后，他聘任了 15 位克拉克大学的教授。[2]

---

[1] 莫顿·凯勒，菲利斯·凯勒. 哈佛走向现代——美国大学的崛起[M]. 史静寰，钟周，赵琳，译. 北京：清华大学出版社，2007：208.

[2] COHEN A M. The Shaping of American Higher Education: Emergence and Growth of the Contemporary System[M]. San Francisco: Jossey-Bass Publishers, 1998: 125.

大学教师聘任制度也逐渐规范化。19世纪之前，美国大学教师和管理者形成一种劳资关系，就工作时间、工作量、工作条件、工资待遇等进行谈判，大学教师终身教职没有具体的规定和获得法律保护。有些院校把终身聘任作为一种与晋升相伴的特权，有些院校虽然对所有教师实行终身聘任制，但校长或董事会不需要任何解释和正当的程序就可以随意解聘教师。

20世纪上半期，终身教职的评审标准主要包括三个方面：教学、科研和服务。教学情况取决于学生对教师教学质量的评估；科研情况主要看教师发表的论文、著作的数量和质量，以及教师争取科研经费的能力；服务情况主要是指教师参与社会公共事务的能力。因此，大学教师迫切希望讲授高深知识，并引导科学研究，通过出版学术著作在美国学术市场中不断提升地位。[1] 因学校性质不同，各类高校制定的终身教职授予标准也有不同的侧重。一般而言，研究型大学看重教师的学术成就，科研成果的发表是最重要的指标；而以教学为主的文理学院通常把教学效果和质量放在第一位。

五、大学教师学术专业组织化

19世纪末期，由于知识的不断丰富以及本科生和研究生入学人数的不断增加，大学教师学术专业层级走向制度化。以1891年的芝加哥大学为例，刚进入大学的新教师有一年试用期；试用期后，根据其最初学历分为高级讲师（reader）、讲师（lecturer）、讲解员（docent）、助教（assistant）；接下来是两年的试用期，通过后可获得教员（instructor）资格；然后是三年的试用期，通过后获得助理教授（assistant professor）资

[1] GRAHAM H D, DIAMOND N. The Rise of American Research Universities: Elites and Challengers in the Postwar Era[M]. Baltimore: Johns Hopkins University Press, 1997: 20.

格；试用期后，有三种终身任命资格：副教授（associate professor）、教授（professor）、首席教授（head professor）。[1] 许多大学开始尝试实行包括讲师、助理教授、副教授、教授的学术专业等级制度，不同等级的教师享有不同的权利。大学教师都要踏上一条学术之路：助理教授、副教授和教授。[2] 芝加哥大学对副教授以下职位的教师实行短期聘用，而副教授、教授、首席教授职位的教师则享有长期聘用的权利。教授年薪为4 000 美元，副教授 3 000 美元，助教 2 000 美元。1900 年，哈佛大学和密歇根大学等建立了由助理教授、副教授和教授组成的大学教职系列，其他大学相继仿效。

大学教师的专业化不仅没有扩大教师参与大学事务的权利，事实上反而进一步加深了教师与董事会之间的隔阂。教师逐渐沦为大学董事会的雇员，导致教授对学科及其专业标准的忠诚超过了对大学的忠诚。学术组织的重要性日益凸显，并且随着美国学者队伍的不断壮大，各种各样的学术社团开始出现。1900 年，美国大学协会（Association of American Universities）建立。协会建立之初接受了 12 所大学作为第一批会员学校。其中，加州大学、密歇根大学和威斯康星大学发展迅速，它们关注图书馆建设和高深学位的建设；耶鲁大学、哈佛大学、普林斯顿大学、宾夕法尼亚大学和哥伦比亚大学由早期殖民地学院发展而来；芝加哥大学、康奈尔大学、约翰斯·霍普金斯大学和斯坦福大学初创时则以开展研究生教育为主要教育使命。[3]

美国在 1800 年之前建立的学术组织有两个：1743 年建立的美国

---

[1] RUDOLPH F. The American College and University: A History[M]. Athens, Georgia: University of Georgia Press, 1990: 398 - 399.

[2] GRAHAM H D, DIAMOND N. The Rise of American Research Universities: Elites and Challengers in the Postwar Era[M]. Baltimore: Johns Hopkins University Press, 1997: 22.

[3] COHEN A M. The Shaping of American Higher Education: Emergence and Growth of the Contemporary System[M]. San Francisco: Jossey-Bass Publishers, 1998: 106.

哲学学会和1780年建立的美国艺术与科学学会（American Academy of Arts and Sciences）。1800年到1880年成立了10个学科协会，其中包括：美国统计学协会（American Statistical Association，1839），美国科学促进会（American Association for the Advancement of Science，1848），美国地理学会（American Geographical Science，1852）。19世纪的最后20年，美国又相继出现了超过25个现代学科学会或协会，其中包括：1883年成立的美国现代语言协会（Modern Language Association of America）；1884年建立的美国历史协会（American Historical Association）；1885年成立的美国经济学协会（American Economic Association）；1890年成立的美国动物学家协会（American Society of Zoologists）；1899年成立的美国物理学会（American Physical Society）。1900—1919年，协会组织的数量增加了43个，接下来的20年里又增加了58个学术组织（见表1－3）。[1]

表1－3　美国国家学科协会新增数目表

单位：个

年份	1860—1879年	1880—1899年	1900—1919年	1920—1939年	1940—1959年	1960—1985年
数目	4	27	43	58	77	150

资料来源：CLARK B R. The Academic Life：Small Worlds，Different Worlds[M]. New Jersey：Princeton University Press，1987：37.

学术组织的形成方式有两种：第一，在已有学术组织的基础上产生新的分支，如1870年至1900年间，美国科学促进会通过分化产生了美国数学协会（Mathematical Association of America）、美国化学学会

[1] CLARK B R. The Academic Life：Small Worlds，Different Worlds[M]. New Jersey：Princeton University Press，1987：36.

(American Chemical Society)和美国植物学学会(Botanical Society of America);第二,单独建立新的学术组织,如建立美国现代语言协会。这些学术组织的成立目的类似,那些具有共同学术兴趣的学者希望通过建立协会、创办学术刊物、举办学术会议等方式,加强彼此之间的交流,促进学科专业的发展。到 1908 年,美国已有 120 个全国性的学术组织,550 个地方性的学术团体。第一次世界大战期间,美国又开始出现一些由相关的专业学术团体组成的全国性的联合会或协会,如全国研究协会、社会科学研究协会、美国学术团体协会等。[1] 美国大学的这些学术组织代表了学科知识的权力,极大地促进了美国大学教师学术专业的发展和学术知识的繁荣。更为重要的是,它们可以发挥学术团体的集体力量,捍卫大学教师的学术自由。

第三节

美国大学教师学术专业保障组织的建立:美国大学教授协会

19 世纪末 20 世纪初,有两个历史性事件促进了教师专业化的进程:首先是美国研究型大学的出现,大学教师带着“闲逸的好奇精神”追求知识,肩负起知识强国的使命;其次是美国大学教授协会的建立,它保障了大学教师在拥有普通公民言论自由的同时,拥有在特定高等教

[1] 张斌贤,李子江.大学:自由、自治与控制[M].北京:北京师范大学出版社,2005:96-97.

育机构或学术社团中思考和行动的自由。[1]

一、美国大学教授协会的建立

（一）大学教师面临学术专业危机

慈善捐赠促进了大学时代的到来。19世纪90年代到20世纪40年代期间，源于私人捐赠的高等教育经费增加约24倍，年捐赠量由3 500万美元增加到约8.5亿美元。[2] 工商业阶层人士进入大学董事会或大学监事会。尽管提供捐赠的商人没有对学院进行强行限制，但铁路、钢铁、石油、纺织企业商人不期望他们投入的大量资金用来资助少数学生去研究哲学或宗教学。[3] 大学商业管理人士的实用性追求与大学教师对学术的精神追求产生冲突。

大学教师对个人学术专业活动的关注使得他们漠视大学组织管理。面对“忠诚于大学”与“忠诚于学术”的天平，他们倾向于学术和知识，而不是大学组织问题和管理问题。教师的专业化并没有为大学教师在学院和大学工作事务中带来任何权威性地位。他们仍执着于对知识的追求。大学决策成了学术研究者的真空地带。大学教师与大学决策者的距离不断加大。来自工商业阶层的管理者坚持功利主义价值观，奉行效率至上的评价标准，片面追求大学管理中的效率、成本、效益，完全用量化的指标评价教师的教学、科研、社会服务，对教师实行统一的程序化、制度化管理。以大学校长为首的管理人员迫于学校规模、出版社和图书馆等设施建设因素的限制，不得不受制于工商业阶层管

[1] 文雪，沈红. 试析美国大学学术职业发展的独特性——基于对美国大学终身教职制度的考察[J]. 高教探索，2007(2)：68－71.

[2] 许迈进. 美国研究型大学研究——办学功能与要素分析[M]. 杭州：浙江大学出版社，2005：170.

[3] COHEN A M. The Shaping of American Higher Education: Emergence and Growth of the Contemporary System[M]. San Francisco: Jossey-Bass Publishers, 1998: 107.

理人员。

大学教师的职业地位受到威胁。随着 19 世纪八九十年代美国第一批年轻社会学者走向大学教师岗位,大学教师追求自由无私地探究与工商业资本家追逐利益之间的矛盾进一步激化,先前表现为科学与神学之间的冲突,现在则公开地表现为科学与财富间的斗争。[1] 大学教师发表学术观点的自由受到限制,触犯大学董事会成员利益的大学教师将面临被解聘的威胁。大学董事会对教师身份拥有审查权和解聘权。因为学术观念触怒大学董事会成员,大学教师经常被迫辞职或被随意解聘。仅在 19 世纪末,美国大学就发生了 20 多起因大学教授与大学董事会意见不一致而解聘大学教授的事件。[2] 如 1895 年的"爱德华・比米斯事件"和 1897 年的"本杰明・安德鲁斯事件"。

20 世纪初,大学教师学术专业基本成型。他们迫切希望能够在本专业领域自由发表个人观点。但在实施科层式管理的美国大学体系中,管理层人士认为大学董事会、校长、院长就是高等教育的代言人,大学教师为他们的利益服务,校长们往往以学校意志体现者的身份出现在公众面前。这引起教师们的强烈不满。他们感到需要一个场所,可以对学校管理进行批评,并自由表达个人研究思想。"忠诚于学院是值得钦佩的,但是如果我们所在学院不幸成为科学发展的阻力,我们必须尽最大的努力让同事和学校管理者认识其危险性……为了实现这个目的,我们需要个人和集体的共同努力。我们需要自由宽松的学习和研究环境,但是同行之间的交流同样重要,这是产生新思想的源泉。"[3]

[1] METZGER W P. Academic Freedom in the Age of the University[M]. New York: Columbia University Press, 1969: 147.
[2] 张斌贤,李子江. 论学术自由在美国的制度化历程[J]. 沈阳师范大学学报(社科版),2003(5): 6-10.
[3] METZGER W P. Academic Freedom in the Age of the University[M]. New York: Columbia University Press, 1969: 197.

正是学院教师和学院行政之间经常发生的激烈冲突，才促使代表教师集体利益的组织——大学教授协会得以成立。

（二）危机中的联盟——美国大学教授协会的诞生

1900年，斯坦福大学经济学教授罗斯（E. A. Rose）公开发表演讲，批评政府的亚洲移民政策，并支持公共设施国有化的主张。这引起大学董事会成员利兰·斯坦福（Lealand Stanford）夫人的强烈不满（斯坦福早期就是利用亚裔劳工修筑太平洋铁路而发家）。斯坦福夫人要求校长乔丹（David Starr Jordan）立即解聘罗斯。乔丹迫于压力，于同年11月解聘了罗斯教授。另外7名教授愤而离职，以示抗议，进而引起全国性抵制斯坦福大学的运动。[1] 1900年12月，美国经济学协会成立特别调查委员会，对“罗斯事件”展开调查，但最终罗斯也没有被恢复教职。美国大学校长认为学术自由与学术责任并重，当学术自由与影响大学发展的其他重要因素发生冲突的时候，他们宁愿牺牲学术自由以保全大学的发展。

1913年，拉法耶特学院的自由主义哲学教授梅克林（John M. Mecklin）被解聘。美国哲学学会和心理学会（American Psychological Association）委派的特别调查委员会在调查过程中，同样没有得到校长的配合。于是，调查委员会转而对该校拒绝配合调查的行为进行谴责，宣称他们有权调查相关学科领域教授的任职情况，以及学校保护教学自由的情况。“罗斯事件”和“梅克林事件”使人们认识到建立教师集体组织以及学术自由事件调查机制的必要性。[2]

1913年，约翰斯·霍普金斯大学教授洛夫乔伊（Arthur O.

[1] 张斌贤，李子江. 大学：自由、自治与控制[M]. 北京：北京师范大学出版社，2005：111.
[2] 同上：113.

Lovejoy)带领18名本校教授倡议组建全国性的教授联合组织，并致函全国9所知名大学的教授，强调只有当教师跨越各自学科和院校的界限彼此联合起来，才能依靠专业组织的集体力量维护专业人员的正当权益。“学科性协会服务于学者的学术和科学利益，但现在他们同样迫切、重要的院校和社会利益却没有得到适当的关注；作为‘为社会生存所必需的’专业的成员，教授们有理由关注它的‘效率、公共影响和良好声誉’；专业组织需要通过‘集体行动’和对这些关注给出‘权威性表述’来维护这些利益。”[1]

1915年1月，在以杜威和洛夫乔伊为首的委员会主持下，在美国经济学协会、美国社会学协会(American Sociological Association)和美国政治科学协会(American Political Science Association)的联合呼吁下，来自60所不同院校的867名教授出席了在哥伦比亚大学召开的会议。[2] 大会达成如下共识。首先，确定了会员入会的标准：所有大学或学院的教师，只要其学术或科研活动得到认可，并且从事教学或科研10年以上，都可以申请成为会员(1920年减为3年；1929年允许研究生作为初级会员参加会议，但是没有投票权)；如果学院和大学的行政官员没有完成一定数量的教学任务，就不具备入会的资格。其次，设立学术自由与终身教职委员会，制定保护学术自由与终身教职的原则，建立学术职业的标准和规范。任命哥伦比亚大学著名经济学家塞格里曼(Edwin R. A. Segliman)为委员会主席，其他14名成员分别来自美国

[1] 顾建民. 自由与责任：西方大学终身教职制度研究[M]. 杭州：浙江教育出版社，2007：65.

[2] 来自哥伦比亚大学的杜威和卡特尔(McKeen Cattell)教授，康奈尔大学的贝内特(Charles E. Bennett)和尼科尔斯(E. L. Nicholes)教授，约翰斯·霍普金斯大学的布拉姆菲尔德(Maurice Bloomfield)和洛夫乔伊教授，普林斯顿大学的卡普斯(Edward Capps)、卡默勒(E. M. Kammerer)和华伦(H. C. Warren)教授，哈佛大学的迈诺特(C. S. Minot)教授参与了此次会议。参见：METZGER W P. Academic Freedom in the Age of University[M]. New York: Columbia University Press, 1969: 202.

政治科学协会、美国社会学协会和美国经济学协会。最后，大会通过宪章，明确大学教授协会的宗旨是："加强学术职业成员之间的合作，充分发挥在维护美国高校利益以及研究方面的特殊作用；促进对有关高等教育的问题开展更加广泛的系统的讨论；保障学院和大学教师的言论自由；促成集体行动；提高学术职业水平，维护职业理想。"[1]大会选举杜威为美国大学教授协会首任主席。

自此，一个以民主方式由大学教授自愿组织起来的真正有代表性的教师团体、旨在保护教师权益的专业组织——美国大学教授协会正式宣告成立。美国大学教授协会的成立标志着美国学术人时代的来临。作为大学组织人的教授拥有了一个保护其免受大学控制并且支持其追求真理、征服无知的组织依靠。[2]

二、美国大学教授协会：大学教师学术专业发展的守护者

美国大学教授协会作为一个工会性民间组织，诞生于第一次世界大战期间，随后历经20世纪30年代世界经济危机、40年代第二次世界大战和50年代麦卡锡主义（McCarthyism）横行的磨砺，其关于学术自由和终身教职的原则主张走过了一个从理想到现实、从不完善到完善的过程。[3] 这个过程，一方面是通过与代表院校利益的美国大学协会进行谈判、妥协以获得其他组织机构认可的过程，另一方面也是通过学术自由事件调查机制维护大学教授的学术专业权利，促使学术专业由自身的成长期走向通过集体组织与司法权来赢得世人认可的阶段。

[1] 张斌贤，李子江. 大学：自由、自治与控制[M]. 北京：北京师范大学出版社，2005：115.
[2] RUDOLPH F. The American College and University：A History[M]. Athens，Georgia：University of Georgia Press，1990：415－416.
[3] 顾建民. 自由与责任：西方大学终身教职制度研究[M]. 杭州：浙江教育出版社，2007：66.

（一）美国大学教师学术自由的捍卫者

1915 年，美国大学教授协会发布的《关于学术自由和终身教职的原则声明》是美国关于学术自由原则的纲领性文件，被称为“美国有史以来有关学术自由原则的最全面的最有影响的宣言”，“是学术专业发展的一个里程碑”。[1]

该原则声明指出：真正的学者应坚持“学术中立”，以学术行为严格要求自己，遵循“科学研究规律、方法和研究精神，平等自由地发表自己的研究结果，避免在公众面前以不成熟和情绪化的表达方式发表未被证实或夸张的观点”，[2]大学教师言论自由主要依靠教师自我约束以及教师集体舆论的方式加以约束，必要时由大学教师组成的相关专业团体采取一定的处罚措施加以纠正；大学董事会有权对个别教师的渎职行为、严重的道德败坏行为作出处理，但是在涉及教师言论及其表达方面，外行董事会的干预必然使大学变成一个排斥新思想、固守个人观点或偏见的场所。

在大学之外，大学教师享有在专业领域探讨深奥的和有争议的问题并以个人名义发表思想观点的自由，以及对一般社会和政治问题以适于教授身份的方式发表意见的自由。但“大学教师在校外的言论必须受到特殊责任的限制，避免发表草率的未经证实的夸大其词的言论，防止出现无节制的煽动性的表达方式。教师必须不受党派忠诚思想的限制，不为党派的热情所鼓动，不带有个人政治野心的偏见。大学应该避免陷入党派斗争的矛盾之中。尤其是在关乎国家利益和安全的内容

[1] METZGER W P. Academic Freedom in the Age of the University[M]. New York: Columbia University Press, 1969: 133 - 134.
[2] WESTMEYER P. A History of American Higher Education[M]. Springfield: Charles C. Thomas Publisher, 1985: 138.

方面，（大学教师的言论）更应该受到十分严格的限制”[1]。教师代表委员会决定教师的续聘权；大学官方作出的任何有关续聘或解聘教师的决定，都必须听取大学教师代表组成的委员会或理事会的建议，并且取得他们的同意。[2]

（二）美国大学教师学术自由事件调查程序的演变

美国大学教授协会将有关学术自由事件的调查目的定位于改变学术自由事件发生的根本原因，而不是无原则地为被解雇的大学教师进行反击。[3] 1915 年，洛夫乔伊强调美国大学教授协会的调查目的在于落实保护学术自由的原则和程序。紧接着，美国大学教授协会对科罗拉多大学教授指责校长违反学术自由原则的事件进行调查，结果发现校长并没有违反学术自由原则。于是，美国大学教授协会制定了另一份学术自由的声明，表示美国大学教授协会绝不仅仅代表大学教授的利益，而是整个高校利益的监护人。

美国大学教授协会最初成立了一个由 15 人组成的学术自由与终身教职委员会（Committee on Academic Freedom and Tenure，简称 Committee A，即 A 委员会），以正式或非正式的方式充当教授和学院之间的“调停者”角色。在接到违反学术自由原则的投诉后，无论最终调查结果如何，美国大学教授协会都会运用《关于学术自由和终身教职的原则声明》中的条款和相关制度同学校行政人员和董事会交涉，替当事人说话，尽力协调双方利益，以消除矛盾，但收效甚微。1930 年，美国

[1] 张斌贤，李子江. 大学：自由、自治与控制[M]. 北京：北京师范大学出版社，2005：118.
[2] 李子江. 美国学术自由的变迁：1880—1980[D]. 北京：北京师范大学，2004.
[3] METZGER W P. Academic Freedom in the Age of the University[M]. New York: Columbia University Press, 1969: 217.

大学教授协会设立认可院校名单制度，对各院校贯彻学术自由和终身教职原则的情况进行认证，所有违反学术自由和终身聘任制原则的院校将从美国大学教授协会认可的院校名单中划掉。涉事院校纠正其错误之后，方可重新加入美国大学教授协会认可院校名单。鉴于“黑名单”的标签暗示能起到一定威慑作用，1931 年，美国大学教授协会建立定期公布“不被认可的院校”(non-recommended institutions)名单制度，并在每年 1 月份发布不被认可院校名单。

美国大学教授协会对所有触犯学术自由原则、无理由解聘教授的事件开展全面的调查。据统计，1934 年，调解不成功的案件中有一半接受全面调查，调查报告公布在《公报》(*Bulletin*)上。[1] 鉴于美国大学教授协会只是想在确定触犯学术自由原则后对大学管理者提出警告，《公报》上的调查报告一般只采用简单概述的方式。对调查委员会调查的学术自由事件，只摘取事件的片段予以公布，以事件数目统计的方式公布已调停成功和未触犯学术自由的事件；但是，如果在调查该事件时，当事人无辜而大学和董事会仍一意孤行，不肯作出妥协，这份调查报告将会作出详细描述，以示警告。

虽然美国大学教授协会的民间组织身份自然会削弱学术自由事件调查的力度和效率，个别院校机构无视学术道德规范，长期出现在“不被认可院校名单”上，但美国大学教授协会成立后短短几年所取得的成绩是显著的。学术自由与终身教职委员会持之以恒地坚持调查，使得大学管理者解聘教师时都会慎重考虑；而大学教师在美国大学教授协会的帮助下，学术专业意识普遍提高，并学会了如何自主维护自身的学术专业权利。

---

[1] METZGER W P. Academic Freedom in the Age of the University[M]. New York: Columbia University Press, 1969: 218.

（三）战争时期美国大学教师发展面临的新威胁

美国大学教师置身于系—学院—大学的高等教育管理系统，大学学术专业权利由教师集体与院校董事会及院校行政管理当局博弈而成。事实上，教授的力量比较薄弱，而董事会的影响和院校行政官员的权力比较大。教师集体势力的发展晚于院校势力，且只能在董事会和行政官员划定的范围内发展，因此，大学教师个人和集体的权力在美国并没有太大的影响力。[1]

1. 第一次世界大战期间美国大学教师反战言行调查

第一次世界大战期间，大学教师的“忠诚于学术”面临着“忠诚于国家”的挑战。疯狂的所谓“爱国正统派”宣称，任何“逃避兵役”“支持德国行为”“和平反战倡导者”都被定义为“不忠诚于国家”。“不忠诚”不仅指出现背叛行为，还包括在思想和意识形态的“背叛”。学术思想的殿堂——大学成为“爱国正统派”重点检查的对象。一些大学领导者为了确保大学在战争中生存，选择站在了“爱国正统派”这边。大学教师必须进行“忠诚宣誓”，教师一旦对美国参战的态度不够积极，就可能受到怀疑而被处罚。[2] 大学的许多教授成为“忠诚调查”的对象，教授因发表反对战争的看法而被解聘的事件至少有20多起。[3]

哥伦比亚大学的表现尤为突出。1917年3月，哥伦比亚大学首先成立调查委员会，对全校教师的教学活动和相关著作展开调查。校长

[1] 约翰·范德格拉夫，等.学术权力——七国高等教育管理体制比较[M].王承绪，等，译.杭州：浙江教育出版社，1989：203.

[2] METZGER W P. Academic Freedom in the Age of the University[M]. New York: Columbia University Press, 1969: 222-223.

[3] 如：弗吉尼亚大学的莱昂(Loen R. Whipple)教授虽然深得该校校长赏识，但由于发表“战争不能消除专制的威胁，也不能使世界获得民主与和平”之类的言论而被定为“不忠诚”，通过审议被解聘；1917年，曾向美国大学教授协会提出申诉的宾夕法尼亚大学教授尼尔林(Scott Nearing)因反对美国参战而再次被解聘；1917年9月，明尼苏达大学政治学系主任沙佩尔(William A. Schaper)因为反对美国参战的立场被董事会解聘。参见：METZGER W P. Academic Freedom in the Age of the University[M]. New York: Columbia University Press, 1969: 223.

巴特勒(Nicholas Murray Bulter)认为，应该严格区分宣布参战决定前后的学术自由。在美国没有正式宣布参战决定之前，大学教师享有完全的学术自由来讨论战争问题，但是国会宣布美国参战决定以后，大学教师就不再受到学术自由的保护。1917 年 6 月 6 日，巴特勒校长向全体教师宣布，“从前能够容忍的言行现在则无法容忍，过去被认为是错误的言行现在则是煽动性的言论，以前被认为是愚蠢的行为现在则是叛国谋反”，“如果我们教师队伍当中有人没有全身心、尽全力投入这场为了世界民主和平而努力的战争中，那么我提出最后一次警告”。[1] 1917 年，哥伦比亚大学的卡特尔(McKeen Cattell)教授向几位国会议员提交请愿书，要求废除强制征兵的法律。巴特勒通过大学董事会解聘了卡特尔。这一行为引起包括杜威在内的众多教授的反对，历史学家比尔德(Charles Beard)也愤而辞职。

在危机时期，大学迫于外界压力，往往修改以前对学术自由内涵的宽泛规定，明确限定学术自由的范畴，把那些不受公众欢迎的言行排除在学术自由保护的范围之外。[2] 美国大学教授协会迫于现实，在学术自由事件调查过程中显得力不从心，甚至表现出一定的妥协性。1918 年，美国大学教授协会致函美国总统，表示对号召全国人民为维护民主和平而战的衷心支持；美国大学教授协会战时学术自由调查委员会在报告中指出：应该一分为二地看待战争年代公民的责任，最重要的责任是赢得这场胜利；其次就是维持组织的民主自由，但是，不得不承认，民主自由在战争年代很难维持。[3] 为了防止外界对大学教师学术专业

[1] METZGER W P. Academic Freedom in the Age of the University[M]. New York: Columbia University Press, 1969: 225.
[2] 张斌贤，李子江. 大学：自由、自治与控制[M]. 北京：北京师范大学出版社，2005：123.
[3] METZGER W P. Academic Freedom in the Age of the University[M]. New York: Columbia University Press, 1969: 229 - 230.

的干预，保护学术自由和终身教职制度，美国大学教授协会一再向公众声明不会袒护任何对国家不忠的教师。

1918年，美国大学教授协会发布了洛夫乔伊起草的报告《战争时期的学术自由》，指出大学在以下任何一种情况下都可以解聘教师：一是教师违反与战争有关的法令或政府命令；二是教师蓄意煽动他人抵制或逃避《义务兵役法》以及军事机构的有关规定；三是教师蓄意阻止他人为政府提供义务援助；四是日耳曼血统的教师违反规定，私下谈论战争，在与邻居、同事和学生的交往中表露出对美国及其政府的敌意和冒犯。有学者认为，相对于1915年的原则声明，美国大学教授协会发布的这个报告是一个极大的倒退。[1]

2. 第二次世界大战后期美国大学教师“忠诚调查”

20世纪30年代，随着经济大萧条和苏联的崛起，美国共产主义思想以史无前例的势头扩散到社会各个角落。美国大学中的共产党组织开始发展，大学中共产党人师生的比例迅速增加。忠诚于国家的问题成为第一次世界大战后最重要的问题。虽然两次战争期间的“忠诚”含义有所不同，但“冷战”时期美国的学术自由受到更大的威胁。

1947年3月，杜鲁门(Harry S. Truman)总统颁布第9835号行政命令，即“忠诚调查令”，要求政府机关职员、高等学院教员和研究人员等必须对政府宣誓效忠，并对他们的忠诚进行检验。根据美国国会陆续透露的材料，受到“忠诚”调查的美国公民累计有1 300多万人。[2]州政府加强了对州立学院和大学的监督，通过“忠诚宣誓”和“忠诚调查”的方式对大学教师进行钳制。

1936年，纽约城市学院的终身教授沙佩斯(Morris Schappes)由于

---

[1] 张斌贤，李子江. 大学：自由、自治与控制[M]. 北京：北京师范大学出版社，2005：124－125.

[2] 黄安年. 麦卡锡主义——美国的法西斯主义[M]. 北京：商务印书馆，1984：4.

平时政治言论过于激进，并在学生罢课一周年纪念活动中发表演讲而被解聘。沙佩斯迅速将此事公布于众。纽约城市学院的教师为了维护职业安全，要求董事会撤销解聘沙佩斯的决定。最终沙佩斯重新获得了教职。此类事件在美国社会反共产主义浪潮中比比皆是，第二次世界大战结束后愈演愈烈，仅 1948 年到 1950 年间，美国约有 500 名州立和市属学院的教师因为拒绝进行“忠诚宣誓”而被解聘。[1]

1950 年 2 月，美国国会参议员麦卡锡(Joseph Raymond McCarthy)发表演讲，声称有大批共产党人渗入美国国务院，从而在美国国内掀起了一场消除共产党人士的反共运动，史称“麦卡锡主义”(McCarthyism)。[2]而教育界成为重点清查的对象，许多州的政府和大学校长开始强迫教师进行“忠诚宣誓”，而大学教师是否符合职业标准，要由麦卡锡主义分子来判断。

在整个美国社会的政治大环境中，面对麦卡锡主义对学术自由的侵犯，美国大学教授协会于 1956 年签署并发布了《为了国家安全的学术自由与终身聘任制》的声明。声明再次重申要坚持此前发布的《关于学术自由和终身教职的 1940 年原则声明》[3]，同时对大学教师作为公民的政治言论自由权利进行了限制，重新对解聘教师的理由进行了规定，大学教师参加反对政府的活动以及支持共产主义思想的活动，或者

[1] 王春多. 20 世纪美国大学终身教职制度研究[D]. 保定：河北大学，2005.

[2] 1950 年 2 月 9 日，美国共和党参议员约瑟夫・麦卡锡在西弗吉尼亚州惠灵的一家妇女俱乐部当众展示一份据称有 205 名共产党人的名单，并声称，美国国务卿知道该名单，而名单上的人至今仍在左右美国的外交政策。由此，麦卡锡在参议院掀起一场揭露和清查美国政府中的共产党的浪潮。麦卡锡调查委员会的人员打着维护国家安全的旗号，无视正常法律程序，对他们怀疑的一切人，包括联邦政府高级官员、外交官、大学教授、作家等任意进行调查，涉及面极大。1954 年，麦卡锡退出美国政坛。参见：王希. 麦卡锡主义的闹剧与悲剧[J]. 世界知识，2001(18)：35 - 37.

[3] 1940 年美国大学教授协会与美国大学协会联合发表《关于学术自由和终身教职的 1940 年原则声明》，强调：学术自由的根本目的在于服务公共利益；研究自由是更好探索真理的保证；终身教职是保证大学教师教学、研究以及校外活动自由的手段；终身教职所提供的充分的经济安全，使得学术职业对具有学术才能的人士产生吸引力。

拒绝执行董事会要求的"忠诚宣誓"，都可能成为被解聘的理由。[1]

尽管美国大学教授协会建立后不可避免地受到战争危机、经济大萧条和政治危机的冲击，但不可否认的是，与1917年相比，越来越多的大学教师、管理者和大学董事会能够更加深切地理解学术自由的内涵和意义。[2] 美国大学教授协会关于大学教师的学术标准和学术自由调查仍被许多大学校长接受，大学教师的专业维权意识有所提高。美国大学教授协会确立的学术自由原则成为20世纪初美国大学教师捍卫学术专业权利的工具。

第四节

美国大学教师发展制度初步确立的专业知识与学科基础

19世纪末20世纪初美国大学教师发展制度初步确立的历史过程显示，大学在美国这片实用主义的土壤中，孕育出了一批以学术研究为专业特色的大学教师。在美国大学机构多样化的制度背景下，大学教师集教学、科研和社会服务职能于一体。促进大学教师学术专业发展的主要动力是学科知识而非其所就职院校。学科知识是大学教师学术

[1] 王春多.20世纪美国大学终身教职制度研究[D].保定：河北大学，2005.
[2] METZGER W P. Academic Freedom in the Age of the University[M]. New York：Columbia University Press，1969：232.

专业发展的根基，更是学术专业权利产生的源泉。大学教师在其学科专业领域内传播专业知识，并以“闲逸的好奇精神”不断追求高深知识。美国大学教授协会的建立进一步促进了美国大学教师学术专业的发展。在大学外部政治、经济因素的干扰和战争期间过分狂热的“忠诚于国家”观念的钳制之下，大学教师的学术专业意识不断增强，并自发自主地借助美国大学教授协会的学术自由与终身教职委员会来维护自身的学术专业权利。

20 世纪初，美国高等教育制度趋向多样化。除了研究型大学、州立大学以外，以培养教师和公务人员为主的师范学院开始出现；高等理工（或技术）学院和大学不断成立；初级学院发展迅速，从 1900 年的 8 所发展到 1945 年的 648 所。[1] 大学作为对美国大学教师学术专业发展十分有利的组织，以知识分类为依据，以高深专门知识为主要内容，为美国大学教师提供了一个组建学术共同体的平台。大学教师在相对自由的学术环境中开展教学、科研和社会服务活动。学科知识体系处于不断的积累和结构调整之中，从基础研究领域向应用领域延伸，各门学科在学科体系中不断精深化和专业化。大学教师在本专业领域内拥有至高无上的发言权，有权决定自己应该为学生讲授何种知识。他们以学术研究为主要职能，不懈追求高深的专门知识，并视之为终生奋斗的职业。

19 世纪末 20 世纪初，美国大学教师学术专业初步成型。其发展内容主要体现在如下五个方面。第一，大学教师申请资格专业化。美国大学教师必须获得博士学位。第二，大学教师学术职能多样化。研究型大学的教师以研究为主，教学为辅；四年制大学、两年制学院等以教

[1] 贺国庆，王保星，朱文富，等. 外国高等教育史[M]. 北京：人民教育出版社，2003：442.

学为主。20 世纪以来，社会服务也成为大学教师的主要职能之一。第三，大学教师学科知识制度化。学科知识的专业化和制度化促进了大学教师研究领域的专业化和精深化。大学院系制的建立以学科知识为基础，从而形成了大学组织中的学术共同体。第四，大学教师学术专业稳定化。美国大学教师将从事教师职业视为他们的学术生涯，并为之付出毕生的精力。大学教师工资待遇水平提高、终身教职的规范化也是大学教师学术专业稳定化的原因。第五，大学教师学术专业组织化。当美国大学教师学术专业层级制度化后，更需要一些专业性学术组织来维护大学教师的学术专业权利。

美国大学作为高等教育体系的权力组织，大学管理人员掌握着大学教师聘任、晋升、授予终身教职和解聘的权力。20 世纪以来，随着大学逐渐从社会的边缘走向社会的中心，大学的认识论合法地位开始受到社会政治、经济的冲击。大学不仅是学术机构，也是社会的组织机构；大学教师除了是学者，还是教师、被管理者和国家公民。大学作为一个整体存在时，学术自由是大学的核心。只有学术自由能带来大学教授的自由研究活动，促进知识的增长；当把大学作为一个有机体时，大学教师面临学科压力和大学组织的科层式管理压力：一方面，大学管理人员要求大学教师忠诚于其所服务的大学以及所教育的学生；另一方面，大学教师出于对知识的执着而忠诚于他们的学术专业。[1] 因而，大学教师的学术自由思想受到限制，大学教师面临因触犯大学管理人员的利益而被解聘的危机。

因此，美国大学教师通过建立学科性组织来维护教师的集体权益。正如伯顿·克拉克(Burton R. Clark)所指出的，学科明显是一种联结

[1] 阿什比.科技发达时代的大学教育[M].滕大春，等，译.北京：人民教育出版社，1983：82.

化学家和化学家、心理学家与心理学家、历史学家与历史学家的专门化组织方式。[1] 美国高等教育设立系科制，美国大学教师以学科知识为基础建立起各种形式的专业组织，聚集起空间上分散的学者，小至区域性，大至全球性，形成"无形学院"。美国大学教师在这些学术专业组织中相互交流学术思想，自由发表学术言论。此时，他们对学术专业及其学科的忠诚度要远远超过对自己所供职的大学的忠诚度。当美国大学教师在系科制的凝聚下成为一个团结的集体时，其集体利益也获得了更坚强的后盾。教师集体维护大学教师学术专业权利的实力不断壮大。

1915 年，致力于保护教师集体权益的组织——美国大学教授协会成立。它通过发布声明为学术专业自由提供哲学理论基础，建立学术专业规范；建立学术自由事件调查机制大力推进大学教师终身教职在学术机构的制度化。20 世纪之前，虽然美国高校设有终身聘任意义上的终身教职，但其缺少具体的规定和法律保护。[2] 美国大学教授协会将终身教职与试用期结合起来，终身教职是由服务年限累积而成的，其评审内容包括教学、科研和社会服务。大学只有基于正当理由才可以通过一定的程序解聘大学教师。终身教职制度的确立成为美国大学教师学术专业强有力的制度保障。

同时，随着教师专业化的纵深发展和专职管理队伍的不断扩大，教师的专业意识日益增强。教师不再认为解聘前申请听证有失脸面。学术专业地位受到威胁之时，大学教师会主动寻求美国大学教授协会或

[1] 朴雪涛. 知识制度视野中的大学发展[M]. 北京：人民出版社，2007：145.

[2] 例如，1810 年纽约议会颁布的一个特许状规定，教师任职与否取决于董事会的意愿，根本不提解聘理由和听证要求。因此，这一时期美国高校的终身教职更多地具有时间概念，而缺少法律上的意义。参见：顾建民. 自由与责任：西方大学终身教职制度研究[M]. 杭州：浙江教育出版社，2007：60.

者其他组织的援助。据对 1860 年至 1914 年间 122 所院校校史的考察，在 68 件解聘案和 4 件近乎解聘案中，仅有 6 件解聘案事前举行了听证，[1]而自美国大学教授协会成立以来，大学教师被解雇前要求听证并请求美国大学教授协会开展学术自由调查的案件明显增多。尽管在 20 世纪两次世界大战期间，美国大学教授协会在“忠诚于国家”的压力之下影响力有所减弱，但在其努力之下，大学教师对学术专业的自身认可程度获得提高，大学管理人员和董事会成员更加深切地理解了学术自由的内涵和意义，学术自由保护机制和机构得到进一步完善。

[1] 顾建民. 自由与责任：西方大学终身教职制度研究[M]. 杭州：浙江教育出版社，2007：64.

第二章

“黄金时代”：美国大学教师发展实践与制度建设（1945 年至 1970 年）

第二次世界大战以后，伴随着美国高等教育“黄金时代”的到来，越来越多的大学和学院开始为教师提供研究资助、学术休假、降低工作量等形式的支持。与此同时，一些院校也开始关注大学新教师的培训，为大学教师的学术交流提供帮助，大学教师发展实践进一步普及。这些不同形式的大学教师发展实践继承并延续了“奠基时代”美国教师发展的“学者”理想。

哈佛大学校长普西（Nathan M. Pusey）将这一时期称作美国高等教育的“黄金时代”。[1] 这样一个时代，也是美国大学教师发展的“黄金时代”。

第一节

美国大学教师发展的社会背景与教育基础

一、高等教育的新发展

第二次世界大战结束至1970年是美国高等教育发展的“黄金时代”：高等教育的社会威望得到提高，办学数量和规模获得飞速发展，办学结构进一步完善，特别是研究生教育在这一时期发展成为其他国家学习的榜样。

[1] PUSEY N M. American Higher Education, 1945 - 1970: A Personal Report[M]. Cambridge, Mass.: Harvard University Press, 1978: 1.

（一）高等教育的社会威望提高

第二次世界大战期间，美国高等学校提供了多种形式的支持和服务。比如，哈佛大学为国家提供了与士兵、科研、心理辅导等各方面相关的服务；学院和大学为战事培养了大批专业人员，其培训功能凸显出来。第二次世界大战后，美国社会对技术人才的需求量增加。接受高等教育成为商业、工业、政府等各部门录用新员工的条件。科学技术在社会经济发展、政治权力博弈中发挥着核心作用，大学不再复制已有的社会等级，而是直接生成新的社会等级。[1] 人们渴望进入大学深造，提升个人价值。特别是，学习物理学和技术在社会上更好谋生。由此，美国人把诸多的希望和忧虑都和大学联系起来。大学承载起更多的社会期望和责任。

高等教育作为知识产业基地，其地位逐步提高。通过技能培训，知识产业渗透到政府、工业、商业等各界，吸引着越来越多的人。1943 年，罗伯特·K. 莫顿(Robert K. Merton)在《科学的文化结构》一文中指出，对知识的追求和传播已经成为文化中的主导观念。整个社会，包括大学都在致力于科学方法的追求、普及。作为知识产业的中心，大学受到小至个人，大到政府的支持和信赖。个体通过接受高等教育改变自身命运，工业界纷纷与大学联姻以吸取新思想，联邦政府运用拨款让大学为其所用。知识作为生产力成为社会的核心，而“大学、学院乃是向浩如烟海的知识进步的唯一可靠力量”，[2]因此，大学在某种程度上成为社会的中心。

[1] TOURAINE A. The Academic System in American Society[M]. New York: McGraw-Hill, 1974: 115.

[2] 王廷芳. 美国高等教育史[M]. 福州：福建教育出版社，1995：188.

（二）高等教育飞速发展

第二次世界大战后，由于大量退伍军人进入大学、社区学院以及1940年以来历史上生育高峰期的儿童开始步入进入大学的年龄等原因，美国高等教育得到快速发展。美国联邦教育局（U. S. Office of Education）的一份报告显示，1940—1970年，美国学院和大学人数从148.4万人增加到760.8万人。其中，研究生人数从10.5万人（占7.1%）增长至94.6万人（占12.4%）。1956—1966年的十年间，高中毕业生直接升入大学的比例从32%上升到53%。[1] 自1958年到1968年，美国高等教育的在校学生数量从322万猛增到692万，平均年增长率达7.9%，在同龄人口（18—24岁）中所占的比例由26.2%上升到30.4%。从1953—1954年度到1966—1967年度，18—24岁的青年人增加了55%，与此同时，高中毕业生增加了94%，在校大学生增加了155%，研究生增加了200%，进入社区学院学习的非学历学生增加了380%。[2] 20世纪60年代，美国大学和学院的学生数量增加了一倍，十年内增加了300万。高等教育入学率在1920年时还只有9%，1960年已达32.2%，1965年为40.4%，1970年为49.2%。[3] 根据美国学者马丁·特罗（Martin Trow）的高等教育大众化理论[4]，美国在1953—1954年开始步入高等教育大众化阶段。为了接纳迅速增加的青年学生进入大学，高等学校的数量也有了较大幅度增加，规模相应扩大。从1953—1954年度到1966—1967年度，大学从1 871所增加到

[1] WILSON L. American Academics: Then and Now[M]. New York: Oxford University Press, 1979: 11.

[2] TOURAINE A. The Academic System in American Society[M]. New York: McGraw-Hill, 1974: 116.

[3] 强连庆. 中美日三国高等教育比较研究[M]. 上海：复旦大学出版社，1995：32.

[4] 马丁·特罗把西方工业化国家的高等教育史划分为三个发展阶段：一国的高等学校能够容纳适龄人口大约在15%以内的为英才教育阶段，能够容纳适龄人口在15%到50%范围内的为大众教育阶段，能够容纳适龄人口50%以上的为普及教育阶段。

2 382 所。在校生人数不足 1 000 人的学校减少了。1969 年，公立学院的在校生平均人数达到 5 556 人，比 1960 年增加了 78%；私立学院则为 1 438 人，增加了 29%。1969 年，公立大学的平均在校生人数为 2.3 万人。[1] 经过正式鉴定认可的高等学校数量由 1958 年的 2 011 所增加到 1968 年的 2 483 所。其中，1965—1968 年间，高校数量的增长速度最快，三年新增 291 所，平均每星期新建两所高等学校。[2] 经过约 20 年高等教育大众化的迅速发展，到 1970 年，官方统计表明，美国已有 2 500 多所高等院校和 800 多万名学生。[3]

第二次世界大战后，美国政府和社会各界对高等教育的资金投入出现了前所未有的增长局面。仅 1959—1960 年度到 1969—1970 年度，高等学校的整体财政收入就由 57.9 亿美元增加到了 215.2 亿美元，十年间增长了将近 300%，占国民生产总值的比重由 1.4%上升到了 2.6%。[4] 1961—1962 年美国大学的资金来源情况详见表 2 - 1。

表 2 - 1　1961—1962 年美国大学资金来源

途　　径	所占比例
学费和杂费	20.7%
联邦政府的科研经费	15.3%
联邦政府为其他目的的拨款	3.6%
州政府	22.9%
地方政府	2.6%
捐赠和补助金	6.4%

[1] TOURAINE A. The Academic System in American Society[M]. New York: McGraw-Hill, 1974: 116.
[2] 陈学飞. 美国高等教育发展史[M]. 成都：四川大学出版社，1989：162.
[3] 约翰·范德格拉夫，等. 学术权力——七国高等教育管理体制比较[M]. 王承绪，等，译. 杭州：浙江教育出版社，1989：113.
[4] 陈学飞. 美国高等教育发展史[M]. 成都：四川大学出版社，1989：158.

续 表

途　　径	所占比例
其他一般教育收入	9.4%
辅助企业收入	17.5%
学生援助收入	1.6%

资料来源：TOURAINE A. The Academic System in American Society[M]. New York: McGraw-Hill, 1974: 136.

初级学院、师范学院和州立学院纷纷升格为综合学院或大学。到20世纪50年代，师范院校几乎全部改为文理学院，社区学院也得到大规模发展，其在校学生的增长速度甚至超过了文理学院。1950—1970年，四年制本科的学生人数增加了1.5倍，而社区学院的学生人数则增加了9倍。1959年，社区学院的学生人数占美国高等学校学生总数的11.9%，1969年上升为18.6%。[1] 高等院校的大发展，为美国高等教育从精英阶段向大众阶段过渡创造了条件。

（三）研究生教育获得发展

第二次世界大战后，研究生教育成为美国大学教育的重点之一。原因主要有两个方面：一是美国高等教育规模迅速扩大，客观上要求研究生教育为其培养师资；二是美国经济的快速发展需要大量从事基础研究和应用研究的各种专门人才，大学的科学研究职能进一步加强。这些都对研究生教育的发展产生了巨大影响。首先，开设研究生课程的高校急剧增加。美国可授予硕士学位的学校由1940年的300所增加到1958年的569所。1958年与1939—1940年度相比，硕士学位授

[1] 曾绍元. 外国高校师资管理比较研究[M]. 北京：海洋出版社，1999：13-14.

予数量增长了约1.6倍，博士学位数增长了约2.8倍。[1] 在一些研究型大学，研究生教育甚至成为大学教育的主导。其次，研究生教育的专业领域不断拓展。以开设博士课程的学科数量为例，1916年到1918年，开设博士课程的学科共计149个，1958年骤增至550多个。从授予博士学位的科类结构来看，专业博士学位的数量增长迅速。1931—1940年间，专业博士学位授予数占博士学位授予总数的比例为9%；1950—1958年间，该比例上升到34%。[2] 再次，研究生教育获得政府支持。1953—1954年度，排名前20位的大学获得的经费数量占联邦政府总科研资助经费的66%。[3] 而且，1958年《国防教育法》的颁布还将研究生教育的重要性提高到国防战略的高度。该法规定：(1) 对高等学校的教学与科研经费予以大量补助，以鼓励科学研究的发展；(2) 为研究生提供无息贷款；(3) 1959年向研究生发放奖学金1 000份，并在以后5年中每年再增加1 500份；(4) 建立国家宇航局训练奖学金和美国国家科学基金会(National Science Foundation, United States)训练奖学金计划；(5) 向国家急需的修习外语的研究生发放现代外语奖学金。[4]《国防教育法》的实施推动了美国研究生教育的快速发展。从数量上看，到20世纪70年代初，美国全国开设研究生课程的学校已达到740所，可授予博士学位的学校达到350所。1960年，全美国在校研究生总数为35.6万人，1970年达到了90.28万人。[5] 1961年，美国专门成立了一个研究生院委员会，旨在提高研究生教育的整体质量。1957—1970年，美国诺贝尔奖获得者共37人次，远远超过了作

[1][2] 王廷芳.美国高等教育史[M].福州：福建教育出版社，1995：189.
[3] 乔玉全.21世纪美国高等教育[M].北京：高等教育出版社，2000：85.
[4][5] 王廷芳.美国高等教育史[M].福州：福建教育出版社，1995：190.

为老牌世界科学中心的英、德两国。[1] 美国取代德国成为新的世界科学中心，其研究生培养模式成为其他国家效仿的榜样。20世纪五六十年代美国高等教育的发展概况见表2-2。

表2-2　20世纪五六十年代美国高等教育发展概况

年　份	高等学校数（所）	注册学生数（人）	注册学生人数占同龄人（18—24岁）的比例	教师数（人）	高校资产总值（百万美元）
1958年	2 011	3 226 000	21.2%	260 486	16 947
1960年	2 008	3 582 700	22.2%	283 080	20 225
1962年	2 040	4 174 900	23.7%	312 687	24 403
1964年	2 132	4 950 100	26.4%	358 153	30 229
1966年	2 230	5 928 000	27.8%	438 000	35 617
1968年	2 483	6 928 100	30.4%	574 000	39 343*
1958—1968年平均增长率	**2.1%**	**7.9%**		**8.2%**	**9.8%**

* 此处是1967年的数据。
资料来源：陈学飞.美国高等教育发展史[M].成都：四川大学出版社，1989：161.

二、联邦政府的介入

美国高等教育享有高度的自治权，以市场机制主导为特征。尽管联邦干预高等教育的尝试在建国后不久就开始了，但往往是不连续的。而第二次世界大战后，联邦政府干预高等教育的力度大大增强。1944年的《军人权利法案》使高等教育向公众敞开大门；成立于1950年的美国国家科学基金会宣称其目的在于鼓励研究，而不是指导研究；20世纪

[1] 王廷芳.美国高等教育史[M].福州：福建教育出版社，1995：192.

50 年代，美国国家科学基金会和美国国立卫生研究所（National Institutes of Health）以自愿而不是强制的方式影响大学的科学研究和教学；20 世纪 60 年代，美国联邦教育总署（United States Office of Education）成为一个重要部门，管理高等教育的重要补助事务。

在这一过程中，联邦政府干预高等教育的手段主要是拨款。“大学从联邦政府获得的科研经费，由 1957 年的 2.17 亿美元猛增到 1968 年的 15.09 亿美元。大学获得的科研经费在全国科研经费中的比例，由 1957 年的 15%上升到 1968 年的 28%。”[1]从 1940 年到 1960 年，联邦政府为高等学校所提供的经费数额增加了 100 倍。1960 年，联邦政府资助高等学校的经费达 15 亿美元。[2] 大学越来越依赖联邦政府的拨款。以哈佛大学为例，1961 年，它有 1/5 的资金来源于联邦政府。1964 年，联邦政府对高等教育的拨款总额为 15 亿美元，而且大部分拨款分配给了主要的研究型大学，在大学经费收入中占相当比例——占加州理工学院的 83%，占麻省理工学院的 81%，占普林斯顿大学的 75%；哥伦比亚大学获得拨款 5 100 万美元，相当于它半年的预算资金；伊利诺伊大学则得到 4 400 万美元。到 1966 年，联邦政府拨款额增加一倍，其占高校收入总额的比例从 1/10 提高到 1/5。[3] 据伯顿·克拉克总结，联邦政府给大学和学院拨款的方式有三种：第一种是以学生为主提供经费，政府把补助和贷款提供给个人，个人可以用这笔钱在任何地方“购买”所需要的教育；第二种是以院校为主提供经费，政府直接把经费提供给院校；第三种是以学科为中心，通过这种方式为特殊的系和教授提供研究经费和教学经费作为研究补助费，或作为改进教

[1] 陈学飞. 美国高等教育史[M]. 成都：四川大学出版社，1989：166.
[2] 约翰·塞林. 美国高等教育史[M]. 孙益，等，译. 北京：北京大学出版社，2014：259.
[3] ALTBATH P G, BERDAHL R O. Higher Education in American Society[M]. New York: Prometheus Books, 1981: 66.

学工作的奖励。[1]

1957 年 10 月 4 日，苏联第一颗人造地球卫星发射成功，这使得一直陶醉在"科技至上"的美国人深感恐慌。美国著名教育家、哈佛大学校长科南特(James B. Conant)等人明确指出，苏联实现技术上的突破是因为建立了能够培养苏联技术优势的教育制度，他呼吁彻底改造美国的教育制度。美国的许多政治家和有识之士也都主张，现在摆在美国人面前的紧迫任务就是要加强教育和科学研究。1957 年到 1958 年，美国第 85 届国会的议员们提交了约 1 500 份关于教育问题的议案，国会通过了至少 80 项涉及教育的法案，其中最重要的是 1958 年 9 月 2 日通过的《国防教育法》。[2] 该法规定，每年向 1 500 名研究生提供"国防奖学金"，设立研究人员奖学金项目以培养优秀学者在大学任教等，使高等教育和国防紧密联系起来。此后，美国国会在 20 世纪 60 年代又相继通过了《高等教育设施法》(1963 年)、《民权法案》(1964 年)、《经济机会法》(1964 年)、《高等教育法》(1965 年)和《国际教育交流法》(1966 年)等一系列法案，把高等教育置于优先发展的位置。1963 年的《高等教育设施法》提出一个为期 3 年、投资共计 12 亿美元的项目，其中 2.3 亿美元用于修建教室、图书馆和实验室，投资总额的 22%用于社区学院和技术学院的建设与发展。1965 年的《高等教育法》明确规定联邦政府要向公立和私立高等教育提供长期资助；1968 年，又一次通过《高等教育法》，决定继续扩大联邦政府向高等学校提供资助的范围和规模。[3]

---

［1］ 约翰·范德格拉夫，等. 学术权力——七国高等教育管理体制比较[M]. 王承绪，等，译. 杭州：浙江教育出版社，1989：123.

［2］ 陈学飞. 美国高等教育发展史[M]. 成都：四川大学出版社，1989：155.

［3］ 曾绍元. 外国高校师资管理比较研究[M]. 北京：海洋出版社，1999：13.

通过颁布有关高等教育的系列法案和直接或间接向大学提供拨款等措施，美国联邦政府进一步加强了对高等教育的控制。

三、大学教师社会地位的提高

20世纪50年代，西奥多·凯普罗（Theodore Caplow）和里斯·J.麦克基（Reece J. McGee）指出，大学没有绝对的权威，权威始终掌握在有能力者的手中。[1]

第二次世界大战后，美国大学教师的社会地位发生巨大变化。原因主要有以下几个方面。其一是科技的发展。科学知识和技术在美国社会中发挥着越来越重要的作用，社会等级基于知识的拥有程度进行划分，而社会的最高阶层是那些知识渊博以及进行知识生产的人。[2]其二是政府的重视。1945年，时任美国科学研究与发展局（Office of Scientific Research and Development）局长的万瓦尼尔·布什向美国总统递交了题为《科学——无止境的疆界》的报告，报告强调基础研究的地位和作用，认为大学基础研究人员应享有特权。美国总统高等教育委员会（President's Commission on Higher Education）更是明确宣称：改善大学教师的工作条件，提高他们的工资水平不仅仅是教师个人的事情，而且是一项全国关注的大事。[3] 其三是高等教育的需求。伴随着大学入学人数的增长、大学规模的扩大，大学教师的需求量与日俱增。1964年需要教师约35万人，到1970年这个需求增长为约45万人。美国面临着师资短缺的困境。而且，大学教师承担着越来越多的科研项目，大

[1] CLARK B R. The Academic Life: Small Worlds, Different Worlds[M]. New Jersey: Princeton University Press, 1987: 152.

[2] TOURAINE A. The Academic System in American Society[M]. New York: McGraw-Hill, 1974: 140.

[3] LEVITAN S A. Professional Organization of Teachers in Higher Education[J]. The Journal of Higher Education, 1951(3): 125.

学的发展在很大程度上依赖于它对教师的吸引力。[1]

（一）工资水平提高

波恩(Bowen)指出，第二次世界大战是大学教师工资水平和实际增长率提高的转折点。第二次世界大战前，美国大学教师的经济地位比其他专业职位低得多，大量优秀人才不乐于在大学谋求职位。战后初期，美国总统高等教育委员会曾指出，从 1940 年到 1947 年，大学教师的实际购买力平均下降了约 25%，有 50%的教师感到其收入如此之少，以至于继续从事教育工作对他们个人来说意味着巨大的牺牲，同时，经费上的种种困难也严重影响着他们的工作质量。[2] 这种情况在《国防教育法》颁布之后得到了改善。随着高等教育日益成为全国发展的战略重点以及经费的大量增加，高等学校教师的工资于 1958—1959 年度恢复并开始超过战前的水平。工资的增长超过了物价指数的增长，并在其后的 10 年里得到了持续稳定的提高。到 1968 年，美国四年制学院和大学教师的年平均工资已由 1958 年的 6 015 美元增加到了 10 235 美元。[3] 从 1958 年到 1969 年，大学教师的工资平均每年增长 7%。到 20 世纪 60 年代初，大学教师的工资水平和福利待遇已经赶上了其他专门职业，大学教师成为具有很大吸引力的职业。从 1949—1950 年度到 1965—1966 年度，大学教师的工资翻了一倍多，而且院校之间的差距缩小了，教师收入的增长速度已经明显超过了家庭收入增长的速度。[4] 与此同时，通过在暑期、课余时间或者周末兼职，到其他

---

[1] CLARK B R. The Academic Life: Small Worlds, Different Worlds[M]. New Jersey: Princeton University Press, 1987: 63.

[2][3] 陈学飞.美国高等教育发展史[M].成都：四川大学出版社，1989：167 - 168.

[4] WILSON L. American Academics: Then and Now[M]. New York: Oxford University Press, 1979: 176.

学校任教，获得版税，演讲，担任顾问，发表科研成果等方式，大学教师的校外收入增加了。西摩·哈里斯(Seymour Harris)在1961—1962年对各种专业的大学教师的校外收入作了调查，指出不同专业的大学教师增长比例、收入额不同，最低的家政学增长44%，最高的心理学增长了85%，平均收入从1 094美元到5 297美元不等，所有专业教师平均收入为2 165美元。[1] 20世纪60年代教师收入(工资加小额福利)的实际购买力提高了41.2%。[2]

(二) 大学教师职业备受青睐

随着高等院校数量和规模的扩大，入学人数的增加，大学教师短缺成为亟待解决的问题。20世纪五六十年代，哲学博士供不应求。[3] 1957年，美国总统高等教育委员会发表报告指出，迫切需要有能力的高校教师，并要求在全国范围内招聘有才能的人担任高校教师。[4] 1960—1964年，美国大学教师的需求量约为22.3万人，1965—1969年则约为30.2万人。[5] 由于大学教师经济地位的稳步提高，工作环境的逐步改善以及其他从事高校工作的条件逐渐优越，大学教师职业逐渐成为大批博士学位获得者和其他专门人才追求的职业目标。从1957—1958年度到1967—1968年度的约10年间，高等学校讲授学位课程的教师总数由260 486人增加到498 000人，具有博士学位的教师所占比例也由1957年的33%(学院)和41%(大学)分别上升为1969年的42.8%和56.3%。[6] 根据美国国家研究委员会(National Research

[1] WILSON L. American Academics: Then and Now[M]. New York: Oxford University Press, 1979: 183.
[2] 瞿葆奎，马骥雄. 教育学文集：美国教育改革[M]. 北京：人民教育出版社，1990：542.
[3] WILSON L. American Academics: Then and Now[M]. New York: Oxford University Press, 1979: 31.
[4] 马骥雄. 战后美国教育研究[M]. 南昌：江西教育出版社，1991：151.
[5] 江绍伦. 美国高等和中等教育发展过程[M]. 香港：生活·读书·新知三联书店香港分店，1980：69.
[6] 陈学飞. 美国高等教育发展史[M]. 成都：四川大学出版社，1989：168.

Council)的数据，1927—1935 年，64%的博士学位获得者成为大学教师；1970 年，这个比例达到 71%。[1] 20 世纪五六十年代，博士毕业生的就业前景广阔。优秀的毕业生可以留校任教，也可以选择执教于其他高校；即使能力一般的毕业生也能比较容易地找到工作。1955—1965 年，大约有一半的哲学博士毕业后到大学或社区学院工作。在这些人中，又有一半的毕业生在毕业前就开始从事教学等工作。1954—1955 年度和 1955—1956 年度，毕业前成为大学教师的占 23.6%，毕业后成为大学教师的占 21.6%；1962—1963 年度和 1963—1964 年度，这两个数据分别为 25.6%和 22.8%。[2] 研究生已经了解到，他们一旦拿到学位，至少可以到高校任教，拿到和全职教师一样的工资数额。[3] 20 世纪 60 年代大学教师的数量以平均每年大约 7 个百分点的速度增长。[4] 由此，大学教师的学历水平不断提高，大多数具有博士学位，一般也都具有硕士学位。

总之，第二次世界大战后至 20 世纪 70 年代，大学教师无论是作为知识的传播者、创造者，还是作为知识的研究者、应用者，都赢得了社会的尊敬。1947 年和 1963 年先后两次进行了关于“公众眼中的职业排名”的调查。调查结果显示，大学教师的地位保持不变——居 90 种职业中的第 8 位，而且均高于律师、牙科医生、建筑师、土木工程师、牧师、银行家、会计师、记者、艺术家和音乐家。[5] 大学教师成为社会发展的

[1] WILSON L. American Academics: Then and Now[M]. New York: Oxford University Press, 1979: 48 - 49.
[2] WALTERS R. A New Degree for College Teachers[J]. The Journal of Higher Education, 1965(7): 392.
[3] MAYHEW L B. Faculty Demands and Faculty Militance[J]. The Journal of Higher Education, 1969(5): 337 - 350.
[4] 唐纳德·肯尼迪. 学术责任[M]. 阎凤桥，等，译. 北京：新华出版社，2002：50.
[5] WILSON L. American Academics: Then and Now[M]. New York: Oxford University Press, 1979: 16.

中心职业。

四、学术自由纳入法律保护

20世纪50年代，联邦法院开始介入学术自由事件。从1952年到1959年，美国联邦最高法院审理了数起关于学术自由的案例，其中以“阿德勒诉纽约市教育委员会”和“斯韦泽诉新罕布什尔州”两起案件最有影响。

（一）阿德勒诉纽约市教育委员会

麦卡锡主义盛行的时代，《纽约公务员法》规定，所有教师或政府公务员如果参加以颠覆政府为目的的组织或为以非法手段颠覆政府的活动进行辩护，将被解聘。1952年，纽约市公立学校教师阿德勒（Adler）等人因“参与颠覆性组织”被纽约市教育委员会解聘。阿德勒等人不服，以《纽约公务员法》违宪为由上诉至联邦最高法院。最高法院以大法官明顿（Minton）为主的多数派认为该法并未违宪，支持原法院的判决。大法官道格拉斯（Douglas）和布莱克（Black）却共同表示反对，提出：宪法保障美国社会中每一个人的思想和表达的自由，所有人都有这样的权利，并且没有人比教师更需要这样的权利；这种做法的最大威胁是导致对学术自由的恣意破坏；在这样的环境中，不可能有真正的学术自由；只要哪儿充满着猜疑，并且学者总是在为他们的工作而担心，哪儿就不可能存在自由的思维；在这种刺探、监视以及伴随着的报告和审判的环境中，学术自由是不可能存在的，也不会有对真理的追求，只会产生标准化的思想；只有思想是自由的，人们可以追求思想到任何地方，才会产生力量。[1] 最终，1952年的判决在1967年凯伊西安

[1] 张斌贤，李子江. 大学：自由、自治与控制[M]. 北京：北京师范大学出版社，2005：155.

(Keyishian)诉纽约州立大学董事会一案的判决中被推翻，联邦最高法院认为《纽约公务员法》要求该州教职员进行忠诚宣誓，违反了宪法，因而无效。在大法官道格拉斯和布莱克的上述观点中，多次出现“学术自由”一词，这是美国联邦最高法院第一次援引学术自由的概念。大法官布雷南(Brennan)在该法案的判决中表明，国家未来领导者将依靠教师来培养，只有允许教师在观念上不盲从权威，而是进行思想的自由交流，才能发现真理。学术自由不仅对于教师，而且对于整个社会和国家都具有十分重要的价值，因此需要美国联邦宪法第一修正案加以特别保护。[1] 这一判决从法律上明确了教师的学术自由权利，并把这一权利置于宪法第一修正案的保护之下。

（二）斯韦泽诉新罕布什尔州

斯韦泽(Paul Sweezy)自称是一个古典马克思主义和社会主义学者，经常宣传资本主义必然灭亡和社会主义必然胜利的思想。1954年，斯韦泽应邀到新罕布什尔大学作了数场演讲。此后，他先后两次被新罕布什尔州检察总长传唤和询问。在审问中，斯韦泽否认自己是共产党人，拒绝回答检察总长有关演讲内容的询问。于是，该州检察总长请求该州法院命令斯韦泽回答关于演讲内容的问题。斯韦泽由于仍然拒绝回答相关问题，被指控藐视法庭罪。斯韦泽不服判决，以该州的行为违反了宪法赋予自己的自由权利为由，将案件上诉至联邦最高法院。在庭审中，斯韦泽作出如下辩护：“我们认为这些调查是有害的、危险的，因此我们无论如何不愿支持这种调查，相反，我们要全力反对它们……如果包括言论、出版、集会、结社自由在内的政治自由是美国宪

---

[1] 张斌贤，李子江. 大学：自由、自治与控制[M]. 北京：北京师范大学出版社，2005：156.

法的第一条原则，那么我不明白为什么不能反对这些调查，因为它们对所有美国人所珍爱的自由来说是一种严重的威胁。”[1]首席大法官沃伦（Warren）及布莱克、道格拉斯、布雷南等四位大法官对此表示支持：“我们相信，那儿无疑存在一种对上诉人在学术自由以及政治表达等领域的自由的侵犯……在美国的大学中，自由的必要性几乎是不证自明的。无人可以轻视那些负责引导和培养青年一代的人在民主社会所发挥的重要作用。对我们的学院和大学的理智领袖横加任何束缚都会葬送我们国家的未来……学术是无法在一个猜疑和不信任的环境中繁荣发展的。教师和学生必须始终拥有调查、研究、评价的自由，从而不断获得新的发展和对知识的理解，否则我们的文明将会枯萎和衰亡。”[2]1957 年 6 月，联邦最高法院撤销原判决，斯韦泽胜诉。这个判例反映出学术自由是公民言论自由的重要内容，确立了学术自由在宪法中的地位。

最高法院的判决为从法律上保护大学教师的学术自由提供了依据。美国联邦最高法院参照宪法第一修正案中的言论自由和结社自由权，以及第五修正案中对反对自证其罪的保障和第四修正案中对正当程序的保障，给予学术自由以宪法性的地位。[3] 正如最高法院在对凯伊西安诉纽约州立大学董事会一案的判决中所说：美国将坚决地致力于保护学术自由，这种自由是每个人最高的价值追求；学术自由是受宪法第一修正案特别保护的，不允许其他法律笼罩在教室的上空。学术自由从不受政治和宗教干扰的自由转化为言论自由的一部分。[4]

---

［1］［2］ 转引自：张斌贤，李子江. 大学：自由、自治与控制[M]. 北京：北京师范大学出版社，2005：157 - 158.

［3］ 王报平. 美国大学教师职业发展权利法律保障初探[J]. 煤炭高等教育，2007(1)：51.

［4］ O'BRIEN G D. All the Essential Half-Truths about Higher Education[M]. Chicago: The University of Chicago Press, 1998: 40.

第二节

美国大学教师发展的理念与实践

“黄金时代”美国大学教师发展制度的建设，是在有关大学教师理念不断丰富和实践不断推进的基础上进行的。大学学术内涵从“探究性学术”到“教学性学术”“应用性学术”和“整合性学术”的扩充，学术自由理念的更新，有关大学教师职业性质的明确等，进一步为大学教师发展制度建设指明了方向。加强大学教师的学术交流、吸引大学教师参与大学学术事务管理、实施终身教职和明星教授制度等教师发展实践，为大学教师发展制度的建设提供了发展内容和实践基础。

一、大学教师发展理念

（一）大学教师发展的内涵

美国当代高等教育专家博耶（Ernest L. Boyer）在其《学术反思：教授工作的优先领域》一书中指出，大学学术包括四个相互区别而又相互重叠的阶段——“探究性学术”“教学性学术”“应用性学术”和“整合性学术”。在博耶看来，“探究性学术”作为智力活动的全过程十分重要，教师不应只关注新知识的结果。教学不仅仅是知识的传播，而且是通过课堂争论与后续的测试对教学内容和教学方法提出挑战，并通过这一过程改革和扩展知识，这是“教学性学术”。“应用性学术”是教学和发现的专业活动。“整合性学术”是指为了使知识与不同的学科建立联系，在广阔的知识背景上减少知识内部各学科之间的对立，从而提供新学科产生的交叉点，促进知识的应用。[1] 按照博耶的理解，大学教师在对高深知识和科学真理的探索过程中开展的系统化、专门化的工作及其所达到的深度和广度，主要包括发现（研究）、教学、应用和综合四个方面。

基于以上分析，大学教师的学术专业发展体现在其工作的各个方面：在研究上，知识不断深入、精细，实验取得新进展，学科间交叉融合甚至生成新分支；在教学上，教学内容更新，教学经验累积，教学方法改进，教学技能提高；在应用上，知识与日常生活中的问题情境相联系，理论和实践相互影响；在综合上，对孤立的现象从整体上加以考察、解释，把专门知识放到更大的背景中考察，对不同研究成果实施创造性整合，探寻学科的新意义。换句话说，大学教师创造知识、传播知识或运用新的方式解决疑难、回答问题。在这一过程中，教师继续学习专业知识并不断加深对工作本身的认识和理解，乃至形成个人的专业风格和领域。这就是大学教师的学术专业发展。

（二）学术自由

学术自由对于大学教师的学术专业发展意义深远。学术自由是学者个人根据自己的学术倾向和学术标准从事教学、研究的自由，是通过言论和写作、出版著作等形式在学术活动中支持他们基于研究证明是真实的观点的自由。它包含学者们组建、参加学术团体的自由，也包括学者们通过出版、口头交流和通信等形式与本校及外校、本社团以及其

[1] 靳贵珍. 大学学术水平的演变与未来大学的发展[J]. 国家教育行政学院学报，2004(4)：53.

他社团的学者进行交流的自由。[1]

学术自由是这样一种情形，学者个人可以在其中活动而不致带来可能损害他们的地位、他们作为终身任用的学术机构成员的身份或者他们的公民身份的后果。学术自由是这样一种情形，学者们在其中可以选择在教学中坚持什么、在研究课题的选择以及在他们的著作中坚持什么。学术自由是这样一种情形，学者个人可以选择学术活动的特定路径和立场。学术自由形成于这样一种情形，其中任何权威——无论是全系同事的一致看法，系主任、院长、校长甚至学校董事会的观点，校外任何权威的判断，无论是公务员还是政治家、牧师还是主教、政策评论家还是军方人士——都不能阻止学者根据其学术兴趣和能力提出的学术追求。学术自由是学者个人在特定高等教育机构内部、在高等教育体系内部以及在全国性社团内部和社团之间思考和行动的自由。[2]

（三）大学教师发展的特征

大学教师的学术工作以知识为材料并围绕知识而展开，“在教授和教师的许多特殊活动中，我们可以找到的共同内容就是知识操作，只是发现、保存、提炼、传授和应用知识的工作组合形式有所不同罢了。如果说木匠的工作就是手拿榔头敲打钉子的话，那么教授的工作就是围绕一组一般的或特殊的知识，寻找方式扩大它或把它传授给他人。不管我们的定义是广义的还是狭义的，知识就是材料。研究和教学是主要的技术”[3]。大学教师的学术专业发展具有以下三项特征。

一是探究性。学术是纯理论的探究和推理。大学教师在掌握人类

[1] 爱德华·希尔斯.学术的秩序[M].李家永，译.北京：商务印书馆，2007：279.
[2] 同上：277-278.
[3] 郭丽君.大学教师聘任制：基于学术职业视角的研究[M].北京：经济管理出版社，2007：17.

已有知识的基础上，对未知领域作进一步探索。在一个未被开垦或刚进入研究视域的领域作深度挖掘，需要有思想、理论或方法的创新，以此来证明其自身价值所在。教师们的这种对知识的追求体现出其探究性，它将直接推动人类知识和文化的发展。

二是自主性。学术是一种按照专业原则来经营的“志业”，其目的，在于获得自我的清明及认识事态之间的相互关联。[1] 大学教师从事的是高深的、复杂的而非常识性的、简单的学术活动，只有知识累积到一定程度才能涉足其中，进行评判和选择。而且，教师在从事教学、科研等活动时，多数是独立进行的：独立以教室为单位进行授课，独立在实验室进行实验。因此，相对于其他职业而言，大学教师的学术专业发展具有高度的自主性。

三是学科性。大学教师的学术活动是在一定的知识范畴中进行的。特别是 20 世纪以来，知识不断增长而且分类日益细化，每个人都不可能做到样样精通，而只能做到精钻一门。“如果让学术工作者在学科和单位两者之间进行选择，他或她一般都选择离开单位而不是学科。一个人离开他的专业领域要比离开他所在的大学或学院代价高得多，因为一个人的高等教育层次越高，其专业在决定任务时的重要性越明显……简言之，主宰学者工作生活的力量是学科而不是所在院校。”[2]

（四）影响大学教师发展的因素

大学教师的学术专业发展并非在真空中进行，它受到诸多因素的影响。除教师个人性格、受教育背景等因素外，还有一些外界原因不容

[1] 马克斯·韦伯. 学术与政治[M]. 钱永祥，等，译. 桂林：广西师范大学出版社，2004：122.
[2] 伯顿·R. 克拉克. 高等教育系统——学术组织的跨国研究[M]. 王承绪，等，译. 杭州：杭州大学出版社，1994：35.

忽视。

1. **大学**

在不同大学工作的教师，其学术专业发展呈现不同的状况。从大学类型上说，美国大学可以划分为研究型大学、文理学院和社区学院三类，每一类大学的功能不同：研究型大学突出其研究性；社区学院以转学功能为主，因而重视教学；文理学院则兼顾教学和科研。由此，研究型大学教师的学术专业发展侧重科研，社区学院教师的学术专业发展重在教学，文理学院的教师则在科研和教学上较为均衡（见表2-3）。

表2-3　不同类型大学教师工作时间分配情况

学校类型	教学	科研	公共服务	院校管理和操作	总计
私立大学	55%	25%	4%	16%	100%
公立大学	55%	22%	5%	18%	100%
文理学院	65%	14%	3%	18%	100%
公立综合大学	68%	10%	5%	17%	100%
公立学院	68%	10%	4%	18%	100%
私立文理学院	68%	9%	5%	18%	100%
社区学院	70%	5%	4%	21%	100%
所有类型大学的平均值	64%	14%	4%	18%	100%

资料来源：BOWEN H R，SCHUSTER J H. American Professors：A National Resource Imperiled[M]. New York：Oxford University Press，1986：15.

由于各所大学的历史背景、所处地域不同，各校在长期的教学和研究活动中形成了各自不同的传统与文化，表现在治学态度、研究领域与方式等方面，造就了各自独特的气质与风范。大学教师长期在一种文化的熏陶与感染下，逐渐形成了与其所属文化氛围相一致的风格或流派。一位大学教师进入一个大学环境中，就要尽快适应大学的制度、政策和文化。一位教师带着改进学校的美好意愿走了进来，但是如果得不到学校的支持，那么愿望终将成空。只有融入大学，大学教师的学术专业发展才能更加顺利。如果一所大学办学井然有序，园林和建筑富有吸引力；招生计划积极有效，图书馆规划得当，工作人员服务周到，课程教学安排严谨周密，教师的投诉或建议能及时得到有效处理，那么可想而知，置身其中的教师是积极的、可亲的，其学术专业发展首先有了环境保障。同样，大学教师的学术专业发展能够提高大学的声誉和影响力，促进大学的良性发展。正所谓“个人的发展和大学的进步必然是齐头并进的”。[1]

2. 学科

大学教师的学术专业发展受其所研究学科领域发展的影响。美国著名高等教育专家伯顿·克拉克曾指出，很少有哪些现代机构像学科那样显著地和顺利地赢得其成员坚贞不二的忠诚和持久不衰的努力。这一点在1945—1970年的美国表现得尤为突出。不同研究领域的大学教师受其所处学科的影响，在思维方式、行为特征等方面表现出差异较大的学科风格和学科人格。医学、化学、物理等理工科受到重视，得到大量拨款，而同一时期的社会科学与人文学科则受到冷落。由此，理工科的教师受到追捧，而社会科学与人文学科的教师被置于遗忘的角落。“传统部门收入较少，设备陈旧，秘书很少，而且缺少现代的身份标志：文字处理机，计算机，组合家具，私人小厨房和洗手间，甚至连简单的按键式电话机也没有……我们已经评论了一些具有优势的特殊学科，不过，个人也可以获得特权：额外的金钱，额外的住房，额外的假

[1] FREEDMAN M. Academic Culture and Faculty Development[M]. Orinda, California: Montaigne Press, 1979: 165.

期……能够得到的一切额外的东西。"[1]这番描述是不同学科教师所处外围条件的生动写照，而这些条件往往会对教师的学术专业发展产生直接影响。

大学教师应当具有学科意识，在正确理解学科这一概念及对学科建设有关要求的基础上形成关于学科建设的观点。做学科的主人，站在学科发展的高度，重新审视和思考自己的研究方向和归属，大学教师会对学术专业发展形成更明确的认识。

莫文·弗里德曼（Mervin Freedman）等研究者把大学教师发展划分为五个阶段：阶段一，认识教师角色，了解工作；阶段二，区分自身职责；阶段三，自我定义教师角色；阶段四，探索个人工作方式；阶段五，明确自我角色期待。表2-4和表2-5是研究者对不同学科和不同大学的教师在五个发展阶段的分布调查，反映出大学教师发展阶段与其所从事的学科专业和所在大学类型有比较大的关系。

表2-4　不同学科和不同发展阶段大学教师的比例

阶　段	人文学科与社会科学	自然科学和应用专业领域
阶段一	7%(3)	11%(5)
阶段二	29%(13)	43%(20)
阶段三	20%(9)	15%(7)
阶段四	38%(17)	22%(10)
阶段五	6%(3)	9%(4)
总计	100%(45)	100%(46)

注：括号中的数字是教师人数。

资料来源：FREEDMAN M. Academic Culture and Faculty Development[M]. Orinda, California: Montaigne Press, 1979: 101.

[1] 亨利·罗素夫斯基.美国校园文化：学生·教授·管理[M].谢宗仙，等，译.济南：山东人民出版社，1996：197-198.

表 2-5　不同类型和不同发展阶段大学教师的比例

阶段	大型城市州立大学	郊区的小型私立学院	中等规模的农村州立大学
阶段一	17%(4)	11%(3)	3%(1)
阶段二	12%(3)	28%(8)	56%(22)
阶段三	21%(5)	11%(3)	20%(8)
阶段四	33%(8)	43%(12)	18%(7)
阶段五	17%(4)	7%(2)	3%(1)
总计	100%(24)	100%(28)	100%(39)

注：括号中的数字是教师人数。

资料来源：FREEDMAN M. Academic Culture and Faculty Development[M]. Orinda, California: Montaigne Press, 1979: 103.

3. 大学教师反观职业本身的两项调查

选聘和建设一支高素质的教师队伍是一所大学得以生存和发展的前提。注意倾听大学教师的声音是第二次世界大战后美国高等教育的一大特点。表 2-6 和表 2-7 是 1960 年对明尼苏达州 32 所大学(包括公立、私立，小型、大型等各种类型的大学)的 706 位大学教师进行问卷和访谈调查的结果。

表 2-6　大学教师关于招聘新教师的建议

建　议　措　施	文理学院教师建议 (N=576)	社区学院教师建议 (N=130)
招聘及准备		
学术发表及出版	21.0%	21.6%
更多奖学金和经济资助	20.0%	16.2%
教师较好的自我宣传	11.9%	13.8%
更好的咨询和指导	12.8%	12.3%
更好的职前培训机会	4.3%	4.6%
其他	5.6%	5.4%

续 表

建 议 措 施	文理学院教师建议（N=576）	社区学院教师建议（N=130）
工作调整		
减轻教师工作负担	9.2%	8.5%
增加科研时间和经费	7.3%	4.6%
改善工作条件	7.0%	3.8%
强调教学质量	3.5%	3.8%
更多牧师的和其他帮助	2.3%	3.1%
其他	11.6%	16.9%
提高待遇		
高薪水	59.7%	54.6%
大学教师职业威望	5.4%	7.7%
教学认可	3.1%	6.2%
更好的保障（终身教职、退休等）	8.7%	5.4%
其他	8.1%	4.6%

资料来源：ECKERT R E. Faculty Views on the Recruitment of College Teachers[J]. The Journal of Higher Education，1960(5)：246.

表2－6显示，大学教师最看重的是同事的科研能力，认为高校应当建立激励机制，通过提高工资待遇、提供经费支持、减轻工作负担等措施吸引优秀人才从事教师职业。在这里，文理学院和社区学院的教师不存在太大差异。

表2－7　大学教师关于师资建设的建议

建 议 措 施	文理学院教师建议（N=576）	社区学院教师建议（N=130）
工作调整		
减轻工作负担	18.9%	17.7%
创建良好氛围	12.2%	12.3%

续　表

建　议　措　施	文理学院教师建议（$N=576$）	社区学院教师建议（$N=130$）
增加科研时间	13.7%	3.1%
增加进修时间	5.2%	3.1%
改进科研和教学设备	6.2%	6.1%
其他	6.3%	6.9%
教师—行政管理人员关系		
更多学术自由和鼓励	7.7%	7.7%
参与决策	7.8%	0.8%
良好沟通	5.7%	2.3%
合作或有能力的管理人员	3.7%	0.8%
其他	5.8%	3.1%
提高待遇		
高薪水	70.5%	71.6%
高威望	4.0%	6.9%
教学认可	6.3%	9.2%
职业安全保障和福利	12.1%	10.0%
增加进修机会	4.9%	3.8%
基于成绩的晋升和评价	13.0%	8.5%
个人成就表彰	5.2%	3.1%
其他	4.7%	7.7%

资料来源：ECKERT R E. Faculty Views on the Recruitment of College Teachers[J]. The Journal of Higher Education, 1960(5): 249.

表 2-7 显示，“高薪水”“减轻工作负担”“创建良好氛围”和“更多学术自由和鼓励”等是大学教师较为关心的问题。这些建议引导高校在保障职业稳定的情况下，为大学教师营造优良的学术环境。在上述几方面，文理学院和社区学院教师的看法是基本一致的。两者的不同在于“增加科研时间”“增加进修时间”和“参与决策”等方面。比较而言，文理学院教师的科研、进修需求更迫切，参与学校决策的愿望更

强烈。

表2-6和表2-7都包括“工作调整”和“提高待遇”两部分内容。这反映出良好的大学环境是促进大学教师学术专业发展的基本前提条件。正如美国当代著名高等教育家克拉克·克尔(Clark Kerr)所说，大学作为一个机构，需要为它的教师们创造一种环境：稳定感——他们不用担忧干扰其工作的经常不断的变化；安全感——他们无须担心来自校外的各种非难；持续感——他们不必担心自己的工作和生活结构会遭到严重破坏；公平感——他们不必怀疑别人受到的对待比自己的更好。[1] 处于稳固的学校结构及其保护中的大学教师，才能充分发挥创造性。

二、大学教师发展实践

（一）大学教师职业的职能特点

与大学的教学、科研和社会服务功能相应，大学教师承担着教学、科研和社会服务的职能，而其学术专业发展正是融合在这些活动之中的。第二次世界大战后至20世纪70年代，美国大学教师的职能呈现出从重视科研职能到关注教学职能的特点。

1. 重视科研职能

美国大学担负着两大功能：一是培养各类人才；二是学术研究。第二次世界大战后，随着科学技术的重要性日益凸显，美国大学的科研职能逐渐形成。大学从联邦政府获得的科研经费从1957年的2.17亿美元猛增到1968年的15.09亿美元，在全国科研经费中所占的比例由1957年的15%上升到了1968年的28%。在20世纪60年代，美国的

[1] Clark Kerr. 大学的功用[M]. 陈学飞，等，译. 南昌：江西教育出版社，1993：68.

大学以及与其相联系的研究与发展中心承担了全国大约 60％的基础研究和 10％—15％的应用研究任务。[1] 20 世纪 50 年代，大学特别是研究型大学普遍设立了科研职位。大学的教育质量及声誉与其科研水平密切相关。大量科研资金的涌入加快了大学教师尤其是自然科学和医学领域教师的专业化进程，削弱了他们作为教育者的角色。[2] 大学教师等同于科学家。从 1947 年到 1967 年的 20 年间，医学院获得的科研基金不断增长，教师人数不断增加。全职教师从 1951 年的 3 577 人增加到 1967 年的 22 163 人，兼职教师则从 11 971 人增加到 44 000 人。[3] 自然科学和医学的科研资金主要来自联邦政府资助，而社会科学的科研资金大部分来自私人捐助。如福特基金会从 1951 年到 1957 年共投资 7 000 万美元用于社会科学研究。1962 年，哈佛大学的收入共计 1.03 亿美元，其中 3 100 万美元用于科研，约占总数的 1/3；同一年，麻省理工学院 1.373 亿美元的经费中有 1.136 亿美元用于科学研究，几近全部投入在科研上。[4] 这些资金往往不是分配给大学，而是直接分到教师或科研小组的手中。科研成果成为衡量大学教师学术水平，关系到其职业晋升的重要指标。与此同时，大学注意减轻教师教学负担，以便其更好地专注于研究。大学教师不用管理班级日常事务，不承担行政责任，他们通常基于自己的研究在本校或其他院校开设系列讲座。[5] 一些日常教学任务（如辅导、答疑、批改作业、指导实验等）和科研工作都交给研究生助教来完成。西摩·哈里斯（Symour Harris）

[1] 陈学飞.美国高等教育发展史[M].成都：四川大学出版社，1989：166.
[2] TOURAINE A. The Academic System in American Society[M]. New York：McGraw-Hill，1974：115.
[3] 同上：134.
[4] 同上：136.
[5] RIESMAN D. On Higher Education[M]. New Jersey：Transaction Publishers New Brunswick and London，1998：42.

曾指出，1955 年有 43%的研究生从事助教工作，到了 1965 年增加了 283.8%。[1] 这一方面有利于研究生自身学术水平在实践中迅速提高，另一方面培养了新师资力量，有利于教师队伍逐步年轻化。

提高学术研究能力成为这一时期大学教师学术专业发展的重心。大学教师学术休假的主要目的是研究、写作和学习，以成为优秀的、积极的学者。[2] 英格拉哈姆（Ingraham）1965 年的调查表明，不到 60%的大学和不足 40%的学院除了学术休假以外，还为教师提供带薪休假，745 所四年制学院中有 57%允许带薪休假。[3] 教师利用学术休假参加专业会议，提升学术研究能力。

2. 大学教师教学发展项目

20 世纪 60 年代高等教育领域重新掀起教学改革的浪潮，行为主义科学研究的教学新方法在高校推广。运用广播、电视等媒体技术建立起来的视听中心为大学教师教学提供技术服务以及课程设计、教学方法改进、教学评价等方面的咨询。1965 年，密歇根大学在心理学家威尔伯特·麦基奇（Wilbert McKeachie）的倡议下成立了美国第一个教师与教学发展中心。虽然在 20 世纪 60 年代，关注教师发展属于个别院校的自发行为，教师发展计划在很大程度上依赖于外部基金会的支持，但其采用项目制与建立发展中心的做法为美国大学教师发展的后来几个阶段所采纳，并逐渐予以制度化。这一时期可算作美国大学教师发展的初始阶段。[4] 教师与教学发展中心最通常的做法是建立工作坊，为大学教师创造交流教学经验的机会。中心聘请教学技能精湛的教师为

---

[1] WILSON L. American Academics: Then and Now[M]. New York: Oxford University Press, 1979: 38.

[2] MILLIS B J. Faculty Development in the 1990s: What it is and Why We Can't Wait[J]. Journal of Counseling & Development, 1994(5): 454 - 464.

[3] 曲畅. 美国大学教师专业发展探析[D]. 长春：东北师范大学，2007.

[4] 林杰. 美国大学教师发展运动的历程、理论与组织[J]. 比较教育研究，2006(12)：30 - 34，50.

有待提高教学技能的教师传授教学经验。讲授的内容包括：对演讲效果的评价，在课堂上鼓励合作学习，满足学生的需要，准备教案，制订完善的讲授提纲，理解教学的多样性等。

（二）研究型大学及文理学院的教师发展

第二次世界大战后，由于社会经济的发展，出现了大规模高精尖的科学研究。这既是研究型大学教师学术专业得到发展的最好说明，又为研究型大学教师的学术专业发展提供了契机。这一时期大学教师学术专业的发展主要得益于以下几方面因素。

1. 学术环境

（1）保护学术自由

学术自由是源于思想自由的一种特殊形式的自由，其基本含义是指大学教师享有的发表和讨论学术观点、选择研究问题、从事研究、按照自己的方式教学而不受外界控制的自由。美国高等教育拥有学术自由的传统。教师拥有自由探索和发表学术成果的权利是美国大学的精髓。[1] 即使在麦卡锡主义盛行的年代，教师的学术自由也得到了一定程度的保护。1950 年，芝加哥大学校长哈钦斯(R. M. Hutchins)指出："我们必须竭尽全力保护大学里思想领域的原创性和独立性……一个大学校长是否同意某个教授的观点并不重要。但他必须捍卫他的独立性，因为大学的成败就系在他们身上。教授既不是校长的雇员也不是学校董事会的雇员。他们是一个学术团体的成员。而这个团体的目标则是独立的思想。这就需要维护其成员的独立性。"[2]1953 年，哈佛大

[1] 乔玉全. 21 世纪美国高等教育[M]. 北京：高等教育出版社，2000：17.
[2] 威廉・墨菲，D. J. R. 布鲁克纳. 芝加哥大学的理念[M]. 彭阳辉，译. 上海：上海人民出版社，2007：112.

学校长普西提出，当前最紧急的任务是保护教师的教学和研究自由，是保护学术自由的传统，支持思想创新，反对极权主义。[1] 他指出，大学首先是学者的组织，大学最本质的功能是知识生产、精神生产和思想生产。

（2）招聘及评价

第二次世界大战后，大学教师招聘呈现出以下三个特点。第一，开放性。联邦政府于1965年修订法令，禁止种族、宗教、肤色或国家歧视；1968年再次颁布法令禁止性别歧视。这在大学教师的招聘上也有体现。招聘对象面向全社会乃至全世界，无论种族、性别，只要符合教师职位的条件而且有才能都可以应聘，通过公平竞争，成为一名大学教师。开放性保证了大学教师来源渠道广泛、学术水平较高，有利于不断优化师资队伍的质量和结构。第二，流动性。为了防止师资队伍的“近亲繁殖”，研究型大学强调教师选拔和聘用渠道的多元化，采取各种措施促进大学之间以及大学与社会之间的人才流动。教师的流动性增强，大学教师可以根据自身学术专业发展的需要，选择学术水平及工作条件等适宜的大学工作。第三，系统化。美国大学教师的选拔和聘用一般为高校的自主行为，高校有各自的管理条例和规定细则。然而随着高等教育大众化的推进，大学教师招聘程序逐渐趋同、规范，一般包括三个部分：一是经过系里的协商，设置一个招聘委员会，提出招聘方案；二是公开招聘，通过会议面试和校园面试等环节对候选人进行选择；三是对候选人的审核，最后由校长颁发聘书。[2]

美国大学教师的职称分为教授、副教授、助理教授、讲师四个等级。

[1] PUSEY N M. The Age of the Scholar[M]. Cambridge, Mass.: the Belknap Press of Harvard University Press, 1963: 17.
[2] 郭丽君. 大学教师聘任制：基于学术职业视角的研究[M]. 北京：经济管理出版社，2007：66.

研究型大学教师队伍的职称结构呈倒金字塔形，也就是说教授的人数最多，其次是副教授，再次是助理教授，讲师的人数最少。美国高等院校对教师实行定期考核制度，如果在若干年内得不到晋升，就会被辞退。一些名牌大学对没有获得终身教职的教师采用“非升即走”的聘任和晋升原则，旨在鼓励教师之间的竞争。考核内容分为科研、教学和公共服务三个方面，按照一定比例评价。研究型大学的比例一般是：科研占50%，教学占30%，公共服务占20%。科研工作考核主要看教师取得的学术成果，如发表论文（包括杂志的级别和社会影响），参加学术会议次数（包括会议级别）和审阅论文情况等；教学工作考核主要看每学期的教学工作量、学生平均成绩、期终学生对教师的评价（包括注册学生选课数量增减）、指导学生科研的情况等；公共服务的考核主要看在学校、社会是否担任工作并作出实际贡献，如担任学校里各种委员会成员、全国或州学术团体理事、政府部门顾问、各种杂志编辑等情况。[1]“发表或毁灭”成为这一时期研究型大学教师，特别是从非终身教职到终身教职阶段的教师的生存原则。“一本书或数篇学术文章等于一个终身教职职位。”[2]

为了吸引和保留优秀师资，许多院校及时提升教师职位。因此，此时的教师晋职相对容易。20世纪50年代末和60年代，许多研究型大学的教师可以很快得到晋升，成为终身教授。[3] 1968年，英国大学教师中教授不足10%，而美国大约27.2%的教师已经获得终身教职。[4]

---

[1] 袁仲孚. 今日美国高等教育[M]. 上海：上海翻译出版公司，1988：69.
[2] SMITH P. Teaching, Research and Publication[J]. The Journal of Higher Education, 1961(4)：199.
[3] WILSON L. American Academics: Then and Now[M]. New York: Oxford University Press, 1979：74.
[4] 同上：139.

（3）学术交流

第二次世界大战结束后，联邦政府通过制定相关政策和给予财政资助，加大了对国际人才的吸引力度。1946 年，美国国会通过《富布莱特法案》，设立专项政府教育资助金，用于资助美国学者赴外国讲学、研究或进修等。自该法案实施以来，美国政府每年用以资助学者国际交流的预算十分可观。如 1966 年的预算为 7 600 万美元，资助了 9 000 名美国学者的国际交流活动。[1] 在“走出去”的同时，美国也注重“引进来”。1965 年，美国移民法修正案明确规定，给予因具有科学和艺术方面的特殊才能而能对美国的国家经济、文化生活和社会福利作出重大贡献的专业人员以签证的优先权。[2] 据统计，1955 年外国学者到美国访问或进修的人数为 600 人，到 1970 年则增至 12 000 人。专业技术人才不断涌入美国，不仅为美国大学教师队伍注入了新的活力，也为促进教师个体乃至整体的学术专业发展提供了契机。为了加强学者之间的交流，实现图书馆、实验室等资源的共享，大学之间加强了联系。例如，十大学联合会和芝加哥大学通过其公共机构合作委员会，将它们各图书馆的藏书资源合并起来，为研究生开辟了“共同市场”，在共同使用的基础上使实验室多样化，并且分别实行了外语专业化；加州大学系统，以及加州大学伯克利分校和斯坦福大学之间，也做了类似的安排；哈佛大学和麻省理工学院，普林斯顿大学和费城大学，也都组织了联合机构。[3] 一些教师因为经常参加讲习班、研讨会、各种会议等其他校外活动而很少在学校，这样的现象也就不足为奇了。[4]

---

［1］王廷芳. 美国高等教育史[M]. 福州：福建教育出版社，1995：296.
［2］许迈进. 美国研究型大学研究——办学功能与要素分析[M]. 杭州：浙江教育出版社，2005：186.
［3］Clark Kerr. 大学的功用[M]. 陈学飞，等，译. 南昌：江西教育出版社，1993：66.
［4］WILSON L. American Academics：Then and Now[M]. New York：Oxford University Press，1979：156.

2. 教师参与管理大学学术事务

教师的权利必须受到重视。[1] 大学自治在一定程度上保障了大学教师的学术权利。第二次世界大战以后，由于科研重要性的不断提升，教师在学校学术事务中的参与权和决策权日益扩大，成为学校管理和争取外部支持的一支重要力量。“随着大学的发展越来越取决于主要通过教授争取到的社会关系和利益，教授势力的逐渐强大，美国高等教育渐渐进入教授主宰大学的时代。”[2]

首先，20 世纪 60 年代初，各大学纷纷成立教授评议会，大学教师通过该机构参与院校的决策管理。在学术管理的主要领域——学生录取、考试、学位授予，课程设置和科研规划，教师聘用、晋升、终身教职评审等，均已以教师为主进行管理。1968 年成立的哥伦比亚大学教授评议会由 101 人组成，其中 57 人为教师，包括 42 位终身教职教师和 15 位非终身教职教师。美国教育委员会(American Council on Education)在 20 世纪 60 年代中期对 1 000 多所学院和大学的管理机构进行了调查。结果显示，104 所大学设有教授评议会，196 所大学在评议会之外设有其他教师组织，149 所大学设有教师代表理事会或委员会，441 所大学设有行政管理下的教职员会议，14 所大学根据美国大学教授协会章程设立教师代表，只有 77 所院校没有成立专门的教师组织。[3]

其次，大学管理的组织系统有利于教师参与管理。以公立大学为例。美国大学组织分为系、学院和大学三级。系是最低一级单位，它是

---

[1] MAYHEW L B. Faculty Demands and Faculty Militance[J]. The Journal of Higher Education, 1969(5): 337－350.

[2] 乔玉全. 21 世纪美国高等教育[M]. 北京：高等教育出版社，2000：50.

[3] WILSON L. American Academics: Then and Now[M]. New York: Oxford University Press, 1979: 107.

围绕某一学科的共同利益组织起来的社团式机构，权力比较分散：首先在正教授中分配，其次在副教授和助理教授中分配。系主任是一个非个人化的职位，一般每3年由高级人员轮换一次，而不是由一个人固定占有这个位置。在有些问题上，系主任必须同其他正教授商讨，也许还要同受聘为终身教职的副教授商讨，甚至同全体教学人员商讨，遵循少数服从多数的原则进行决策。[1] 系内的民主气氛浓厚，大学教师在这一级拥有很大的学术权利。学院是大学结构中的第二级。每个院长职位都配有助理院长和其他辅助人员，拥有独立的行政管理权。同时，每个学院还设有一个或几个学术团体机构，如文理学院教授会、本科生院教授会、研究生院教授会等。这些机构不定期开会，听取各自的院委员会报告和院长的报告，并用集体投票的方式进行决策。[2] 教师通过这种方式参与决策。美国大学组织结构中的第三级是作为整体的大学。董事会代表社会负责对院校的长远发展进行指导，以校长为首的行政人员受董事会委托行使管理大学的权力，大学教师通过学术评议会或常设官员委员会等方式参与学校管理。1968年，一份关于校长等行政管理人员和大学教师学术态度的问卷调查了认知层面的学术目标和优先发展的学术目标，无论是哪一类目标，在所列47项目标中，“保护学术自由”都居首位。有学者据此得出结论：一般来讲，大学行政管理人员和教师的价值取向及工作目标基本一致，不存在明显的分歧。[3] 大学校长通常是从教师做起的，他们本身就是学术精英，因而对大学教师有更深切的理解和尊重。“当他们成为管理者，与非学术人员打交道，

[1] 约翰·范德格拉夫，等. 学术权力——七国高等教育管理体制比较[M]. 王承绪，等，译. 杭州：浙江教育出版社，1989：114.
[2] 同上：115-116.
[3] WILSON L. American Academics: Then and Now[M]. New York: Oxford University Press, 1979: 107-108.

不可避免地会远离专业。然而，大多数校长仍然首先把大学看作一个学者和研究者的集合体，每一位教师用自己的方式做着自己的事情。而他们的主要责任是为大学教师的学术工作创造一个稳定适宜的环境。”[1]

再次，研究机会的增加使得大学教师产生一种不受行政部门支配的独立意识。教师通过自己的学术专业影响直接获得科研基金，这使得大学教师和所在院系的联系减弱了。特别是在科研经费充裕的领域，如医学领域，系主任的权威局限于教育教学管理，医学教师和全国卫生研究所、大的基金会的联系要比和系主任等行政人员的联系密切得多。许多行政工作被有效地分散到教授个人身上，[2]如大学教师直接参与解聘教师事件。教授可以选择适合自己兴趣的从未担任的角色，如果他不愿意，也无须离开“小园林”，前往“雅典卫城”；但如果他愿意，就可以离开。[3] 例如，在 20 世纪 50 年代的哈佛大学，知识为王，真正的权力首先属于教师，其次才是行政管理人员。行政人员的职责是募集资金，他们的决策要充分考虑教师的意见。[4] 行政管理者几乎没有决定院校优先发展事项的权力，这些权力都掌握在拥有终身教职的教师手中。[5] 正如奥布莱恩（George Dennis O'Brien）所说的，研究型大学的权力已经从校长手中转移到了教师手中。[6]

[1] JENCKS C, RIESMAN D. The Academic Revolution[M]. New York: Doubleday Company ING Garden City New York, 1968: 17.
[2] TOURAINE A. The Academic System in American Society[M]. New York: McGraw-Hill, 1974: 137.
[3] Clark Kerr. 大学的功用[M]. 陈学飞，等，译. 南昌：江西教育出版社，1993：28－29.
[4] TOURAINE A. The Academic System in American Society[M]. New York: McGraw-Hill, 1974: 163.
[5] RIESMAN D. On Higher Education[M]. New Jersey: Transaction Publishers New Brunswick and London, 1998: 3.
[6] O'Brien G D. All the Essential Half-Truths about Higher Education[M]. Chicago: The University of Chicago Press, 1998: Preface XII.

3. 终身教职

1940 年，美国大学教授协会和美国大学协会联合发表《关于学术自由和终身教职的 1940 年原则声明》，标志着美国大学教师终身教职制度的建立。第二次世界大战后，终身教职制度已为大多数高等学校特别是研究型大学广泛接受。美国的一项调查显示，截至 20 世纪 70 年代，约有 94%的美国大学教师在实行终身教职制度的高校中工作。[1] 1972 年，美国大学教授协会提出的“教师经过一定年限的服务就可享有终身教职”的主张得到了美国联邦最高法院的认可。这意味着终身教职制度已经成为美国大学的一项常规性制度，成为大学教师学术生活的一部分。终身教职不仅为教师的职业发展和专业的提高提供合理的支持，免除他们被解职的危险，而且更重要的意义在于，通过保证教师的发明和发现以及传播不同观点，使他们不必担心受迫于世俗的明哲和现实的压力而放弃对真理的坚持和对良知的忠诚，从而能最大限度地发挥他们的作用，造福于人类社会。[2] 一方面，终身教职为大学教师学术自由提供了制度保障，维护了教师职位的稳定性，保障了教师的职业安全，确保他们在相对稳定的环境中全身心投入工作，潜心研究学术。终身聘任制不仅可以保证教师按照自己的信念进行教学的权利，可以保证教师信奉不热门的学术和非学术目标的权利，而且还可以保证教师按照自己所理解的知识和思想去行动，而不必害怕任何人惩罚的权利。[3] 终身聘任制为教授们创造了自由思考和自由创新的空间，被形象地比喻为学术自由的必要的“侍女”。另一方面，终身教职客观上形成了一种有效的目标激励机制，吸引更多有才华的人投入到大学

[1] 杨长青，何有良. 美国大学教师任职安全体系：理念与实践[J]. 高教探索，2006(5)：61.
[2] 许迈进. 美国研究型大学研究——办学功能与要素分析[M]. 杭州：浙江教育出版社，2005：121.
[3] 张斌贤，李子江. 大学：自由、自治与控制[M]. 北京：北京师范大学出版社，2005：131.

教师职业中来，激励尚未取得终身聘用资格的教师在自己的研究领域里多出成果，从而有利于大学形成稳定的教师骨干力量。在各个地方，终身聘任制会授予那些显示出科研潜质的年轻学者。[1] 这一时期，大学教师获得终身教职相对容易，许多教师生于1920—1930年之间，受聘于1950—1960年间的人口增长高峰期，1965年之前获得终身职位。整体上讲，20世纪60年代，美国高校全职教师中拥有终身教职的比例达到了50%—55%。[2] 而"终身教授的'王冠'上都镶有两颗'宝石'——独立和安全"[3]。

4. 明星教授制度

一所大学的声誉和影响是通过生产专家和专门知识建立起来的。[4] 教授是现代大学的中坚力量，他们的荣誉形成了大学的名誉，他们的贡献对大学的成功是必不可少的。[5] "明星教授"指学术界的权威学者。由于大学教师特别是著名教授不仅可以吸引优秀学生，取得高水平的研究成果，而且可以得到联邦科研经费，争取到基金会、企业和社会的捐助，所以，大学之间在师资上展开激烈的竞争。20世纪50年代末和60年代，大学之间展开对有前途的年轻学者以及学有所成的老教师的竞争，[6]一时间形成明星教授制度。"一所大学'在发展中'的标志是对足球明星和杰出教授的疯狂争夺。"[7]大学校长的最大

---

[1] RIESMAN D. On Higher Education[M]. New Jersey: Transaction Publishers New Brunswick and London, 1998: 2.
[2] 顾建民. 自由与责任：西方大学终身教职制度研究[M]. 杭州：浙江教育出版社，2007：147.
[3] 亨利・罗索夫斯基. 美国校园文化：学生・教授・管理[M]. 谢宗仙，等，译. 济南：山东人民出版社，1996：158.
[4] 丽贝卡・S. 洛温. 创建冷战大学——斯坦福大学的转型[M]. 叶赋桂，罗燕，译. 北京：清华大学出版社，2007：125.
[5] 德里克・博克. 美国高等教育[M]. 北京：北京师范学院出版社，1991：159.
[6] WILSON L. American Academics: Then and Now[M]. New York: Oxford University Press, 1979: 68.
[7] Clark Kerr. 大学的功用[M]. 陈学飞，等，译. 南昌：江西教育出版社，1993：65.

目标是增强学校实力，召集有才能、声誉佳的学者是实现目标的通用方法。[1] 为了聘请到优秀教师，大学可谓是千方百计。它们不但为教师提供优越的工作条件和待遇，而且赋予教师充分的学术自主权。教授获得了与校长同等重要的权利，"教师需要什么，一般就能得到什么"[2]，院长和校长们考虑提供教师住房、图书馆设备、合理的教学任务、教师俱乐部等方面的条件，甚至为他们的配偶找工作。[3] 失去一名明星教授"可能给一个系甚至给整个大学带来灾难性的后果"[4]。在这种情况下，大学教师的学术自由在一定程度上得到了保障。芝加哥大学校长比德尔（George Wells Beadle）认为："没有一批高级教师，学校不可能优秀；反之，想要不优秀都难。"[5]第二次世界大战后的二十多年间，芝加哥大学通过提高教师工资等方式多方吸引优秀教师，到 1962 年，教师人数已经从 500 人增加到 900 人，到 1968 年更是增加到 1 125 人。与此同时，教师的平均工资几乎翻了一番，在一些学术领域甚至出现在通常 9 个月工资的基础上增加两三个月工资的现象。

5. 在职进修

对一所大学来说，师资队伍的质量非常重要，因而各大学都非常重视利用在职进修提高教师素质。大学教师在职进修的内容包括提高专业学术水平，提高教育理论水平，促进教学改革等。在职进修的形式多种多样，如大学资助教师利用休年假进修，参加各种短训班和讨论会

[1] JENCKS C, RIESMAN D. The Academic Revolution[M]. New York: Doubleday Company ING Garden City New York, 1968: 17.
[2] 别敦荣. 中美大学学术管理[M]. 武汉：华中理工大学出版社，2000：32.
[3] 德里克·博克. 美国高等教育[M]. 北京：北京师范大学出版社，1991：10.
[4] 别敦荣. 中美大学学术管理[M]. 武汉：华中理工大学出版社，2000：32.
[5] 威廉·墨菲，D. J. R. 布鲁克纳. 芝加哥大学的理念[M]. 彭阳辉，译. 上海：上海人民出版社，2007：131.

等。特别是学术休假，大学教师利用这段时间到校外吸取新信息、新知识，自我更新，也可以到其他大学做博士后研究，对其学术专业发展颇为有益。在一些学校，学术休假已经形成制度。对大学教师个体而言，这是一个提高自身学术专业水平的学习计划。自 1880 年哈佛大学创建教师学术假制度以来，到第二次世界大战后，这项制度已经被各大学普遍采用。凡符合规定的教师在一所学校连续工作六年以后，即可选择享受全薪休假半年或半薪休假一年。教师可以利用这段时间自由从事科研学术活动。实践表明，许多教师都非常珍惜这一机会，到国内其他院校、国外高校或者研究机构考察调研、学习访问，开展科研合作、学术交流，使自己在较长时间的繁忙工作之后，有完整的一段时间更新知识，完成所承担的研究课题；同时扩大与外界的接触，努力拓展学术联系和研究领域。许多大学还通过各自或联合举办各种科研学术讲座或国际学术会议，使教师们拓宽视野，在各种学术观点的交汇碰撞中感悟到学科前沿的新变化和新进展，从而激励他们保持学术敏感，坚持学术标准，不断提高学术水平。[1]

这一时期，福特基金会(Ford Foundation)、纽约卡内基基金会(Carnegie Corporation of New York)等经常为大学提供资金，资助大学教师在职发展，特别是为新教师设立入职教育项目。如 1954 年福特基金会支持亨特学院设立“教育提高实习项目”，旨在引导新手教师更好地适应学术工作的角色。系和系之间、学院和学院之间、大学和大学之间不时举办各种学术讲座和讨论会，特别是跨学科的学术讨论会，为大学教师更新知识、了解学科领域最新动态提供了机会。多数大学设立专用资金用于教师参加校外乃至国际性学术会议，以促进教师交流信息、了解学

[1] 许迈进. 美国研究型大学研究——办学功能与要素分析[M]. 杭州：浙江教育出版社，2005：116.

科发展、提高学术水平和扩大其影响。

6. 大学教师发展案例

(1) 斯坦福大学教师发展

"斯坦福大学曾经是一所平庸的学校，它有一个优秀的工学院，而图书馆却是糟糕的，教师都是地方性的，设施十分破旧。"[1]第二次世界大战后，斯坦福大学旧貌换新颜，成为美国获得联邦资助最多的5所大学之一，每年得到的资助超过3.67亿美元。[2] 它拥有胡佛研究所、电子研究实验室等著名研究机构，有丰裕的资金和优越的科研设备，这为大学教师学术专业发展提供了良好的外部条件。在斯坦福大学，1949年上任的第四任校长史德龄(J. E. Wallace Sterling)和副校长特曼(Frederick Emmons Terman)，把物色和延聘有名望的学者放在工作的首要位置。他们一致认为，有了杰出的师资队伍才能培养出高才生，并促进学校其他方面的工作。在这种思想的指导下，斯坦福大学开启了突飞猛进、全面发展的时期。一般认为，斯坦福大学是在20世纪前半期打下基础，从史德龄任职起开始走向世界的。[3]

1951年，斯坦福大学在旧金山创设工业园区(硅谷的前身)。惠普电子公司、通用电气公司、福特公司等先后进园投资办公司和工厂，政府一些部门如美国国家航空航天局的艾姆斯研究中心、莫非特海军航空站等也纷纷在这里或附近建立研究单位。1955年，已有7家公司在研究区设厂，1960年增加到32家，1970年达到70家。[4] 时任副校长的特曼博士号召教授们走出校门，广交工业界的同行伙伴，寻找合作伙

[1] 乔治·凯勒. 大学战略与规划：美国高等教育管理革命[M]. 别敦荣，主译. 青岛：中国海洋大学出版社，2005：184.
[2] 强连庆. 中美日三国高等教育比较研究[M]. 上海：复旦大学出版社，1995：219.
[3] 周少南. 斯坦福大学[M]. 长沙：湖南教育出版社，1991：47.
[4] 彭小云. 斯坦福大学[M]. 北京：军事谊文出版社，2007：16.

伴。大学教师和工业研究者共同在大学实验室和研究所从事应用研究，或者大学教师充当企业的顾问或董事，参与企业研发活动，学以致用。这样做一方面能使教师灵活运用专业知识，从实践中得到启发，获得新的研究课题；另一方面有利于加强企业与学校之间的合作，实现双赢。与此同时，斯坦福大学树立“学术尖端”的构想，多方吸引人才，用高薪聘请全美第一流的权威学者来校任教，并挽留本校的人才。1952年诺贝尔物理学奖获得者布洛赫（Felix Bloch）教授、著名化学教授卡尔·杰拉西（Carl Djerassi）等先后来到斯坦福大学。斯坦福大学的教师们把工业园区的企业作为科研开发的基地和教学实践的场所，他们的研究成果可以迅速转化为产品。工业园区增强了斯坦福大学的吸引力和经济实力，大学的师资队伍不断扩大。

从诺贝尔奖的获得情况可以看出斯坦福大学教师在学术专业发展上取得的成就。被誉为“生物化学之父”的鲍林（Linus Carl Pauling）因其关于化学键本质的理论研究而获得1954年诺贝尔化学奖，又因其致力于和平运动，特别是领导核裁军运动而获1962年诺贝尔和平奖。1959年诺贝尔生理学或医学奖得主科恩伯格（Arthur Kornberg）发现脱氧核糖核酸分子在细菌细胞内及试管内的复制方法，开创了遗传学革命的新时代，把遗传工程的发展推向一个新的高峰。1961年诺贝尔物理学奖得主霍夫施塔特（Robert Hofstadter）通过学校的直线加速器首先揭示了质子和中子的结构，另外他还发展了诊断肿瘤和骨病的方法。[1] 此外，1955年，兰姆（Willis Eugene Lamb）获诺贝尔物理学奖；1956年，肖克利（William Shockley）获诺贝尔物理学奖；1958年，莱德伯格（Joshua Lederberg）获诺贝尔生理学或医学奖。

---

[1] 强连庆.中美日三国高等教育比较研究[M].上海：复旦大学出版社，1995：219.

斯坦福大学在发展尖端学科，促进物理学、电子学等重点学科教师学术专业发展的同时，也注重学科的平衡发展。在1956年到1959年之间，斯坦福大学给文理学院的拨款从生均431美元增加到567美元，提高了32个百分点；1960—1961学年给予每个学生支出的预算，文理学院提高了15％，而工程学院只提高了9％。[1]

教授在斯坦福大学占50％以上。在管理方面，斯坦福大学更有教授治校的传统，凡涉及教师的利益问题，都必须首先由教授参议会讨论通过，然后才能报校长批准执行。[2] 1969年，斯坦福大学的师资力量居全美高校第四位，仅次于加州大学伯克利分校、哈佛大学和耶鲁大学。

斯坦福大学能够迅速崛起的原因有以下三条：第一，其最重大、最核心的战略是在几年中引进了150位美国最优秀的学者；第二是有序地重点发展，先是发展具有相对优势的学科（工程学和物理学），接着是社会研究领域，然后是人文学科，重视研究生教育和专业学院；第三是大规模地筹资，以改善办学设施，建设有吸引力的住房，吸引有才华的学者。[3] 总之，重视师资是斯坦福大学的突出特点。

（2）加州大学伯克利分校教师发展

美国加州大学伯克利分校是一所公立大学。20世纪50年代，加州大学伯克利分校提出“不聘用本校刚毕业的博士生做教师”的原则，并付诸实践。学校尽量从哈佛大学、普林斯顿大学、麻省理工学院等其他著名大学物色选聘年轻教师，而不留用本校学生。这一举措一方面促

[1] 丽贝卡·S. 洛温. 创建冷战大学——斯坦福大学的转型[M]. 叶赋桂，罗燕，译. 北京：清华大学出版社，2007：215.
[2] 曾绍元. 外国高校师资管理比较研究[M]. 北京：海洋出版社，1999：87.
[3] 乔治·凯勒. 大学战略与规划：美国高等教育管理革命[M]. 别敦荣，主译. 青岛：中国海洋大学出版社，2005：184.

进教师间学术和教学经验的交流和共享，加强院校同行的业务联系；另一方面有效地克服和防止了教师队伍“近亲繁殖”的弊端，对活跃教师学术思想、促进其学术专业发展起到了显著的作用。

加州大学伯克利分校规定，年轻教师执教后必须带研究生，而且新教师不得与老教授合作搞科研、写论文。这些措施旨在保护年轻教师活跃的学术思维不受外界因素的束缚，鼓励他们大胆探索，开创新的研究领域；同时促使老教师不断进取，更新知识，产出新成果，从而营造出教师公平竞争的环境，使学校保持学术的朝气。

1950 年以前，加州大学伯克利分校的生师比一般是 22∶1 到 25∶1；1953 年“退伍军人潮”结束后，下降到 18∶1；1962 年为 16.5∶1；到 1966 年则下降到 14.5∶1。[1] 通过降低生师比，学校减轻了教师教学的工作量，为教师提供更多自主发展的时间。

从 1958 年起，加州大学伯克利分校设立杰出教学奖。每年经评审会审查公推候选人，最后在全校选出来自 6 个不同学院的 6 名获奖者，隆重举行颁奖典礼，并广泛介绍获奖者的种种优秀事迹和有关同事、学生的评价。[2] 教师们都以获得这一奖励为荣，而被评鉴为“教学甚差”的教师会被淘汰。这种奖励政策鼓励了教师在教学上的投入和改进，有利于平衡教师在教学和科研上的发展。

教授会享有很高的参与决策权，这是加州大学伯克利分校最显著的特色之一。理论上讲，全校教师都是教授会的成员，实际上有 100 多位代表参与工作，并分成若干小组推进各项事务。如验算经费小组掌握全校教师的评议、升迁、加薪等，是最主要的小组；研究计划小组掌管研究方针、研究事务及政策的处理等；教学小组负责教学方法的改革，

[1] 徐丹.克拉克·克尔的高等教育实践与思想研究[D].厦门：厦门大学，2006.
[2] 强连庆.中美日三国高等教育比较研究[M].上海：复旦大学出版社，1995：225.

颁发杰出教学奖等。[1] 加州大学伯克利分校还素以学术自由著称。在这里没有来自保守传统的约束，没有不可逾越的清规戒律，在这片自由的土地上，可以畅想一切，自由地探索未来世界；在这里，即使别人不同意你的观点，但你的思想永远会受到尊重。[2]

(3) 哈佛大学文理学院教师发展

第二次世界大战后到1970年，哈佛大学在科南特和普西两任校长的领导下继续发展。科南特坚持使大学成为学术和研究中心的思想，把大学看作推进知识进步的地方。普西承接了科南特的这一思路，重视学术发展，在哈佛形成了唯才是举的精英文化。

科南特上任之初，哈佛大学并没有全国最好的教师队伍。当时，哈佛大学标准化的工资以及教学和研究的等级标准使得它从别的大学和研究机构吸引人才变得十分困难。[3]科南特认为，科研能力是评价教师的首要条件，应当提高教师的流动性，只有这样，最好的人才可能升到最高的位置上。[4] 在科南特任期内，哈佛大学成立了八人委员会，为文理科教师晋升或者离开制订了正规的程序，还设立了校外提名特别委员会对终身教职候选人进行严格评选。此外，哈佛大学设有哈佛学者协会专门招聘教师。在严格的选聘程序和选聘条件下，哈佛大学的教师队伍发生了很大变化。以文理学院为例，1953年，文理学院448名教研人员中有近半数的哈佛博士毕业生。1953—1957年间的68项高级职务任命中，超过半数的人员来自校外，只有6位是哈佛本科毕业生、研究生毕业生或是哈佛的初中级教研人员。全体教研人员中的哈

[1] 强连庆. 中美日三国高等教育比较研究[M]. 上海：复旦大学出版社，1995：225.
[2] 江乐兴，周国宝. 不可不知的50所美国一流大学[M]. 北京：中国水利水电出版社，2007：65.
[3] 莫顿·凯勒，菲利斯·凯勒. 哈佛走向现代——美国大学的崛起[M]. 史静寰，钟周，赵琳，译. 北京：清华大学出版社，2007：91.
[4] 同上：92.

佛本科毕业生比例，已由科南特时期的25%—30%下降到了普西时期的5%—10%。[1] 不断增长的财富是哈佛大学20世纪五六十年代最显著的特征。在1960年至1965年的这段时间，哈佛大学总共募集到2.07亿美元；1964年10月，哈佛大学的资产首次超过了10亿美元，从而把其竞争对手远远抛在了身后。[2] 其中，联邦政府为研究项目提供的拨款从1948年的几乎为零，飞升到了1965—1966年度的4 700万美元。[3] 1953年秋季，哈佛承接了近百项政府合作项目，有65项在文理学院，其余的几乎都在医学院。普西观察到："研究曾经只是教授的副业，如今却变成了与教书密不可分的主要工作。"[4]

哈佛大学新获财富的最大受益者是文理学院。无论在人员规模、工资和奖金方面，还是在整体实力方面，哈佛大学文理学院在这二十几年间均发展迅速。麦克乔治·邦迪（McGeorge Bundy）1953年至1961年任文理学院院长。在普西—邦迪时期，哈佛大学教师的规模、特点乃至教师文化都发生了切实改变。1953年，哈佛大学总共拥有132个教授席位，而在10年之后，教授席位扩大到212个，涨幅高达61%。随着哈佛大学不断发展成为国家级甚至世界级的一流大学，同一时期哈佛大学访问学者的规模也扩大了7—8倍。哈佛大学的诺贝尔奖得主也在不断增长，1961—1965年间更达到了每年增加一位的速度。[5] 教师的工资水平稳步提升。即使在战后的通货膨胀时期，哈佛大学教师的收入水平也并未下降，其工资的上限从1956年的1.8万美元提高到了1960年的2.2万美元。哈佛大学教师待遇的提高更为显著地表现在学

[1] 莫顿·凯勒，菲利斯·凯勒. 哈佛走向现代——美国大学的崛起[M]. 史静寰，钟周，赵琳，译. 北京：清华大学出版社，2007：304.
[2] 同上：261.
[3] 同上：266.
[4] 同上：268.
[5] 同上：306.

术假期的增加上。教师根据自己学术研究的需要提出休假申请，每三年休一次长假。邦迪认为，经常休假有助于提高学者的治学水平，而且哈佛大学也能因此受益于规模稳定的访问学者。[1] 哈佛大学通过授予教授席位吸引成就卓越的外来者，特别是某些专门项目的杰出人才。例如阿拉伯问题专家汉密尔顿・A. R. 吉布（Hamilton A. R. Gibb）被请来主持新的哈佛中东研究中心。同时，哈佛大学重视学术新秀的提拔，一些优秀的青年学者可以越过讲师职位直接提升为副教授。

在良好的学术氛围中，哈佛大学文理学院的社会科学、自然科学、人文学科等各个领域都取得了长足进步，还成立了许多新的研究中心，如城市研究中心、国际事务研究中心等。总之，哈佛大学为各类教师提供了诸多学术专业发展的舞台，优秀人才纷至沓来。许多教师把 20 世纪 40 年代末到 60 年代末这段时期称作"黄金年代"。

（三）社区学院的教师发展

1. 社区学院教师发展概况

社区学院教师的主要任务是教学，一般不从事科学研究或进行高深的学术性探讨。由于社区学院刚出现时一般规模都很小，入学人数少、经济条件差、聘请大量的兼职教师成为其突出特点。有学者于 1921 年对加利福尼亚州的 8 所社区学院进行调查后发现，兼职教师占教师总数的 90%以上。[2] 这种情况在第二次世界大战后发生了变化。从 1953 年到 1968 年，全美社区学院教师总数从 23 762 人增加到 97 443 人，其中专职教师所占比例从 52%上升为 66%，相应地，兼职教

[1] 莫顿・凯勒，菲利斯・凯勒. 哈佛走向现代——美国大学的崛起[M]. 史静寰，钟周，赵琳，译. 北京：清华大学出版社，2007：309.

[2] 毛澹然. 美国社区学院[M]. 北京：高等教育出版社，1989：122.

师人数占比从48%下降为34%。[1] 这说明社区学院教师队伍逐渐稳定。

20世纪60年代，有些州规定社区学院的所有专职教师都享有终身教职职位，[2]只有在发现某名教师不称职或有其他严重问题时才能解聘。少数州的某些学区不实行终身教职制度，如在伊利诺伊州1965年社区学院法案设立的39个社区学院学区中，有9个学区不实行终身教职制度，有2个学区曾经实行，后来又取消了这一制度。[3]

社区学院每年对教师特别是专职教师的教学和其他工作进行评价，通过评估教师的专业和教学水平，以改进教学工作和提高教学质量。而且，评价的结果作为对教师继续聘用、晋升、授予终身教职、审批休年假、授予优秀服务奖、终止聘用、纪律处分和除名的依据。

社区学院的教师来源主要有以下渠道：中学教师，研究生，商业、企业及工厂等的工作人员。美国大学的教育学院不设置专门培养社区学院师资的系科或教学项目，很多在社区学院任职的教师没有学过有关社区学院的课程。为了提高师资素质，美国社区学院采取加强新教师入职培训、配备专门师资进行指导等措施。20世纪60年代后期，有些大学的研究生院设立专门培养社区学院师资的教学项目，颁授教育文科硕士学位。美国研究生院理事会(Council of Graduate Schools)和卡内基高等教育委员会进而倡议为培养这类师资设立文科博士学位。授予上述两种学位的教学项目一般包括三个方面：学习教学科目的专业知识，学习教育理论课程，到社区学院进行教学实习。美国政府及有些

[1] 毛澹然.美国社区学院[M].北京：高等教育出版社，1989：123.

[2] 社区学院的终身教职与研究型大学和文理学院的终身教职不同，一般教师在任教一年以后，或试用二三年以后就可以获得终身教职。

[3] 毛澹然.美国社区学院[M].北京：高等教育出版社，1989：125.

基金会对发展这类教学项目都给予了支持。根据1967年通过的《教育专业发展法案》的规定，在20世纪60年代后期和70年代初，美国政府曾资助50余个这类教学项目的创建，以培养社区学院的师资。社区学院进行师资培养的另一个途径是在职进修。进修形式包括：以学科分类的专业进修，教师利用休年假进修，由学院资助派教师到附近大学进修，或参加短训班和讨论会进行短期进修等；进修的内容有各学术领域的专业知识，社区学院的办学思想、教育理论、教学方法等。1970年奥伯尼恩（T. O'Banion）对社区学院教师的在职进修情况进行了调查，发现这一年美国全国共有276项教师在职进修项目，其中37%为各学术领域的专业进修，10%为职业科目，33%为教育理论，13%为学校行政管理，7%关于学生服务。[1]

2. 纽约高级联合学院

纽约高级联合学院（The Associated Colleges of Upper New York）成立于1946年，是为了满足战后退伍军人和数量日益增长的高中生接受高等教育的需要建立的。该学院的教师来源多种多样，包括博士、硕士、高中教师或校长、技术人员、其他院校的教师、退休大学教师等。为了让教师更快更好地适应学院的教育教学工作，学院采用了工业界常用的在职培训模式。

在管理上，学院鼓励教师自发合作，组织教师论坛；学院还专门聘请演讲顾问，对教师进行演讲辅导，倾听教师的声音；教师通过系学术委员会、地方学院委员会为院校发展献计献策，间接参与院校管理。校长办公室把系列公告发到每一位教师的手中，阐明学校政策、行政部门的职能，划分学校各成员的职责，解释日常事务的操作程序，汇报招生

[1] 毛澹然. 美国社区学院[M]. 北京：高等教育出版社，1989：132－133.

人数以及新教师的录用情况等,不时举行教师座谈会或者以发布通知的方式向教师说明学校工作动向和目标。[1] 总之,学院及时向教师传达校园新信息,以此培养教师对院校的归属感。

在教学上,学院统一规定课程,编制教学大纲,并对教师的教学程序提出了总体要求:第一,听取教学指导者的教学建议;第二,与其他教师讨论教学方式方法;第三,论证材料,并研究同学科其他教师使用的材料;第四,鼓励向有经验的教师学习和请教;第五,课前试讲;第六,言语表达准确,启发学生通过综合、分析领会教学内容;第七,自我评价。[2]具体到每个系,对教师教学又有特殊要求。以历史和政治系为例,系里为教师编写了小册子,内容包括教学内涵、教学目标、如何教学、教学论文格式等;定期召开会议,以协调统一教师教学进程;为教师发放教学大纲和任务计划,但同时指出仅为参考,在教学时间一致的情况下,教师有一定的自主权;同学科的教师聚在一起,分享教学经验,适时调整进度,就教材使用提出意见。在这一过程中,每一位教师都对教学方法、教学理念甚至教学行为有了新的认识和理解。

学院还注意通过其他方式促进教师学术专业发展。如促进不同系科、不同院校的教师间进行交流,邀请其他院校的教师做学术报告;图书馆及时为不同的教师购置新书;为各个系订购学术专业期刊;为到外地参加学术会议的教师提供差旅费等。

事实证明,纽约高级联合学院取得了成功,它通过在职培训的方式培养了大批优秀的大学教师。它的许多教师都被认为是最好的,他们能够在没有他人帮助的情况下出色地完成工作。[3]

[1][2][3] GILBERT A M. In-Service Education of the College Faculty[J]. The Journal of Higher Education, 1949(4): 192-197, 226.

（四）加利福尼亚州教师总体规划

1959年，加利福尼亚州成立高等教育总体规划调研小组，就该州的社区学院、州立学院、加州大学和其他高等院校中的高等教育设施、课程与标准以及学生数量和质量的优化，制定了一个总体规划，以满足此后十年高等教育的需求。其中一项是对教师需求和供应的调查。调查发现，因为人口迅速增长等因素，大学教师短缺已经成为全美面临的最重大的问题，加州同样如此。1954年到1958年，州立学院新聘用的全日制教师中拥有博士学位的人数平均占比为40.2%；同期加州大学新聘全日制教师中拥有博士学位的人数平均占比为70.0%。州立学院新聘全日制教师中持有博士学位的人占比从1950年的45.9%下降到了1958年的37.3%。同期加州大学的这一比例下降了3.0%。[1] 在衡量现有的或将来的高等院校提供各类教育内容的能力时，一个必要的考虑就是它所拥有的教研人员。教学楼和设备是十分必要的，但是若没有教师，它们就毫无用处。[2] 因此，需要加大博士研究生的培养力度。1957—1958年度和1958—1959年度的资料显示，州立大学新聘全日制教师中，52.6%的教师学位是在加州以外的院校获得的，加州大学新聘全日制教师中的这一比例是76.2%，而这两年中，初级学院中同类人员的比例是52.5%。[3] 这一方面反映了大学教师群体的异质性，另一方面反映出大学教师的流动性。调研小组指出，要以更大的努力引导更多的毕业生进入研究生阶段的学习，为将来成为高校教师做准备；确保为在研究生阶段学习的人员提供更多的财政支持，提供研究奖学金和贷款；要在招聘条件上优于其他各州，大幅度增加教师的工资和额

[1] 王道余.美国加利福尼亚州高等教育总体规划[M].教育部国家教育发展研究中心，组译.北京：人民教育出版社，2005：129.
[2] 同上：127.
[3] 同上：134.

外福利，如医疗保险和集体寿险、假期、出席学术会议的差旅费、住房、停车费和搬家费等，使大学教师职业更具吸引力，吸引更多来自外州的教师到本州高等院校任教。

（五）教师个体发展

1. 教师的主体意识提升

有这样一则广为流传的故事。艾森豪威尔（Dwight David Eisenhower）在出任哥伦比亚大学校长的第一天，首先在下属的陪同下巡视了校园，会见了董事、行政管理人员。之后，他参加了学校教师为他举行的欢迎大会。会上，艾森豪威尔以“非常高兴看到哥伦比亚大学的雇员们”为开头做演讲。这时，哥伦比亚大学杰出的教师代表、后获得诺贝尔奖的拉比（I. I. Rabi）教授站了起来，自负而又不失风度地说：“阁下，教师们并非哥伦比亚大学的雇员，他们本身就是哥伦比亚大学。”对此，艾森豪威尔诚恳地回应：“我会虚心听取教授们的意见。为了学校的前途，在处理学术问题的时候，我不会干预，一切由教授们定夺。”[1]

中世纪史学家坎托洛维奇（Ernst Kantorowicz）教授于1939—1950年曾在加州大学伯克利分校任教。1949年，加州大学在州政府的胁迫下，要求每一位教师签署一份反对共产主义的“忠诚誓言”。虽然校内外对此反对声不绝于耳，但是为了保全饭碗，几乎所有的加州大学教师都最终屈服，只有少数几个教授拒绝签字。坎托洛维奇教授便是其中一位。他不能容忍被加州大学称为“雇员”并服从加州政府的命令。对此，他作出如下解释：只有三种职业的人有资格穿袍服——法官、牧师和学者；袍服代表穿袍人成熟的思想、独立的判断以及对良知和“上帝”

[1] O'BRIEN G D. All the Essential Half-Truths about Higher Education[M]. Chicago: The University of Chicago Press, 1998: 15.

所担负的责任；人间最荒诞不经的莫过于法官抗拒法庭，牧师抗拒教堂，教授抗拒大学，因为法官就是法庭，牧师和他的信徒们就是教堂，教授和他们的学生就是大学。[1] 坎托洛维奇教授的这番解释让人回味不已。

2. **教师的发展意识增强**

“我们必须阅读，以追上专业领域的最新发展，我们要进行大量的科学研究，我们中的许多人在系、学院和大学担任职务，有时间我们还要撰写著作和学术文章。”[2]这是斯伯丁（Willard B. Spalding）1950 年对美国大学教师学术生活的真实写照。“今天要成为一位大学教师，就要成为一名专家，如果不能称得上专家，那么他（她）也就做不了大学教师，这是不证自明的。”[3]第二次世界大战后的美国社会，观念不断更新，理论不断修正，知识不断增加，这些都促使大学教师在学术专业上不断发展，紧跟时代脉搏的跳动。

1963 年秋，斯特雷特（I. Leonard Stright）教授在印第安纳州立大学工作了 17 年后获得了一次学术休假的机会。他来到芝加哥大学开展博士后研究工作，并基于自身发展需要选修了数学、心理学和成人教育三门课程。他积极参加各种学术讨论会和针对特殊问题的辩论会，并将这一经历视为自己正规教育经历中最刺激、最有趣的时期。斯特雷特针对学术休假发表了自己的看法。首先，他认为学术休假是必要的：一个积极的、敏感的大学教师应该跟上时代的发展特别是专业领域知识的发展；广泛阅读、积极参与学术会议、加入专业组织对教师的学

[1] 程星. 细读美国大学[M]. 北京：商务印书馆，2006：67.
[2] SPALDING W B. The Professor as an Educator[J]. The Journal of Higher Education，1950(6)：323 - 328.
[3] WALHOUT D. The American Scholar：In 1837 and the Present[J]. The Journal of Higher Education，1965(6)：299 - 306.

术专业发展虽有利，但作用是有限的；一位教师需要有机会参与习明纳，在那里向他人讨教自己的问题，同时能够回答他人的问题；教师需要来自其他教师的灵感激励，在和同伴的相互交往中达成一致或得到多种结论。其次，斯特雷特指出学术休假的授予应当公平：学术休假不仅应该授予有潜质的学术新秀，也应该授予处在学术生涯顶峰的中年教师；学术休假授予委员会应该由大学教师和教务长共同组成，对学术休假申请人进行筛选，最后作出决定。[1]

一般来说，年长的大学教师在教学、科研和社会服务上都积累了丰富的经验，学术造诣高深。已退休大学教师的学术专业发展也受到关注，一些大学推行关于退休教师的特别项目。如加州大学旧金山分校的黑斯廷斯法学院聘请知名教师重新回校工作，或直接教学，或参与科研，或指导年轻教师，或做名誉教授。这样一方面可以缓解老教师退休后的孤独，另一方面能够充分发挥老教师的智慧。

第三节

美国大学教师发展的专业组织

美国的多种专业组织为大学教师的学术专业发展提供了空间。第二次世界大战后，随着专业化的发展，大学教师越来越关注自身在学科

[1] STRIGHT I L. Sabbatical Leave: A Critique[J]. The Journal of Higher Education, 1964(10): 389.

上的发展，不断提升科研能力，并注重与专业组织保持密切联系。

一、学科专业组织

美国拥有众多学术杂志。例如在约翰斯·霍普金斯大学，1878年《美国数学杂志》创刊，不久化学、生物学、生理学、心理学和语文学也创办了相应的杂志。在芝加哥大学，政治经济学、地质学、希伯来语、天体物理学、社会学、神学和文学等学科的杂志相继创刊。1904年，哥伦比亚大学的教师出版了35期系列刊物……学术杂志成为一所大学学术水平的象征。[1] 学术杂志为大学教师发表学术成果提供了舞台。同时，美国拥有众多的学术团体。早在18世纪就成立了美国哲学学会、美国艺术与科学学会、美国科学促进会。19世纪末，美国现代语言协会、美国化学学会（American Chemical Society）、美国经济学协会、美国数学协会和美国地质学会（American Geological Institute）又先后成立。到1908年，美国已有120个全国性的学术团体，550个地方性的学术团体。第一次世界大战期间，美国又出现了一些由有关专业学术团体组成的全国性的联合会或协会，如美国国家研究委员会、社会科学研究协会（Social Science Research Council）、美国学术团体研究协会（American Council of Learned Societies）等。[2] 这些都是学者的团体，支持大学教师进行学术交流、学术探讨。这些学术团体有助于大学教师个人的学术专业发展。通过阅读他人的文章，发表期刊文章，让他人阅读自己的文章并接受建议和意见等方式，大学教师获得了同行的认可。有的学术团体每年举办年会。在年会上，教师通过交流和讨论学术论文，规范

[1] RUDOLPH F. The American College and University: A History[M]. Athens, Georgia: University of Georgia Press, 1990: 405 - 406.
[2] 张斌贤，李子江. 大学：自由、自治与控制[M]. 北京：北京师范大学出版社，2005：97.

学科体系，享受学术带来的快乐。[1] 学科专业组织为美国大学教师学术职业的发展积累了经验，改变了以往学者在争取学术自由的斗争中孤立无援的局面，发挥学术团体集体的力量，捍卫学者的学术权利。

此外，美国还成立了各种有关高等教育的专业组织。如大学院校参加的组织有：美国全国教育协会（National Education Association），美国学院与大学协会（Association of American Colleges and Universities），美国社区学院协会（American Association of Community Colleges）；州立大学参加的组织有：美国州立学院与大学协会（American Association of State Colleges and Universities），美国大学协会；私立院校参加的组织有：独立院校协会（Council of Independent Colleges），全国独立大学院校协会（National Association of Independent Colleges and Universities）；赠地院校参加的组织有：美国公立与赠地大学协会（Association of Public and Land-Grant Universities），大学院校管理机构协会（American Association of University Administrators）等。[2]

二、美国大学教授协会

（一）关于学术自由和终身教职的原则声明

1. 1956 年《为了国家安全的学术自由与终身聘任制》

第二次世界大战以后，美国大学教师学术自由的矛盾逐渐从教学、科研领域过渡到大学教师的公民自由权利领域。人们对大学教师作为公民所享有的自由权利的认识存在严重的分歧，致使大学教师作为公民的自由权利一直得不到有效的保障，大学教师因行使公民自由权利

[1] RUDOLPH F. The American College and University: A History[M]. Athens, Georgia: University of Georgia Press, 1990: 406 - 407.

[2] 乔玉全. 21 世纪美国高等教育[M]. 北京：高等教育出版社，2000：39.

而导致学术自由权利遭到侵犯的情况时有发生。特别是"冷战"开始后，大学教师因为参加共产党组织及其活动，或者发表支持共产主义的言论而被大学解聘的事件频繁发生。为此，1956年美国大学教授协会发布报告《为了国家安全的学术自由与终身聘任制》，对教师享有的公民自由权利作出具体规定。其中涉及大学教师的政治言论以及参加政治活动的有关问题，包括"忠诚宣誓""颠覆活动调查""援引宪法第五修正案为自己开脱罪责""共产党员教师"等问题，明确规定了大学教师在上述几个方面应该享有的公民政治权利。密歇根大学医学院的尼克森(Mark Nickerson)教授因为曾经是共产党员而遭到学校解聘，校方认为尼克森教授的共产党员身份严重影响医学院乃至整个学校的声誉。美国大学教授协会对此类事件进行了调查，并对有关学校违反学术自由原则的做法提出了批评和谴责，表明美国大学教授协会坚决反对大学仅仅根据大学教师是共产党员就解聘大学教师的原则和立场。再如，加州大学的一位教师安杰拉·戴维斯(Angela Davis)由于在公共场合发表有关共产党的过激言论而被解聘。事后戴维斯以言论自由受到侵犯和没有行使正当程序的权利为由提起诉讼。最终她轻松胜诉。[1]

2. 1958年《关于教师解聘过程程序标准的声明》

1958年，美国大学教授协会和美国大学协会经过讨论，在1940年原则声明中规定的教师解聘程序的基础上出台了《关于教师解聘过程程序标准的声明》，详细阐述了教师解聘的程序标准，全面系统地阐述了大学解聘教师应该履行正当程序的原则，试图运用法院司法审判的方式来解决大学解聘教师的问题。根据该声明，大学解聘教师一般要

[1] O'BRIEN G D. All the Essential Half-Truths about Higher Education[M]. Chicago: The University of Chicago Press, 1998: 39-40.

经过三个阶段。第一阶段为非正式协商阶段，主要通过非正式协商的方式解决解聘教师引起的争端，大学不得无故解聘教师，如果需要解聘教师，必须详细说明理由。第二阶段为司法听证会阶段，大学教师若不服学校的解聘处理决定，大学必须成立教师委员会、听证委员会进行调查核实，并召开司法听证会，教师可以自己辩护或指定他人为其辩护。听证委员会在此基础上审查解聘教师的理由，并向校长和董事会提交详细的事件调查报告和处理意见。第三阶段为公布处理结果阶段，董事会根据教师委员会、听证委员会的意见作出处理决定并加以公布。[1] 具体来讲有八个步骤：第一步，涉事教师预备诉讼；第二步，正式诉讼开始；第三步，暂停教师工作；第四步，组成听证委员会；第五步，委员会开展活动；第六步，听证委员会考虑处理事项；第七步，管理机构考虑事项；第八步，公开处理结果。其核心内容是要求大学严格履行解聘教师的工作程序，强调大学解聘教师必须经过教师委员会、听证委员会等代表教师利益的专业团体的调查核实，对解聘教师的每一条理由进行认真审查，并且举行听证会，真正发挥"教授会裁决"和"司法听证会"的作用，而不是大学董事会单方面就可以决定教师的去留。为了确保调查的公正性，《关于教师解聘过程程序标准的声明》规定，教师委员会以及听证委员会主要由大学教师中为人正直、工作能力强、受人尊重的专业人员组成，充分尊重被解聘教师的权利。《关于教师解聘过程程序标准的声明》为大学聘用、解聘、晋升教师提供了可操作的规范，有利于维护教师的合法权益，使得大学教师从可以被大学任意解聘的雇员，变成了必须有正当理由和合法程序才能被解聘的雇员。

---

[1] 张斌贤，李子江. 大学：自由、自治与控制[M]. 北京：北京师范大学出版社，2005：162.

3. 1964年《关于不续聘通知标准的声明》

1964年出台的《关于不续聘通知标准的声明》对1940年声明中“如试用期后不再续聘，则至少提前一年予以告知”的内容进行了补充，为在较短期内教师不再续聘问题提供了操作标准，具体有以下三点。第一，如果聘约结束于该年末，最迟不得晚于该年3月1日予以通知；或者如果一年期聘约期满于一学年中间，最迟在聘期结束前三个月予以通知。第二，如果聘约结束于该年末，最迟不得晚于第二学年的12月15日予以通知；如果第一个两年期聘约期满于一学年中间，最迟在聘期结束前六个月予以通知。第三，于所在院校中任期两年或两年以上的聘约，最迟在聘约期满前十二个月予以通知。[1] 1958年和1964年的声明完善了1940年原则声明的有关内容，使原有内容更加规范和具有可操作性。

4. 1970年《解释性说明》

1969年美国大学教授协会和美国大学协会就1940年原则声明举行了联合委员会会议。会议重新评价了1940年原则声明的核心条款，认为时过近30年，需要根据时代需要予以调整。在一系列联合研讨之后，于1970年发表了《解释性说明》，对教授的工作作了八点补充性规定。

> (1) 教授有责任以严谨的自律与智力上的诚信方式探求真理，教授的其他旨趣决不能妨碍其探究的自由。
>
> (2) 教授必须尊重学生，并模范地为之服务。他们务必评价公正，保守学生的隐私，并维护学生的学术自由。

---

[1] 王全林. 精神式微与复归——“知识分子”视角下的大学教师研究[M]. 南京：南京师范大学出版社，2006：206.

(3) 教授同行间的批评须事关学术事务，并以一种得体的方式表达彼此的见解与发现。

(4) 除非发现其有不当之处，教授必须遵守所在院校的规章制度，他们必须成为称职的教师与学者。

(5) 当教授以个体公民身份表态时，其言行不能给人以代表所在院校的印象。

(6) 教授可以自由地提出其所发现的真理，但必须同时提出其对立的观点，并不得涉及无关的观点与材料。

(7) 除非退休或遭解聘，通过试用期后的全日制教授的终身职位受到保证。解聘的事由有三：财务危机，不能胜任，或道德卑鄙。

(8) 只要其能维持作为一个教师与学者的能力，终身职位可持续顺延。[1]

不难看出，上述前六条在学术方向、师生关系、同事关系、遵守规章制度、言论自由和表达学术观点等方面对教师提出了要求，最后两条则重申终身教职制度的重要性。

从 1940 年的原则声明到 1970 年的《解释性说明》，美国大学教授协会通过一系列声明赋予了大学教师充分的学术自由权利：教师有权探索知识，不管这种探索可能导向哪里，但同时又有责任完全地和准确地报告研究成果；教授有在其观点和材料不受审查的条件下执教的权利，只要不超出大家公认的其所属的专业领域；教授有不受束缚地在公共场合发表意见的权利，只要以个人的名义而不是作为其所属大学的

[1] 王全林. 精神式微与复归——"知识分子"视角下的大学教师研究[M]. 南京：南京师范大学出版社，2006：206－207.

代表。[1]

（二）大学教师学术权利的调查行动

在制定并发布声明的同时，美国大学教授协会也参与维护大学教师学术权利的各种实践。美国大学教授协会通过发布公告的形式引起人们对大学教师群体的关注，向公众宣传、解释学术自由与终身教职的有关原则及其意义，引导公众理解大学教师职业并形成良好的态度，进而支持学术自由和终身教职。同时，美国大学教授协会专门在学术自由与终身教职委员会下设特别调查委员会，而且在全国各地建立分会，负责听取教师们的申诉，调查取证，撰写调查报告，制止和处理侵犯学术自由的行为，对违反学术自由与终身教职聘任原则或者没有履行解聘教师正当程序的学校进行公开谴责，捍卫学术自由和终身教职。1915年到1955年的40年间，协会帮助数十位大学教师维护了学术权利和尊严，其组织威信不断提高。

随着民主思想的普及，大学教师参与院校管理的呼声越来越大，美国大学教授协会努力为大学教师争取管理权。1966年美国大学教授协会颁布了《关于学院和大学管理的声明》，强调加强教师、校长、董事会之间的沟通和理解的重要性，指出学校在制定重要政策以及采取重大举措时，要保障教师参与学校管理的民主权利。此后，美国大学教授协会逐渐接受并吸纳了集体谈判制度以维护教师权益。1966年，纽约圣约翰大学的教师举行集会，抗议校方无视终身教职和学术自由，擅自解雇20位教师。[2] 美国大学教授协会和美国教师联合会（American

[1] 许迈进. 美国研究型大学研究——办学功能与要素分析[M]. 杭州：浙江教育出版社，2005：114.
[2] LEVINE M J. Higher Education and Collective Action[J]. The Journal of Higher Education, 1967 (5)：263 - 268.

Federation of Teachers)联合起来为该校教师集体谈判，经过协商，最终与校方达成协议，恢复了被解聘教师的职务。这一时期，美国大学教授协会的不懈努力换来了丰硕成果：20 世纪四五十年代，大学解聘任何教授都必须经过教授会成员听证会；第二次世界大战后，终身聘任制在各类院校普遍推广，不仅研究型大学的教师能够享有，而且以教学为主的一般文理学院甚至社区学院的教师都有机会获得。终身聘任制逐步成为美国大学受到法律保护的教师聘用制度，也使得学术自由思想在美国得以制度化，成为大学教师学术专业发展的一道保护屏障。

美国大学教授协会在成立之初仅有会员 867 人，1951 年增加到 34 000 人，1972 年则增加到 97 102 人。尽管会员众多，但是协会收取的会费“少得可笑——每年 5 美元”。[1] 美国大学教授协会以学术自由的观念为基石，发展成为保障大学教师权益的自我保护型组织，使得大学教师的学术活动得到了专业组织上的保证。

三、其他大学教师专业组织

除美国大学教授协会外，还有其他维护教师利益的学术团体。如美国教师联合会(American Federation of Teachers)、美国全国教育协会、美国公民自由联盟(American Civil Liberties Union)等。20 世纪 60 年代初，美国教师联合会开始吸纳大学教师会员，通过集体谈判、罢工等形式为大学教师争取利益。美国全国教育协会专门成立初级学院教师联合会，为教师争取管理权。1945 年，美国全国教育协会成立高等教育部。到 1951 年，高等教育部在短短六年内就吸纳了 1.5 万名会员，主要工作是保护大学教师的学术自由。1969 年，美国高等教育协会

[1] LEVITAN S A. Professional Organization of Teachers in Higher Education[J]. The Journal of Higher Education, 1951(3): 128.

(American Association for Higher Education)从全美教育联合会中独立出来，为教师个体发展提供学术方面的支持。1954 年，美国公民自由联盟的学术自由委员会起草了报告《大学教师正当程序》，报告的副标题为"教育机构在处理学术自由事件时应该履行的程序的声明"，第一次全面阐述了"大学教师正当程序"的概念。[1] 这些组织都代表了大学教师的利益，努力为教师谋求经济待遇和工作条件的改善，提升教师职业的社会地位，增强教师的专业认可度。在解聘教师的问题上，如果校方最终还是决定解聘教师，而教师对此仍然持有异议的话，那么教师可以寻求各种专业团体来保护自己的权益不受不当侵害。美国大学教授协会、各种专业学术团体（如美国历史协会等）都会影响校方的决策。

第四节

美国大学教师发展的历史经验

美国大学教师发展在"黄金时代"积累了一定的历史经验，主要包括以下几点。

一、教学与科研相结合

在大学教师的学术专业生活中，由于研究的比重越来越大，教学不

[1] 张斌贤，李子江. 大学：自由、自治与控制[M]. 北京：北京师范大学出版社，2005：162.

再成为教师职业活动的中心。因为科研能够带来高薪水、高职位和荣誉，大学教师把更多的时间花在科研活动上，他们更关注学科领域的发展，用让学生背诵的方式应付教学。[1] 这种“重科研，轻教学”的局面提高了研究生教育的质量，但同时导致教师们再也无法像以往那样把力量集中在本科生的教育上，本科生教育普遍贬值。教师队伍中出现了三类人员：专门从事研究的人员，专门从事教学的人员，以及既搞研究又搞教学的人员。[2] 20 世纪 60 年代初，美国著名高等教育家克拉克·克尔就在思考平衡教学和科研的问题。他在《大学的功用》一书中提出：怎样充分认识教师的教学水平和科研成果？怎样创造一种既满足学生需要，又符合教师研究兴趣的课程？怎样使教育政策再次成为教师最关心的问题？等等。这些问题引起众多高等教育工作者的关注。

戈达德学院是一所小规模的文理学院。1956 年春，该学院在艾略特·普特拉基金的支持下，启动了为期一学期的教学研究。学院几乎所有教师都主动配合并参与教学研究，他们提出关于研究领域的建议，进行课堂教学观察。通过这项研究，教师对教学有了更深、更全面的理解，并在实践中不断改进自己的教学活动。

教学和科研是相辅相成的。只有教学改进了，才能培养出更多各个领域的合格的研究者，进而推动科研发展。[3]事实上，提高科研数量以及质量的唯一途径就是改进教学过程，没有第二种方法可选择。[4] 反之，科研成果能够通过教学及时传递给学生，接受学生的检验。在教学讨论的过程中，教师能够对研究产生更深入的认识，同时用科研成果支撑教学，使学生紧跟学术发展的方向。一位积极的大学教师在课堂

[1][3][4] SPALDING W B. The Professor as an Educator[J]. The Journal of Higher Education, 1950(6): 323-328.

[2] Clark Kerr. 大学的功用[M]. 陈学飞，等，译. 南昌：江西教育出版社，1993：27.

上带给学生的不仅仅是已有的知识，还包括在发现和解决问题的过程中的积极探究，以及逻辑思维的程序、纪律感和为知识的奉献精神。[1]古斯达夫逊(Reuben G. Gustavson)是一位化学家，也是一位出色的教师。在从政前25年的学术生涯中，他把教学和科研相结合，充分体会到其中的无穷乐趣。他说：“使学生和教师一起拓展知识的领域不需要花太多的时间。在教学中，他们可以选择问题作出解答或者合作学习寻找答案。科学知识的教授和学习能够促使教师和学生建立良好的关系。”[2]对此，芝加哥大学前任校长列维(Edward Levi)认为，构思正确的研究就是最高形式的教学，教学创新和研究创新之间有着非常紧密的联系。从科研中，教师体会到的是学术之乐，而从教学中，教师能够体会到为人师的成就感。教学和科研相结合，是改变教师知识结构、提高教学质量和学术水平的有效途径。

二、保护学术自由

学术自由是大学教师进行学术研究和探索真理的必要条件，是确认学者身份的显著特征，是大学教师独特生活方式的思想精髓。大学教师享有研究的自由和教学的自由，在教师聘任、晋升或解聘等方面享有发言权以及集体自治权等。斯坦福大学荣誉校长杰拉德·卡斯帕尔(Gerald Casper)教授指出，大学的学术自由可能会受到来自三个方面的挑战。[3] 一是来自政府的挑战。政府资金是十分重要的，但一个基本前提是，政府要尽可能地远离大学事务。各地的政府和行政机构都可能使新思想窒息，大学的成功不可能根据政府计划而制造出来。世

[1] ARDEN E. Great Scholar, Great Teacher: One and the Same[J]. The Journal of Higher Education, 1964(3): 150-153.
[2] MOUSOLITE P S. The Professor[J]. The Journal of Higher Education, 1961(6): 323-328.
[3] 王冀生. 大学之道[M]. 北京：高等教育出版社，2005：140.

界上最强大的大学就是那些能够得益于政府给予充分自主权的大学。二是来自政治的压力。学术自由的支持者还要注意大学自身成员出于政治目的对大学的损害（指大学的公开政治化和遵循所谓的“政治正确”的压力）。三是来自学术权威的压制。学术自由不仅会受到政府的威胁，还会受到学术组织本身的威胁。这些组织一开始持有一种特定的观点，然后就倾向于压制其他观点的兴起，因为大学中居主导地位的学者会把持权力，压制新观点兴起。美国高等教育实行地方分权管理体制。自治，即不受政府控制。这是美国高等教育的一大特点。第二次世界大战后，虽然联邦政府和州政府对大学的影响不断扩大，但是美国大学仍然具有很强的独立性。这是因为大学经费来源多元化，政府的影响主要局限于科研领域。同时，大学的自由受到宪法保护，大学和政府的关系在法权意义上是作为平等主体的“契约”关系，这种“契约”关系赋予大学以自我管理内部事务的权力，政府高等教育管理权的行使必须以尊重与维护大学的自我管理权为前提。因此，政府的干预是有限的，即使是由州政府直接资助的州立大学，也可以在州或有关部门确定的总体政策和计划的框架内享有高度的办学自主权。大学的本质是自由地探求知识，大学教师在独立自治的大学中可以免受种种外来的干涉，享受最大限度的学术自由。“从理论上说，大学自治是与学术自由相伴生的一种行为。如果把大学自治视为学术自由的初始行为的话，那么学术自由则是大学自治所孜孜追求的目的。”[1]20 世纪 50 年代，美国最高法院几宗关于学术自由的判例为当时结束麦卡锡主义的政治迫害提供了法律依据，使得大学教师的学术自由不再游离于法律边缘，赢得了美国民众的尊重。而美国大学教授协会通过推行终身教

[1] 王保星.美国现代高等教育制度的确立[M].石家庄：河北教育出版社，2005：337.

职制度、制定解聘程序，使得教师的学术自由在大学落到了实处，特别是终身教职制度的普遍实施成为美国大学确保教师学术自由的主要经验，终身教职制度已经成为美国学术肌体中不可或缺的一个组成部分。它的生命是独立的，是成就和资历的象征。[1] 在大学内部，教授评议会的创建使得教师有权摆脱行政部门和公众试图强加于他们的束缚，不受行政部门及其他学院、团体或者学生的影响，在完全自由的氛围中进行教学和科研。第二次世界大战后至1970年，从大学到国家，学术自由的保护体系不断健全；美国大学最大限度地保证了教师在从事理论研究和学术事业时的完全自由，“他们可以毫无偏见地寻找真理，不在乎最终的结果”[2]。

三、竞争与合作相结合

第二次世界大战结束至1970年，美国大学教师之间的竞争日益激烈。这主要体现在职位晋升、终身教职授予、学术地位排名等各个方面。明星教授制度是院校之间激烈竞争催生的现象，但同时，它也加剧了教师之间的竞争。要在哈佛大学当教授，竞争是非常残酷的，基本条件是拥有美国顶尖大学的博士学位，而即便有了学位，成功的概率也可能只有五万分之一。竞争能够促进大学教师学术专业发展，繁荣学术；竞争防止自满，激励着教师在学术专业上追求卓越和变革。然而，竞争容易使大学教师各自为政，缺乏共同的学术理念。因此，在竞争的同时，美国大学教师的合作也很多见。美国大学在鼓励教师竞争的同时，注意营造公平的竞争环境，摒弃论资排辈的做法。例如，教师在专业组织的引领下定期进行学术研讨；大学与研究所合作开展科研；

[1] 唐纳德·肯尼迪. 学术责任[M]. 阎凤桥，等，译. 北京：新华出版社，2002：166.
[2] 威廉·墨菲，D. J. R. 布鲁克纳. 芝加哥大学的理念[M]. 彭阳辉，译. 上海：上海人民出版社，2007：126.

大学承揽科研项目，把不同系别、学科的教师召集在一起进行研发；联邦政府把来自不同大学相同专业的大学教师集中起来攻克学术难关；在院系内，老教师和中青年教师合作等。一般院系都有若干学术讨论小组，定期或不定期地开展学术交流活动。学术讨论小组对学术领域的新问题、新动向和新发展十分关注，及时向其成员推荐该领域最新的学术著作和论文，并对重要问题组织探讨，鼓励与会教师自由发表见解。竞争与合作相结合，大学教师在和同行来往的过程中寻找到学术专业发展的契合点。竞争和合作共同推动着大学教师的学术专业发展。

位于宾夕法尼亚州南部的匹兹堡大学成立了学科学术学院，由人文学科、自然科学和社会科学三个组成部分。不同学科的教师聚集在一起开展学术讨论等，以促进其专业发展。一些大学专门成立研究所、实验室和研究中心，吸收不同学科教师参加。

各种科研组织的成立为大学教师进行学术合作提供了场所。芝加哥大学与研究所合作研发，曾任芝加哥大学校长的赫钦斯即谈道："研究所的主管和成员们同我校教师在实验室、办公室和午餐桌边会面并就相关问题交换意见。这种交换意见的方式是大学所特有的。"[1]劳伦斯伯克利国家实验室的建立使加州大学伯克利分校发展成为科学研究的中心。联邦政府对劳伦斯伯克利国家实验室进行大量投入，包括研究资金和实验设备。从 1947 年起，劳伦斯伯克利国家实验室的回旋加速器不仅变得越来越大，而且变得越来越复杂。1948 年，该实验室安装了电子束同步加速器和质子线性加速器。1954 年又安装了高能质子同步稳相加速器。1957 年增加了重离子线性加速器。1962 年，在原来

[1] 威廉·墨菲，D. J. R. 布鲁克纳. 芝加哥大学的理念[M]. 彭阳辉，译. 上海：上海人民出版社，2007：111.

的基础上进一步更新设备，安装了88英寸旋转式回旋加速器。设备的不断更新换来了上百种人工放射性同位素的发现。比如，1948年，科学家们用184英寸加速器获得了人工介子；1954年，用高能质子同步稳相加速器发现了反质子和反中子；1965年，用更为先进的设备，几乎发现了大约80个核粒子的1/3，为人类对物质的理解带来了一场革命。[1]这些重大发现都是跨学科研究的成果。1947年，加州大学伯克利分校在加州政府的支持下，成立了运输与交通工程研究所，对高速公路的设计、运行和管理进行相关的研究。由于联邦政府经费投入不断增长，大学中有组织的研究机构不断增加，到1966年，加州大学已经拥有131个这样的机构。它们研究的问题从核废料的管理和环境保护到佛教，从生化武器到舞蹈艺术，几乎无所不包。而其中的研究人员除了本校的教师外，也有来自外校甚至其他国家的访问学者。

20世纪60年代中期，美国高等教育出现了院校间教师合作的现象，如美国南部和北部院校交换教师项目。这种师资交换项目有以下三种形式。第一种，南北高校分别派出各自的优秀教师，而南部院校的教师既是教师也是学生（南部院校的师资水平一般）。第二种，南北高校分别派出各自的优秀教师交换角色。第三种，南部院校的弱势学科教师交换北部院校的优势学科教师。[2]这样的教师交流项目无疑促进了南部院校教师的学术专业发展，对北部院校师资的学术专业发展也不无裨益。再如，1947年，哈佛大学商学院与麻省理工学院两家学术机构联合组成美国研究与发展公司，两所学校的行政人员、教师和研究生共同构成了公司的员工和顾问群体。哈佛大学商学院贡献组织与金

[1] 马万华.研究型大学建设：伯克利加州大学成功的经验和面临的问题[J].清华大学教育研究，2005(3)：1－7.

[2] ROSE H M. Teacher-Exchange Programs[J]. The Journal of Higher Education，1966(6)：321.

融方面的专家及其在商业界良好的信誉，麻省理工学院则提供具有技术背景以及有技术和公司创建潜力的人才。竞争与合作相结合，在尊重、保持大学教师个人特色的基础上进行更高一级水平的合作，能够更广泛、更深入地推动教师的学术专业发展。

第三章

“危机时代”：美国大学教师发展制度的调整（1970年至1985年）

如果说第二次世界大战后到20世纪70年代前的这段时间是美国高等教育发展的“黄金时代”，那么到了20世纪70年代，美国高等教育则步入“危机时代”。这一时期的美国处于一个变化无常、灰心丧气和充满怀疑的动乱时代。经济危机、社会危机和公众信任危机同时笼罩着整个国家，而高等教育受到整个社会大氛围的影响，也是危机重重。美国大学教师发展步入“危机时代”。

第一节

美国高等教育发展的社会基础

“危机时代”的美国高等教育发展在饱受各种外部社会危机影响的同时，也受到肯定性行动计划、“学生消费者至上”观念和妇女解放运动等的直接影响。

一、美国高等教育发展面临的新危机

（一）三大社会危机的产生

20世纪五六十年代，美国经济一直处于高速增长阶段，但到了60年代末，联邦政府长期推行的“反危机”政策走向反面，使得美国经济陷入“滞胀”危机。从1969年第三季度开始，美国的国民经济发展增长率开始减缓，其连锁反应就是美国企业缩减生产规模和投资，失业大军不断扩大。虽然1969—1970后经历了短暂的经济增长，但在1973年世界能源危机的冲击下，1974 年又陷入经济危机的泥沼。经济危机期间，美国国民生产总值下降了 8.2%，工业产值比危机前的高点下降了 15.3%，固定资本投资缩减了 23.6%。[1] 20 世纪 70 年代，尼克松、福特、卡特政府虽然都交替采用"反衰退"和"反膨胀"两种手段，但都无济于事，美国国内出现了财政赤字高、外贸逆差高、国家债务高，而美元比价低的"三高一低"的局面。美国经济的不景气状况对社会各领域产生了或多或少的影响，其中高等教育领域受害颇深。

1968 年左右，美国高等教育财政入不敷出的情况就已经出现。1970 年，几乎每种大众杂志都认为高等教育处于财政不景气中。美国学者凯特(E. F. Cheit)在其 1971 年出版的《高等教育的新萧条》一书中指出："在十年的建设、扩展和承担新的职责以后，如今的高等教育事业呈现的完全是另一种发展趋向。目前，各种报告、规划和决策都集中于资金的重新分配、削减、调整，甚至于为学校的生存而奋争。仅仅在几年以前，新的学院或大学校长的主要目标还是为建设学院制定种种发展规划，而今天的新校长很可能发现，不断恶化的财政条件迫使他首先是要缩减学校的各种计划，甚至于学校的规模。"[2]到 1973—1974 学年的时候，美国几乎所有高校都在采取诸如缩减机构、裁减教职人员、暂停聘任和晋升工作、撤销系科和停止新的教育计划等方法来缩减支出。一些学校被迫廉价出卖资产，清仓查资，推迟增加教职人员的工资，以及大幅度提高学杂费等来增加收入。尽管如此，从 1960—1970 学年到 1974—1975 学年，仍有 132 所高校被迫关门，其中 104 所为私立学校。[3]

---

[1] 陈宝森，等.美国经济周期研究[M].北京：商务印书馆，1993：157－158.
[2] 转引自：陈学飞.美国高等教育发展史[M].成都：四川大学出版社，1989：173.
[3] 陈学飞.美国高等教育发展史[M].成都：四川大学出版社，1989：173.

美国的经济危机使美国高等学校陷入了财政紧张的尴尬境地，而当时的社会危机和公众信任危机则更使美国高等学校雪上加霜。美国介入越南战争给美国政治、经济、人民生活带来了严重的后果。反战示威运动和当时风起云涌的民权运动、妇女运动及学生运动将美国高校推进社会危机的漩涡。同时，该时期公众对高等教育的态度发生了变化，人们对高等教育不再抱有幻想。1957 年 10 月 4 日，苏联第一颗人造地球卫星的成功发射促使美国民众开始思考高等教育与国防科技和经济发展的密切关系，一定程度上促进了美国高等教育的大发展。但 20 世纪 60 年代末的高校学生运动及一系列的暴力事件将人们对高等教育抱有的幻想彻底摧毁。在各种因素的影响下，公众对军事、福利、卫生保健等公共事业持积极态度，但对于除此以外的政府开支普遍持否定态度。

（二）高校学生增长速度放缓

20 世纪 70 年代，美国在册高校学生年增长率出现停滞和下降的趋势，由 1960—1965 年高峰年间的 10.6%，下降到 1965—1970 年间的 7.7%和 1970—1975 年间的 5.4%，并在 1975—1980 年的短短几年内下降到 1.6%。[1] 造成这种局面的原因有三。一是该时期整个高等教育系统处于发展的低迷期，劳动市场不景气、大学授予文凭普遍贬值的现实摧毁了渴望通过接受高等教育以寻求一份满意工作的人的梦想。二是学术职业严重萧条，大学教师的经济、社会地位相对于 20 世纪五六十年代呈下降趋势，对有志于学术专业的优秀人才富有吸引力的教师工作环境及工作保障也受到了侵蚀，学术专业的吸引力严重下降，这

[1] 陈学飞. 美国高等教育发展史[M]. 成都：四川大学出版社，1989：176.

也使一部分人放弃了接受高等教育的机会。而1973年美国义务兵役制度终止，使得一大批青年人因服兵役而无法进入高等学校学习。[1]三是进入高校的适龄人口比例下降。18—19岁和20—21岁的大学生占同龄人口的比例，1970年分别为35.0%和25.1%，到了1980年则分别下降为28.8%和23.8%。[2]

众所周知，20世纪五六十年代是美国高等教育大发展时期，高等学校的数量在该时期有较大幅度的增长，经过正式鉴定认可的高等学校数由1958年的2 011所增加到1968年的2 483所。[3]此外，高等学校的规模也极大扩张，美国高校平均拥有学生数由1951年的1 134人、1955年的1 428人扩大到1968年的2 790人。[4]大扩张时期购置的大量硬件设施到了20世纪七八十年代恰恰处于维修保养期，但财政紧张却限制了高校对这些硬件设备进行维修。由此就形成了一种非常尴尬的局面：一方面，教育资源过剩；另一方面，大多数资源因缺乏应有的维护而丧失其原有的效用。20世纪70年代开始，面对入学人数增长率的下降，各高校及各系科之间必然会因为争夺生源而产生激烈的竞争。

二、肯定性行动计划与美国高等教育多元化

内战结束后，美国黑人在法律意义上获得了解放，但其社会地位、经济状况并没有得到实质性的改善。与白人相比，黑人在经济、就业和教育上仍然处于不平等的地位。而第二次世界大战后，美国经济的繁

[1] 美国长期以来实行战时以征兵为主，平时以募兵为主的征兵制度。1940—1972年一直实行义务兵役制，该制度规定，大学生可免服兵役。1973年，美国政府取消义务兵役制，改为实施募兵制，招募对象为17—24岁的美国青年，大学生不在免服兵役的范围之内。此制度的实施，成为20世纪70年代美国高校大学生增长速度放缓的原因之一。

[2] 陈学飞.美国高等教育发展史[M].成都：四川大学出版社，1989：176.

[3] 同上：162.

[4] 同上：163.

荣也几乎没有给黑人带来任何实际的利益，黑人和其他少数族裔的就业、教育状况仍然与白人存在着很大的差距。肯定性行动计划正是为了解决这种民族之间的差距而实行的一种补偿性计划。

"肯定性行动"一词最早出现于 1935 年的《国家劳工关系法》，当时意指禁止私营企业主歧视工会会员。罗斯福在 1941 年的 8802 号行政命令中禁止国防承包商在雇人时因种族、肤色、信仰及原籍而表现出歧视，并成立公平就业委员会对未遵守规定的承包商及有关种族歧视事件进行调查，同时希望在工厂的订单中，黑人订单能占一定比例。

肯定性行动计划是美国政府为改善少数族裔和妇女的社会经济状况，以最终消除就业和教育领域的种族歧视及性别歧视而采取的一种补偿性计划。该计划以总统行政命令的形式颁布实行，即肯迪尼总统 1961 年签署的总统第 10925 号行政命令。它要求政府合同承包商采取肯定性行动，为少数族裔提供更多工作机会，不得有种族、信仰、肤色方面的歧视。其后，约翰逊总统执政期间又颁布了一系列旨在帮助长期受到歧视的少数族裔和妇女的肯定性行动法案。具体而言，就是在升学、就业、晋升、颁发奖学金以及接受政府贷款和分配政府合同时，在竞争能力和资格基本相同或相近的情况下，非裔、印第安人、拉美裔和亚裔以及妇女有被优先录取、录用、晋升或优先得到贷款和政府合同的权利。1969 年，尼克松总统任命的劳工部长开创了后来引起极大争议的硬性定额制度，进一步推动肯定性行动计划，即公立大学在招生时，必须招收一定比例的少数族裔和女性学生；政府部门必须雇佣一定比例的少数族裔和女性职员；一定比例的政府商务或工程合同应当优先给予少数族裔或女性投标人。[1]

[1] 吴丽萍."肯定性行动"的得失——小议美国校园文化多元性的实现[J].科教文汇(下半月)，2006(12)：16.

肯定性行动计划关于少数族裔及妇女在教育、升学方面的规定给高等教育带来了重大的变化。这一计划对有限的教育资源进行了重新分配，高校招生时会优先考虑黑人及少数族裔学生，他们的录取意味着某些白人学生的落榜。举例来说，若一个白人和一个黑人各项成绩相当，校方会优先录取黑人；更有甚者，由于硬性定额制度，即使某白人学生的各项指标均高于某黑人，若黑人名额未达到而白人名额已满，这个白人学生仍无法被录取。因此，许多白人学生的族裔反而成了入学障碍。并且，这一优惠政策的受益群体也越来越大，非裔、拉美裔、亚裔申请者都因其种族背景而获得了进入名校的机会。于是，白人感觉受到了不公平待遇，受到了“逆向歧视”，反对肯定性行动的声音开始出现，比如曾轰动美国的马科·德弗尼斯(Marco Defunis)诉华盛顿大学一案。[1]

肯定性行动计划的实施使得少数族裔及女性中接受过高等教育的人数比例上升。这彰显了教育的民主与进步，使得高等教育系统的教师和学生类型都更加多元化，并且促进了美国校园文化的多元化。同时，它也带来了一系列的问题，其中最富有争议性的问题便是平等与质量的关系。当时，许多人质疑高等教育的质量，认为高等教育质量较前一时期显著下降。该争议是 20 世纪 70 年代美国大学教师学术专业发展注重教学性学术的重要原因之一。

三、“学生消费者至上”观念对高等教育的冲击

克拉克·克尔在为戴维·里斯曼(David Riesman)《论高等教育》

[1] 1974 年，白人学生马科·德弗尼斯在其入学分数比所有进入华盛顿大学法学院的黑人学生都高的情况下，被校方拒绝了入学申请。学校在招生时执行了肯定性行动计划中的有关规定，实行配额制，即给黑人学生预留了一定比例的名额。马科·德弗尼斯认为，华盛顿大学法学院为能使黑人学生入学而降低了学校招生的遴选标准，从而构成了对其他合格白人学生的“逆向歧视”。他以此为由控告华盛顿大学。美国最高法院的大法官们虽然也认为该白人学生的控诉理由——“逆向歧视”不能成立，但仍然裁决该学生胜诉，要求华盛顿大学法学院录取马科·德弗尼斯。美国最高法院依据的理由是，该白人学生的成绩高于同等条件的黑人学生。

一书所作的序言中写道，1968年，戴维·里斯曼和克里斯托弗·詹克斯(Christopher Jencks)合著的《学院的革命》主要描述了一个多世纪的时间里教授霸权的逐渐扩张，而《论高等教育》这本书则主要论述了20世纪60年代末到80年代教授影响力的下降及“学生消费者至上”观念的兴起。[1]

20世纪70年代，美国高等教育面临财政危机、高校学生增长速度放缓和教育设施在一定程度上过剩的尴尬局面，加之非教育组织向社会提供了大量的中学后教育，各高校的情况更是雪上加霜。为求生存，各校采取缩减机构、裁减教职人员、暂停聘任和晋升等方式节省开支。同时，高等学校之间、各系科之间不但在争取财政资源上展开了激烈的竞争，他们对于学生的竞争也日益白热化。据卡内基高等教育委员会1978年的调查，约90%的大学校长认为高等学校之间对于学生的竞争非常激烈。[2] 而此种竞争形势导致了20世纪70年代以来学校与学生之间关系的重大变化，即所谓的“学生消费者至上”观念的出现。

里斯曼认为，所谓“学生消费者至上”，是以把学生与学校的关系作为买者与卖者为前提的，是一种注重和保障学生对学校权益(如获得知识权、对学校与专业的选择权、提出诉讼权、安全保障权等)的“市场管理哲学”。“学生消费者至上”主要表现在日益增加的学生对学院的诉讼和联邦政府通过加强对学校的控制以努力保护学生的利益。[3] “学生消费者至上”观念是美国高校应对财政危机、社会危机和公众信任危机的一种生存发展策略。该观念将原本为工商业所使用的销售技术运用到高等学校中，高校通过了解潜在的“顾客”群体及其所需要的服务

[1] RIESMAN D. On Higher Education: The Academic Enterprise in an Era of Rising Student Consumerism[M]. New Jersey: Transaction Publisher, 1998: 4.
[2] 陈学飞.美国高等教育发展史[M].成都：四川大学出版社，1989：177.
[3] 同上：178.

来调整本校的课程、课时安排及对学生的服务工作。同时，高校采取增加专职招生工作人员、扩大招生对象和范围、增加对学生的财政资助、扩充所需课程及发展校外和晚间或周末的方便教育计划等方式来维持与扩大生源规模。美国大学的学生结构发生了显著的变化，成人学生和非全日制学生增多。正是由于种种努力，20 世纪 70 年代，美国高校学生数量不但没有减少，反而有所增加。

“学生消费者至上”观念颠覆了传统的大学教师与学生的关系。大学教师的主导地位被师生之间的买卖关系代替。在财政紧张和适龄人口入学人数减少的情况下，各高校展开了对生源的争夺。为此采取的调整课程、课时及上课时间等措施对大学教师的生活和工作产生了重要影响。大学教师的教学必须满足学生消费者的需求，他们的教学方式、工作时间等都要随着学校所作的调整而改变。另外，学生对不同学科的偏爱也造成了不同学科教师境况的不同。任教于受学生欢迎学科的教师，地位、待遇和职业安全一般比较有保障，而任教于受学生冷落学科的教师，各方面的境况则较差。总体来说，“学生消费者至上”观念带来的大学教师地位、待遇等方面的变化给大学教师的学术专业发展带来了新的问题与挑战。

总之，20 世纪七八十年代是美国高等学校适应财政危机、社会危机、公众信任危机、学生生源危机而采取一系列措施求生存、求发展的时期。为应对危机，高等学校采取的种种措施导致其本身发生了巨大的变化，如削减了边缘项目，招收了更多少数族裔学生、女性学生及“非传统”学生，使得高等教育学生结构多元化；聘任大量兼职教师；为满足学生要求而改革教育课程等。高等教育的这些变化无疑给大学教师的学术专业发展带来了新的挑战。边缘项目的削减必然不利于原本负责这些项目的教师，降低了他们的工作满意度。其他为节省开支的做法，如兼职教师的大量聘任、实验设施的长久失修、图书馆图书的严重缺乏等，也严重影响了教师的工作环境。学生结构的多元化则对教师的传统教学方式和传统课程组织提出了挑战。

第二节
美国大学教师发展的外部挑战

20世纪七八十年代是美国高等学校在面对财政危机、社会危机和公众信任危机的情况下，采取一系列调整措施以求得继续生存和持续发展的时期。美国高等教育的巨大变化使美国大学教师的生活与工作境遇也产生了迥异于前一时期的重大变化，并给其学术专业发展带来了诸多挑战。

一、大学教师地位的变化

20世纪70年代开始，美国高等教育不但陷入了财政危机，同时也陷入了公众信任危机，各高校采取了减少或控制终身教师数量、延缓增加教师工资、拉大不同领域教师的工资差距、根据学生需要调整专业设置等措施以渡过难关，而这些措施无疑给教师带来了物质上和精神上的负面影响。有关调查显示，与20世纪60年代相比，20世纪70年代美国高校教师普遍感受到教师地位下降。这种地位上的变化可以从社会地位和经济地位两方面综合考察。

（一）大学教师的社会地位

从事学术职业的大学教师能够得到公众的尊重是他们的一项非常有价值的且重要的精神报酬。20 世纪 60 年代，美国高等教育得到优先发展，大学教师也受到更多的关注，其声望达到了历史高点。但步入 20 世纪 70 年代后，不少教师感觉到他们丧失了许多 60 年代享有的荣誉，不再像以前那样受到公众的关注与尊重。那么，教师的社会地位实际状况如何呢？我们可以从康涅狄格大学罗珀民意调查研究中心（Roper Center for Public Opinion Research at the University of Connecticut）发布的一些数据中得到信息。表 3－1 反映了 1976—1983 年公众对不同职业人群的信任程度。在被调查的 25 个职业人群中，大学教师排在第五位，可谓名列前茅，且从 1976 年的 44％和 1979 年的 42％上升到 1981 年的 45％及 1983 年的 47％。由此可见，相对于其他职业来说，大学教师在公众心目中的地位并非他们感觉的那样糟糕。同样，在表 3－2 中，由公众对高等教育事业的信心排在第一位也可推出类似结论。那么，为什么多数大学教师会感到在公众心目中的地位下降呢？其实，这存在一个对比角度问题。从职业比较上来看，大学教师确实受到公众较多的关注与信任，但对比不同时间段（见表 3－2），公众对从事高等教育事业者的信心从 1966 年的 61％下降到 1971 年的 37％，并且此后一直在一个较低水平徘徊。这正是多数教师感到社会地位大不如前的重要原因。

表 3－1　不同职业从业者诚信和道德标准“非常高”和“高”的比例

职　业	1976 年	1979 年	1981 年	1983 年
牧师	—	61％	63％	64％
药剂师	—	—	59％	61％
医生	56％	51％	50％	52％

续 表

职 业	1976年	1979年	1981年	1983年
牙科医生	—	—	52%	51%
大学教师	44%	42%	45%	47%
工程师	49%	46%	48%	45%
警察	—	37%	44%	41%
银行家	—	39%	39%	38%
电视记者、评论员	—	—	36%	33%
丧葬承办人	—	26%	30%	29%
新闻记者	33%	32%	32%	28%
报社记者	—	—	30%	26%
律师	25%	26%	25%	24%
证券经济人	—	—	21%	19%
商业主管人员	20%	19%	19%	18%
参议员	19%	19%	20%	16%
建筑承包人	23%	18%	19%	18%
地方行政官员	—	14%	14%	16%
国会议员	14%	16%	15%	14%
房地产经纪人	—	13%	14%	13%
州行政官员	—	11%	12%	13%
保险事业承揽者	—	15%	11%	13%
工会领导者	12%	13%	14%	12%
广告业者	11%	10%	9%	9%
汽车销售员	—	8%	6%	6%

资料来源：BOWEN H R，SCHUSTER J H. American Professors：A National Resource Imperiled[M]. New York：Oxford University Press，1986：131.

表 3-2 美国公众对不同领域职业"非常有信心"的比例

职业领域	1966 年	1971 年	1973 年	1975 年	1977 年	1979 年	1981 年	1983 年
高等教育	61%	37%	44%	36%	37%	41%	34%	36%
军事	62%	27%	40%	24%	27%	29%	28%	35%
美国最高法院	50%	—	33%	28%	29%	28%	29%	33%
医学	73%	61%	57%	43%	43%	30%	37%	30%
电视新闻	25%	—	41%	35%	28%	37%	24%	24%
白宫	—	—	18%	18%	31%	15%	28%	23%
联邦政府行政分部	41%	23%	19%	13%	23%	17%	24%	—
有组织的宗教团体	41%	27%	36%	32%	29%	20%	22%	23%
国会	42%	19%	29%	13%	17%	18%	16%	20%
新闻界	29%	18%	30%	26%	18%	28%	16%	19%
主要公司	55%	27%	29%	19%	20%	18%	16%	18%
州政府	—	—	24%	—	18%	15%	—	18%
地方政府	—	—	28%	—	18%	—	—	18%
法律事务所	—	—	24%	16%	14%	10%	16%	12%
工会	22%	17%	20%	14%	14%	10%	12%	10%
华尔街	—	—	—	—	—	—	12%	—
广告公司	21%	—	11%	7%	7%	11%*	—	—

* 此处是 1978 年的数据。

资料来源：BOWEN H R, SCHUSTER J H. American Professors: A National Resource Imperiled[M]. New York: Oxford University Press, 1986: 132.

当然，教师地位的变化不仅表现为公众对其态度的改变，也体现在教师经济收入的变化上。事实上，教师经济地位的下降强化了教师社会地位下降的感觉。

（二）大学教师的经济地位

待遇是组织给予员工的报酬，一般由薪资、员工津贴、非经常的财务报酬、非金钱的报酬等四个要素构成。教师待遇是指教师从事教学、科研、社会服务等活动所获得的劳动报酬。广义而言，这一报酬分为内在报酬和外部报酬。前者是教师个体心理、精神层面的附带报酬，如成就感、满足感和荣誉感等；后者是教师个体获得的直接的、一般的财务性的报酬，如年薪、奖金、福利等。狭义上讲，待遇仅指教师的外部报酬。[1]

1955—1970 年，由于美国经济繁荣发展，政府采取优先发展高等教育的方针政策；公众将国防技术、经济发展、科技进步和其他紧迫的社会问题的解决与高等教育的发展紧密联系起来，对高等教育倍加关注与信任；再加上这一时期学生数量的增加，高等教育处于发展的“黄金时代”，学术事业繁荣兴盛，大量有才能有抱负的年轻人成为大学教师。但是从 1970 年开始，美国高等教育进入了财政紧张期，教师的工资待遇下降，工作条件也明显恶化，学术职业对有志于学术事业的优秀人才的吸引力显著下降。

由于美国高校类型的多样，教师工资合同有 9 个月和 12 个月合同之分，教师类型多元及不同专业的教师赚取额外收入的机会不同，美国高校教师的收入评估是一件非常复杂的事情。但由于财政紧张和通货膨胀等因素，高校教师的绝对经济地位和相对经济地位都有所下降是不争的事实。

1. 薪酬概况

美国高校教师的薪酬（compensation）主要包括两部分：工资

[1] 裴雅勤. 美国大学教师待遇及其决定[J]. 内蒙古科技与经济，2008(8)：320-322.

(salary)和补助(benefits)。前者以9个月的工作合同为基础计算，但通常分12个月发放。后者主要是各种福利性补助，包括退休金、医疗保险、社会安全保险、失业保险、学费、群体生活补贴、残疾补贴、实物补贴等。[1]

要了解美国大学教师的经济地位，就必须对作为教师收入主体的工资水平和福利性补助水平有个清晰的认识。由于通货膨胀、物价上涨等因素，教师工资绝对数字的增长可能不足以说明教师经济地位的变化，而扣除掉诸种因素的教师实际工资(教师购买力)的变化及教师收入与其他职业人员工资相比的结果，则对阐明教师经济地位的变化比较有说服力。

(1) 工资的相对水平

美国高校普遍实行年薪制，一般来说，教师工资每年都会自动增加，以适应物价指数的上涨。根据物价变化调整后的美国高校教师的实际工资在20世纪60年代得到了很大的提高，但到了20世纪70年代后，教师的实际工资受到了通货膨胀的侵蚀，并一直持续到20世纪80年代中期。从1970年到1985年，美国高校教师实际工资下降了15.1%(见表3-3)。

另外据美国大学教授协会的另一项调查可知，在1969—1970年度到1976—1977年度，高校教师金钱报酬年平均增长率范围为5.4%—6.4%。但如果将通货膨胀、物价上涨等因素考虑在内，则前三年平均年增长率范围为0.2%—1%；而后四年则是逐年下降的，平均年增长率范围为-4.2%—-0.3%。由此可见，高校教师工资的绝对数字虽有所上升，但从其购买力角度看，其工资收入实际上比20世纪70年代之

[1] 顾建民.自由与责任——西方大学终身教职制度研究[M].杭州：浙江教育出版社，2007：158.

前的“黄金时代”减少了。

表 3－3　1970—1971 年度至 1984—1985 年度美国大学教师平均工资、消费者物价指数和大学教师实际平均工资变化百分比

项　目	1970—1971 年度到 1976—1977 年度	1976—1977 年度到 1984—1985 年度	1970—1971 年度到 1984—1985 年度
大学教师平均工资	33.1%	68.4%	124.1%
消费者物价指数	47.7%	80.4%*	166.4%*
大学教师实际平均工资	−9.9%	−6.7%*	−15.1%*

* 此数据系根据 1984—1985 年度预估 4%的通货膨胀率计算所得。

资料来源：BOWEN H R，SCHUSTER J H. American Professors：A National Resource Imperiled[M]. New York：Oxford University Press，1986：84.

高校教师的工资上涨幅度落在了物价上涨幅度的后面，而其他许多职业工资上涨则与此时期物价上涨幅度持平甚至超过了物价上涨幅度。在 16 类职业中，高校教师的年收入无论是中位数还是平均数均列第 10 位（见表 3－4）。考虑到高校教师多数拥有博士学位，有多年研究生学习所付出的机会成本，高校教师比通常具有学士学位的工程师和管理人员的收入少。结合高校教师工资、其他职业人员工资和物价上涨幅度来看，可以明显地看出高校教师工资下降幅度相对较大。

表 3－4　1982 年美国管理职业部门和专门职业人员年工资收入排行表

单位：美元

职　　业	中 位 数	平 均 数
健康诊断	49 915	55 953
律师和法官	41 858	44 810
联邦管理人员和官员	38 991	39 704
领薪水的管理人员和官员；制造业	35 894	39 545

续 表

职 业	中位数	平均数
工程师	32 616	34 478
领薪水的管理人员和官员；财政、保险和不动产从业者	32 542	35 413
领薪水的管理人员和官员；其他产业人员	30 607	34 277
自然科学家和数学家	30 319	31 769
会计师和审计员	26 745	28 858
中学后教师	26 608	28 145
州和地方的管理人员和官员	25 948	27 647
健康评估和治疗师	22 377	23 550
非高校教师	21 284	21 597
领薪水的管理人员和官员；销售员	20 486	23 513
其他专业人员	20 223	23 513
其他管理人员和官员；自我雇佣者	15 824	19 112

注：不含各种补助，高校教师的各种补助约占工资的 22%。

资料来源：BOWEN H R, SCHUSTER J H. American Professors: A National Resource Imperiled[M]. New York: Oxford University Press, 1986: 83.

据美国大学教授协会调查数据，在 1975—1976 年间，高校教师的附加福利占到其平均工资的 15%。另外一项对各州主要州立大学的统计数据显示，附加福利占教师平均工资的比例为 10.7%—19.6%。[1] 由这两项调查数据可以看出，附加福利的变化对高校教师经济收入也有着举足轻重的影响。尽管缺乏 20 世纪 70 年代美国高校教师附加福利的准确数据，但根据各校应对财政危机所采取的措施来看，教师该部分收入也被削减。

[1] BOWEN H R, SCHUSTER J H. American Professors: A National Resource Imperiled[M]. New York: Oxford University Press, 1986: 82.

总之，美国高校教师的经济收入从20世纪70年代开始，无论是其购买力还是与其他职业相比，都有所下降。教师经济报酬不足成为危及教师学术专业发展的一个重要方面。

（2）外部收入

虽然大学教师向往的是一种精神的生活，金钱的追求不是首要目标，但能够使自己及家庭过上体面的生活是每个人都追求的。所以，在收入微薄的情况下，教师从事本职之外的工作以赚取额外收入也就不足为奇了。

教师赚取外部收入可以增加教师的总收入，这扩大了教师总收入之间的差别。其实教师在本职工作之外赚取额外收入并不是新现象，他们会通过夏季教学、其他教学和研究以及版税、做讲座等活动获取报酬。[1] 这些活动与教师的职责——传播与探索知识并不违背，如果这些活动并未耗费过多时间和精力，不损害所任职学校利益的话，教师赚取额外收入以过上较为体面的生活是可以被人接受与理解的。但有三类外部活动受到人们的批评，现列举如下。[2]

一种是以科学家、律师、物理学家、工程师等身份作为私人顾问。私人顾问从事的活动属于一种私人活动，服务于特定的客户，不能广泛地传播知识，这与学院和大学的传统目标不相符。该类活动以客户利益至上，注重应用性研究而忽视基础性研究。同时，为了维护客户利益，新的研究成果可能不能在最短的时间内公布于世。私人顾问注重的是客户利益而非知识的进步，这与大学教师承担的学术责任相悖。再者，由于能够担任此工作的人大多是应用类学科的教师，而诸如古典

[1] BOWEN H R, SCHUSTER J H. American Professors: A National Resource Imperiled[M]. New York: Oxford University Press, 1986: 257.

[2] 该部分内容参考：BOWEN H R, SCHUSTER J H. American Professors: A National Resource Imperiled[M]. New York: Oxford University Press, 1986: 258.

语言、历史、人类学等古典人文学科教师则无法从事此类工作，这实际上加大了不同系科教师总收入的差距。

第二种是高校教师在不同的学校同时任全职或兼职。人们怀疑这类活动影响了教师对所任职学校的忠诚度，是对任职学校的一种严重背叛。

第三种是高校教师从事的各种与自己专业无关的活动，例如开出租车，做销售人员，卖保险，等。这些活动对教师提高自己的教学与研究能力毫无帮助，也无法增加教师从事学术职业的实际经验。人们认为这些活动耗费了教师很多时间与精力，从而降低了其工作质量。

以上三类活动之所以受到人们的质疑、批评，是因为它们的性质与大学教师这项学术职业的性质、目标不兼容，甚至相悖。

其实，高校教师从事外部活动像一把双刃剑，既有它有利的一面，也有其不可回避的缺点。有利的一面主要可以概括为以下几点：增加教师收入，使教师过上更为体面的生活；向所任职学校外部的人甚至全世界传播知识；增加教师实际经验，熟悉学术科目；高校不再因为教师工资收入的微薄而与优秀人才失之交臂；解决教师职业生涯中期的职业厌倦和无所创新的困境。[1] 虽然教师从事外部活动可以有以上诸种好处，但如果处理不好外部活动与本职工作的关系，时间与精力分配不当，也会带来一些问题，譬如，可能因为这些活动而忽略了自己的本职工作和学术责任；失去对任职学校的学术忠诚；错误利用自己的专业地位，卷入与传播知识无关的一系列事务。[2] 为了引导教师能够恰当地从事外部工作，学院和大学应该制订出有关教师从事外部工作的指导方针，为教师所能从事的活动规定出一个界限，使教师既能通过自己

[1][2] BOWEN H R, SCHUSTER J H. American Professors: A National Resource Imperiled[M]. New York: Oxford University Press, 1986: 259.

的劳动获得收入补偿，又不损害所任职学校的利益。

2. 薪酬标准的变化

大学教师的薪酬标准主要包括不同教师职级的相应报酬、现金形式报酬、附加津贴形式报酬及绩效报酬。大多数高校的薪酬标准相似，主要区别是相对报酬的水平不同。[1]

传统的薪酬标准抵制“明星体制”，不提倡向特别有才能或是高“生产率”的人支付比大多数人高得多的工资，也不提倡根据市场需要支付热门学科的教师较高的工资。它奉行所有教师都是高校组织的成员，所有成员以不同的方式为这个组织做贡献，所以同等资历的教师在金钱报酬上应该获得同等的待遇。他们以严格的聘用标准、试用期制度和晋升标准来提升人员素质和激励教师的良好表现。

但 20 世纪 70 年代，一些学者在研究中发现，传统的薪酬标准承受着巨大压力并向现实妥协。这主要是由于学术传统与忠诚相对削弱，而科技的进步使得劳动市场需要更多受过专业训练的劳动者。受到市场驱动，大批学生纷纷涌入热门专业学习，导致这些系科的教师数量不足。另外，由于诸如会计、商业、管理、计算机科学、工程等热门专业的本科毕业生可以赚取比大学教师更多的收入，学院和大学往往不能吸引最有才能的人到学校任教。实验室设备陈旧、合格教师短缺导致教育质量下降。经济因素在大学教师薪酬标准中的影响力已超过学术传统，并且在实际上造成不同院校、系科教师个体之间收入差距的扩大。

对于不同类型教师之间工资差距拉大的问题，人们进行了广泛争论。一些学者认为，教师基本工资应该扩大差别，虽然无从得知该提议

---

[1] BOWEN H R, SCHUSTER J H. American Professors: A National Resource Imperiled[M]. New York: Oxford University Press, 1986: 247.

是建立在怎样一个基础上，但它确实受到了普遍争议。支持扩大教师工资差别的人认为：自由市场是资源的最好分配者，权利共享，服务学校、学生与社会和热爱教学与研究已不能成为吸引人才、激励工作的良好动机，而金钱成为支持学术事业的主要动力。支持传统分配方式的人则强调学院与大学是学术社区，它与自由市场秉持完全不同的价值观，由愿意提供服务、热爱知识、热爱研究和教学的人组成的学术社区可以提供促进教师成长、学生发展和学术进步的良好环境，而唯利是图的自由市场价值观不适合在被称为“象牙塔”的大学校园传播。各学科教师工资的巨大差别只会伤害权利共享的学术社区，向人们传达错误的学术价值观，并造成人为的不公平，从而使教师士气受到影响。因此，他们主张根据学术社区的价值观而非外部世界或自由市场的价值观来确定教师工资。关于不同教师之间工资差别扩大问题的争论，反映了两种不同价值观的人截然不同的态度。

伴随着实际工资和相对工资迅速下降及系科工资差别拉大，大学教师士气持续下降，同时减弱了高等教育服务于学生与社会的能力。有些大学教师由于觉得自己没有得到足够的报酬，对学术事业持一种消极态度，从而不鼓励自己最优秀的学生从事学术事业。并且，大批优秀教师流向金钱诱惑力大的非学术部门，或者积极从事外部活动以赚取额外收入，从而造成高等教育事业优秀人才的流失。这些教师的态度会影响学生，使得本来有志于从事学术事业的学生在就业时选择待遇好的非学术部门。

二、大学教师工作环境的变化

高校教师的工作环境主要包括教师的教学负担、同事关系、学生质量、教学设施设备、科研实验室条件、社会氛围、专业旅游资助、学术假期、娱乐设施的使用及教师子女奖学金的发放等诸方面。[1]

吸引优秀人才从事学术职业的工作环境从1970年开始变化。根据引起变化的原因来分析，这种变化大体可以分为这样几类：由财政紧张引起的工作环境的变化，由教师、学生类型多元化引起的工作环境的变化，由不同领域入学人数不均引起的工作环境的变化及其他一些变化。

（一）由财政紧张引起的工作环境变化

根据前文对1970年到1985年间高等教育资金状况的描述，这一时期美国不再优先发展高等教育，公众对美国高等教育的信任度降低。同时，由于入学人数的减少，美国高等教育陷入了资金缺乏的境地。为解决经济困难带来的危机，各高校采取了各种应对措施以渡过难关。高校教师的实际工资和相对工资显著下降，其工作条件也发生了显著变化。

为了应对财政危机的影响，美国高校采取了削减项目、推迟维修与保养设施、改变教师聘任标准和区分不同教师之间工资等手段以渡过难关。学校削减了众多"无足轻重"的支持性项目，秘书、实验室助理等的费用成为学校缩减开支的一个重要方面。另外，为了节省开支，学校停止添置新的实验设施，设备设施维修也被搁置，而20世纪五六十年代购置的设施设备恰巧处于应该保养维修的时期，这使得许多设施设备被废置。办公室数量、实验室设备、图书馆和博物馆收藏不足，无法满足教师工作需求。为了留住热门专业的教师，一些学校采取了不同教师区别待遇的做法，削减冷门专业教师的工资和其他待遇，将节省下来的开支用于增加热门专业教师工资，改善其工作待遇。同时，为了扩

[1] BOWEN H R, SCHUSTER J H. American Professors: A National Resource Imperiled[M]. New York: Oxford University Press, 1986: 260.

大招生和筹集资金，学校增加了诸如管理、招生和集资等非学术人员。这种差别待遇引起被削减了工资及支持性项目的教师的不满，造成教师群体内部事实上的不公平。

（二）学生类型多元化对大学教师传统教学模式的影响

面对高等学校学生数量增长速度放缓的情况，美国院校采取了扩大生源的措施，如增加专职招生的工作人员，尽力扩大招生的对象与范围；扩充各种社会需要的课程；设置各种校外的和晚间或周末的便利性教育计划；改善课程的安排等。高等学校采取的这些措施虽然维持住了入学人数，却使得学生的类型变得多样化。“新型”学生和“非传统”学生大量增加。“新型”学生即那些在高中学习成绩一般或较差的学生、少数族裔学生、低收入家庭出身的学生等，“非传统”学生即年龄在22岁以上、参加非正规教育计划学习的学生等。[1] 根据合作性院校研究计划（Cooperative Institutional Research Program）1966—1984年每年的研究数据，这些新增加的“新型”学生和“非传统”学生的入学准备不足，主要表现在以下几个方面：许多学生缺乏高校要求的数学和口语技能的准备；男性学生有志于研究生学习者减少；学生标准化测试分数降低；学生关于金钱、权力、地位等观念的变化及对社会观点与问题的冷漠等。[2] 这些情况导致教师负担加重。此外，卡内基基金会为了提高教学质量而在1984年对教师进行的一项调查从另一个角度反映了该问题的存在。该调查发现，84.4%的教师认为，如果学生在入学之前有比较好的学习准备，教学应该相对容易一些。另外，米特尔（Minter）和鲍恩（Bowen）在每年对学院管理者和教师进行调查时发现，大多数

[1][2] BOWEN H R, SCHUSTER J H. American Professors: A National Resource Imperiled[M]. New York: Oxford University Press, 1986: 120.

人反映学生的读、写、数学学习的质量有所下降或者不变。[1] 要教好这些学习准备不足的学生，教师要在完成传统的工作任务之余为他们提供特别的指导、鼓励，或采取其他补救性措施。如果教师只是按照原来的方式应付了事，则会受到内疚的煎熬。同时，大量非全日制学生不能完全接受学院生活的洗礼，他们大多已经从事工作，会把自己的实践经验和特殊目的带到课堂上来。总之，教师的工作和生活因为这些学习准备不足学生的出现而变得复杂起来。

（三）不同系科入学人数变化影响工作环境

“学生消费者至上”观念将学生与学校的关系转化为买者与卖者的关系，学校要将“商品”卖出去就必须了解“顾客”的需求，顺应其消费心理。20世纪70年代，美国高等教育系统的危机使得学术劳动市场萧条，大学授予的学位贬值，教师的社会地位和经济地位都较前一时期有所下降，学术专业不再那么有吸引力。该时期的学生及其家长关注的不再是学术发展前途，他们紧盯着的是他们“将来在银行里的存款数目”。因此，大批学生涌入将来能够获得丰厚收入的应用类学科领域，而相应地，人文、社会学科领域备受冷落（见表3－5）。

表3－5 “学生消费者至上”观念对不同学科的影响

得利学科	失利学科	几乎遭到毁灭的学科
农学	教育	美术
建筑学	英语	生命科学
商学	外国语言学	经济学

[1] BOWEN H R, SCHUSTER J H. American Professors: A National Resource Imperiled[M]. New York: Oxford University Press, 1986: 121.

续 表

得利学科	失利学科	几乎遭到毁灭的学科
计算机科学	历史学	物理学
工程学	数学	心理学
健康专业	政治学	—
家政学	社会学	—
法律	神学及相关领域	—

资料来源：BOWEN H R, SCHUSTER J H. American Professors: A National Resource Imperiled[M]. New York: Oxford University Press, 1986: 123.

不同系科之间入学人数的变化无疑导致教师分配的不均。入学人数增多的系科教师人数不足，而入学人数减少的系科则出现教师人员冗余的情况。有的高校曾试图对不再受欢迎领域的教师实施培训，使他们能够胜任那些教师人数不足的领域的工作。这种努力取得了一定的成果，比如一些数学家成为计算机科学家。[1] 但这种成功案例毕竟是少数，教师向其他领域转化的过程中存在许多难以逾越的障碍。因此，系科之间教师分配不均的问题并没有得到很好的解决。大学发现很难招聘到合格的受欢迎领域的新教师，因为这些领域的专家往往能够在学术领域以外的企业和公司找到待遇更好的职位。在财政支出、教师职业安全保障和工作条件都较以前有所下降的情况下，大学教师的职业难以与那些待遇高出学术领域的非学术岗位相竞争。传统的薪酬结构在不同学术领域是类似的，不存在非常大的差距。但为了能够在与非学术领域的招聘竞争中取胜，大学不得已采取了一些措施。如热门领域的教师可以高薪起聘、快速晋升、获得特别资金和住房津贴

[1] BOWEN H R, SCHUSTER J H. American Professors: A National Resource Imperiled[M]. New York: Oxford University Press, 1986: 123.

等。这在无形中拉大了受欢迎与受冷落学术领域教师之间的待遇差别，也在一定程度上影响了教师的工作满意度。

无论是财政紧张导致的教师工作的物质环境的变化，还是学生成分多元化导致的教师工作负担加重及对传统教学方式的挑战，抑或是不同系科入学人数的变化导致的教师数量分配不均和待遇差距拉大，都给美国大学教师的生活、工作带来了重大影响，并成为其学术专业发展道路上的障碍与挑战。克服障碍、应对挑战的过程正是美国大学教师努力适应时代转变，实现自身学术专业发展的艰辛历程。

第三节

美国大学教师发展运动与大学教授协会的新作为

20世纪七八十年代，美国高等教育在社会中整体的尴尬境地给美国大学教师学术专业发展带来了一系列的挑战。然而，大学教师的学术专业发展并未停滞不前，相反，为了迎接挑战，美国高等教育界及一些教育组织努力在不扩大教师队伍规模的前提下提高教师的工作效率。这种策略促进了美国大学教师在教学、科研和社会服务等方面的学术专业发展。

一、美国大学教师发展运动

20世纪70年代至80年代中期，美国大学教师的职业安全保障、社会地位、经济地位和工作环境状况较高等教育发展的“黄金时代”发生了较大变化。大学教师的学术专业发展面临诸多挑战与障碍。但理性应对，挑战也往往会转化成前进的动力。20 世纪五六十年代“重科研，轻教学”的做法引起的高等教育质量下降，以及学生对传统课程的批判、新科技的迅猛发展、成人学习理论的兴起等，引发了大学教师发展运动。20 世纪 70 年代，大学教师发展运动突破了 60 年代个别院校的零星项目，成立了专门的大学教师发展组织，并获得了稳定的资金支持，大学教师发展运动蓬勃发展起来。

（一）20 世纪 70 年代美国大学教师发展运动的背景

1957 年 10 月 4 日，苏联第一颗人造地球卫星的成功发射引起美国对高等教育与国防和国家科学以及经济发展关系的密切关注，促使高等教育得到了大发展。相应地，教师的声望和社会地位也较高，高校教师以作为“学者”为荣。因此，该时期大学教师发展的重心是提高大学教师专业领域的学术研究能力。而 20 世纪 70 年代，美国高等教育危机使大学教师学术专业发展的内外环境发生变化，学术市场不景气，教师社会地位和经济地位都有所下降，职业安全保障也受到了威胁。美国大学教师学术专业发展受到了诸多挑战。

1. 大学教师绩效问责呼声日益高涨

自治是高深学问的最悠久的传统之一。[1] 长期以来，美国大学享有高度的自治与自由，但大学自治的观念并不总是被所有人接受。人们对高等教育的关注度越高，对其提出的要求和抱有的期望也就越高。20 世纪五六十年代高等教育大发展带来的一个严重问题就是高等教育

[1] 约翰·S. 布鲁贝克. 高等教育哲学[M]. 王承绪，等，译. 杭州：浙江教育出版社，2002：31.

的质量下降，大学教师的教学水平受到普遍质疑。谢里登（Sheridan）指出，人们对高等教育的批评已指向对教学功能的忽视。学生批评课程不相关，教学没有启发性。[1] 他们揭穿了这样的神话：一个好教师就是一个精通本学科知识的教师。学生们激烈地反传统，他们挑战传统的教学方法，渴望富有激情与创造性的教学方式。[2] 20 世纪 70 年代美国高等教育改革运动中兴起的激进思想要求大学提高教学水平，并要求对大学教师的教学进行评价。另外，出于节省开支的考虑，一些立法者认为，大学教师尤其是研究型大学的教师应该承担更多的教学任务。相关研究表明，如果要求所有的全日制教师每人每年给学生上 5 门课的话，那么，马里兰大学每年能节省 2 000 万美元。[3] 随着政府、公众和学生的问责呼声越来越高，大学对此问题进行了回应，其结果便是把对高等教育的注意力从设备和硬件设施转向了大学教师，对其教学时数和教学技能提出了新的要求。

2. 学生结构多样化及其角色转变

肯定性行动计划、妇女解放运动及高校为吸引学生入学采取的种种措施，使得美国大学的学生结构变得复杂和多元。成人学生和非全日制学生不断增多，少数族裔学生占全部入学人数的比例也有所上升。学生结构的多元化对大学传统的教学方式提出了挑战。适应新形势的调整在所难免。此外，该时期“学生消费者至上”观念的盛行导致学校与学生、教师与学生之间关系的转变。学校把市场管理概念引入教育体系，认为买卖关系是学校与学生之间关系的前提。在此种观念的影

---

[1] GAFF J G, SIMPSON R D. Faculty Development in the United States[J]. Innovative Higher Education, 1994(3): 168.

[2] 林杰. 美国大学教师发展运动的历程、理论与组织[J]. 比较教育研究，2006(12)：30－34，50.

[3] PORTER S R, UMBACH P D. Analyzing Faculty Workload Data Using Multilevel Modeling[J]. Research in Higher Education, 2001(2): 171.

响下，学生被看作高等教育的消费者，他们有更多的权利选择自己满意的学校，同时也对高等教育质量提出更高的要求。大学要在困境中生存和发展，必须适应学生的要求，满足学生发展的需要，增强课程的适应性，提高教学质量，以提高自身的竞争力。这些来自各方面的压力促使美国高等教育将注意力转向提高大学教师的教学专业能力。

3. 科学技术知识的迅猛发展对传统教学方法提出新挑战

第三次科技革命的出现使得科学技术迅猛发展，技术与知识以前所未有的速度更新。信息技术对大学教学产生了深刻的影响，现代化教育技术手段逐渐运用到教学中。另外，由于技术知识的更新速度加快，一些新兴学科诸如信息工程、空间科学、生物工程等开始出现，并正式走进大学的课堂。因此，大学急需精通这些新兴学科的专业人才。为了应对科技迅猛发展对教学手段及教学内容的冲击，高校必须制订实施连续的、长期的教师发展战略，努力提高教师的教学水平，扩展他们的知识领域。

（二）20世纪70年代美国大学教师发展的内容与形式

20世纪70年代美国大学教师学术专业发展同时关注提高教师的学术研究能力和教学能力，且以后者为重。由此也在传统的学术休假、学术交流访问之外增添了新的内容，如建立包括教学评价的教师评价机制，实施新教师适应计划，建立教学研习会，等等。

1. 学术休假制度

学术休假制度与学术交流访问是美国大学教师学术专业发展的两种传统形式。美国学者塞莉娜·西玛(Celina M. Sima)指出，美国高等教育史上第一次学术休假是由哈佛大学校长埃利奥特在1880年提供的。当初，他为了吸引一位约翰斯·霍普金斯大学的学者到哈佛大学工作，决定每七年可以向该教师提供一次学术假期。[1] 带薪休假主要面向那些研究项目不能在校内进行，需要自由时间且在学术上有潜力的教授。[2] 从那时起，学术休假作为学术生活中珍贵的一部分被保留下来。学术休假的定义则是卡特·古德(Carter Good)于1959年作出的：学术休假是在教师为学校连续服务规定的年数之后，作为一种补偿，学校提供给教师自我发展机会的一种计划。[3] 该定义后来又由扎霍尔斯基(Kenneth J. Zahorski)于1994年作了补充："教师在结束学术休假后被要求必须回来学校服务，并提交一份学术休假报告。"[4] 扎霍尔斯基提出了学术休假的四项目的："提供学术丰富之机会；提高教学质量；促进课程开发；增进艺术性的表现和创造性生长。"[5] 西玛(Sima)和登顿(Denton)于1995年提出了学术休假的八项目的："做研究；从事无中断的学习；撰写论文或著作；增强艺术性的表现和创造性生长；优化教学；促进课程开发；恢复精力；提供新的经验和旅行。"[6] 西玛指出："学校领导者和教师一致认为学术休假期间应当具有清晰的目的，并能产生出一个长远来说对大学有益的结果。而且，从教师自己的视角来看，学术休假应当富有生产性和重要性。"[7]

学术休假对大学教师来说是一个非常重要的休假制度。教师可以利用学术休假的机会到国内其他高校、国外高校或研究机构进行考察调研，学习访问，开展科研合作或是学术交流。它可以给教师带来新的经验和新的活力，使教师能够不受干扰地进行学习和研究，或者旅行。这使得教师有一段完整的时间进行知识更新，拓展学术联系，有助于保

---

[1] SIMA C M. The Role and Benefits of the Sabbatical Leave in Faculty Development and Satisfaction [J]. New Directions For Institution Research, 2000(5): 67－75.

[2] 王春玲，高益民. 美国高校教师发展的兴起及组织化[J]. 比较教育研究，2006(9): 56－61，87.

[3][4][5][6][7] SIMA C M. The Role and Benefits of the Sabbatical Leave in Faculty Development and Satisfaction[J]. New Directions For Institution Research, 2000(5): 67－75.

持教师的学术敏感性，增强学术研究的主动性和创造性，从而带来教师个人能力提高和整个学术专业的发展。从对教师所在院校的意义来说，无论是教师个人能力的提高还是学术专业的整体发展都有利于院校的发展，其对于院校的相对价值得到了提升。

美国大学教师的学术休假主要包括两种类型，即带薪休假和无薪休假。其中，带薪休假采取的最普遍的方式是半年全薪或全年半薪休假。许多学校允许教师带薪休假。而几乎所有院校都允许无薪休假。教师在休假期间没有收入，他们可以通过担任政府工作、从事临时性的工作获得一些收入。这两种类型的休假制度存在许多差异，但它们都能够达到促进教师个人提升和学术专业发展的目的。然而，大多数大学教师并没有经济能力承担无薪休假，从事临时性工作获得的些许收入往往不能解决问题。因此，学术休假应该成为院校计划的一个必不可少的部分。

根据有关调查研究，20 世纪 70 年代，高校并没有制度性地减少教师休学术假的时间。但由于教师经济收入减少、工作负担加重以及晋升机会减少，高校教师不得不付出更多的时间与精力做好自己的本职工作，并同时从事一些校外兼职活动以赚取额外收入，而这些相应地减少了教师休学术假的时间。并且，即使教师仍像往常一样休学术假，他们也可能利用这段时间从事赚取额外收入的活动，而不是去从事科研活动或出国旅行，增添自己的阅历，扩展自己的视野。这自然达不到恢复精神与活力的目的。这造成了学术休假事实上的时间减少和质量下降，从而使学术休假失去原有的增强教师科研能力的良好功能。

学术休假制是只有大学教师才能享受的一种非学术人员无法拥有的特权，它已成为学术生活的一个重要特征。它可以吸引有才能的人从事学术职业，并且使他们在工作中保持旺盛的精力。虽然该制度有诸多优点，但它的美好目标却往往实现不了，因此，深入思考学术休假规划成为院校的一个大问题。

2. 教师评价机制

教师在自身专业发展的过程中，需要一种评价制度及时评价这个过程，帮助教师改进自己的专业生涯，实现不断的专业发展。随着20世纪中叶教育改革运动的深入和教育评价理论与实践的不断发展，教师评价作为一种有效提高教师教育教学质量的评价手段在各国实行。教师评价与教师的专业发展、职务晋升、经济收入等密切相关，因此它的公正性在很大程度上影响着教师的工作热情和工作态度。合理的教师评价体系能够促进教师的专业发展，为教师的专业发展提供机会。

高等教育中传统的教师评价体系不同于初等教育和中等教育，它往往把科研水平作为教师职务晋升、工资提高和其他相关福利的标准。这种评价体系引导的方向是“重科研，轻教学”，导致高等教育界的“出版或灭亡”现象，在两个方面对高等教育产生不利影响。一方面，大学教师为了在任职高校和学术界取得一席之地，只好将大部分精力用于科学研究。甚至为了名誉与地位，一些人热衷于周期短、应用性强的科研项目，冷落周期较长的基础研究。从长远来看，这不利于高等教育的发展，也不利于整个人类知识的进步。另一方面，由于大学教师把大量精力用于科研，教学被严重忽视。大学教师不关心学生，对教学技能的提升不感兴趣，这在一定程度上造成了高等教育领域教学质量下降。

20世纪70年代，随着人们对高等教育的关注增多，高等教育的教学质量遭到了广泛的质疑。大学对此作出回应。为提高大学教师对教学的关注，促进其教学技能的发展，大学建立了包括教学表现的教师评价机制。1961年至1971年，美国大学教授协会和美国大学协会接受了卡内基基金会对“改进大学教学项目”的资助。该发展项目最有效的成果是大学开始广泛地应用学生评价，把大学教师的教学技能纳入教师评价内容。在教学中运用学生评价和教师评价，一方面可以帮助教师提高教学能力，另一方面也使学校能够有针对性地加强对教师教学专业发展的支持。[1] 教师评价的结果可以提供两方面的有益信息：一方面向学校提供评价对象是否需要进修，学校应该提供哪些帮助的信息；另一方面向评价对象提供其工作表现方面的信息，从而改善其工作表现。无论是对大学还是对大学教师来说，良好的自我认知都是促进大学教师教学能力发展的重要因素，而包含教学表现的教师评价体制为大学和教师提供了良好的自我认知机会。

3. 新教师适应计划

新教师是使教师队伍充满活力的"新鲜血液"，帮助新教师尽快适应教师角色是大学教师发展项目的一项重要任务。新教师适应计划分为短期和长期两种。短期的适应计划主要是帮助新教师了解任职大学的历史、组织结构和发展概况，培养新教师对任职大学的基本态度与情感。这关系到新教师的工作态度和对大学的忠诚度等问题，因此是新教师适应计划中非常重要的一项内容。而长期的适应计划则从多方面入手，试图使教师尽快地适应大学的教学和生活。大学教师发展组织为新教师提供了与老教师交流的平台，并提供教学和科研等方面的信息，使新聘教师尽快适应教学和科研工作。如伊利诺伊大学为新教师提供了2—6个90分钟的习明纳，习明纳包括普通教学和具体学科教学。东南密苏里州立大学为所有新聘用的全职教师开展为期一周的有效教学计划，计划主题包括设计教学大纲、改进讲课、组织讨论、对学生进行测验等，新聘教师可以根据个人需要有选择地参加。[2]

---

[1] 曲畅. 美国大学教师专业发展探析[D]. 长春：东北师范大学，2007.
[2] 王春玲，高益民. 美国高校教师发展的兴起及组织化[J]. 比较教育研究，2006(9)：56－61，87.

4. 教学研习会

20 世纪 70 年代，学生对传统课程及教学方式的抗议和对教学质量的批评引起高等教育界对教学的重视。大学采取各种措施实现大学教师的优质教学，教学研习会是其中一种重要的形式。教学研习会涉及教学方法、媒体设计、课程组织、新的科教手段的运用等。大学还特别针对学生存在的问题开办不同主题的研习会帮助教师发展教学能力。如耶鲁大学的贝斯写作项目，就是通过举办一系列教师研习会，由开设写作课的教师在研习会上讲读关于写作教学的文献，讨论如何帮助学生写好论文之类的实践性问题。教学研习会在每学期前五周的周一下午进行。教师把学习的相关材料存档，以便传递给没有来参加研习会的教师。[1]

相对于 20 世纪 60 年代关注大学教师发展只是个别院校的自发行为，并只有一些零星的发展项目来说，70 年代大量教师教学促进中心、教师发展办公室等大学教师发展组织的成立，标志着大学教师发展运动已经引起人们的普遍关注并且蓬勃发展起来。至 20 世纪 70 年代中期，美国过半数的学院和大学都设立了教师发展项目。伯格奎斯特(William H. Bergquist)和菲利普斯(Steven R. Phillips)等把这一时期称为美国大学教师发展的成熟期。[2]

（三）20 世纪 80 年代美国大学教师学术专业发展内容的转变

20 世纪 80 年代初期，由于经济滑坡，联邦政府对高等教育的资助减少，大学教师的工资待遇下降，教师职业的吸引力减弱。根据卡内基

[1] 曲畅. 美国大学教师专业发展探析[D]. 长春：东北师范大学，2007.
[2] 李玲. 美国大学教师发展的历史进程及其启示[J]. 大学教育科学，2006(6)：66 - 70.

教学促进基金会1984年的调查，40%的大学教师表示可能在五年内离开大学。近四分之一的教师正考虑转入其他行业，近30%的教师认为他们的职业是陷阱。20世纪70年代末以来，优秀青年学者进入高等学校从事研究的数量已明显减少。[1] 可见，大学教师的学术倦怠问题十分严重。针对这一时期大学教师学术生活状况恶化的问题，20世纪80年代美国大学教师发展运动扩展了其形式与内容，具体表现为下述三个方面。

首先，将大学教师视为“发展者”，即发展的个体和成人学习者。大学教师发展项目用发展的眼光看待大学教师，注重成人学习理论对其发展的指导作用。1975年美国著名学者诺尔斯(M. S. Knowles)创建了成人教育学，自此成人学习理论获得了长足的发展，[2]该理论对于大学教师发展产生了重要的影响。成人学习理论认为成人与儿童具有不同的学习风格和特点。[3]因此应该运用成人学习理论来指导设计大学教师发展活动，使其真正符合大学教师的内部需要和发展动机。

20世纪80年代的大学教师发展运动还特别关注大学教师不同职业生涯阶段的发展需求。教师发展方案把教师个人生活维度纳入其中，出现了以“生涯阶段”为中心的研习会。这些研习会探讨的内容涉及如何解决教师中年危机、提供教师职业咨询、教师健康发展、就业帮助和退休设计等。[4]以“生涯阶段”为中心的研习会针对不同职业阶段的大学教师采取不同的发展策略，并与教学评价、学生评价所反馈的信息相结合，提高了发展项目的针对性，从而改善了大学教师发展的效果。

其次，注重对课程问题的研究。如何提高通识教育质量，加强学科

---

[1][4] 曲畅. 美国大学教师专业发展探析[D]. 长春：东北师范大学，2007.
[2][3] 潘岳祥. 成人学习理论与教师继续教育[J]. 湖南师范大学教育科学学报，2005(4)：86－88.

专业性，解决课程中的性别、种族和道德传统问题，使学生着眼于批判性的思考[1]，成为大学教师发展项目着重关注的问题。20 世纪 70 年代末 80 年代初，大学教师发展研究的重点从教转向学，学生学不好则意味着教师没有教好。因此，教师不能按照传统的课程及教学方式向学生照本宣科。教师的教学必须能够激起学生的学习兴趣，让学生主动学习，学会学习。这一时期大学的课程改革要求教师改善自身以适应新的课程讲授的需要，教师既要掌握课程组织的方式，又要适应新课程的教学方式。如哈佛大学于 1979 年正式推行的核心课程对美国的本科生教育产生了很大的影响，一些高校纷纷效仿建立了类似的课程体系。新的课程体系的普遍推行势必给教师发展带来新的挑战。另外，由于高校内“非传统”学生及女性学生增多，课程中的道德传统、性别和种族问题也受到人们的关注。这些都促进了大学教师发展项目对课程的研究，并使其在研究的基础上为大学教师提供咨询、培训等服务。这在大学教师适应新课程的过程中发挥了重要作用。

其三，20 世纪 80 年代大学教师发展的关注对象有所扩展。在此之前，大学教师发展的关注对象仅限于在职的正式教师。随着研究生担任助教的现象越来越普遍，如何提高研究生助教的教学水平和课堂组织能力成为迫切需要解决的问题。顺应形势需要，大学教师发展项目纳入了研究生助教，为缺乏教学经验的研究生提供教学技能和教学方法方面的帮助。研究生助教的专业培训项目也为研究生今后获得博士学位进入大学工作提前做好了准备，能够使其尽快胜任教学工作。

20 世纪 80 年代，大学教学促进中心大量建立。这些中心有稳定的经费支持，不仅得到私人基金会的赞助，还受到联邦政府的资助。相对

[1] 林杰.美国大学教师发展运动的历程、理论与组织[J].比较教育研究，2006(12)：30－34，50.

于20世纪70年代极少有校长关注大学教师发展的状况，80年代这一情况得到了显著的改善。教师与学校管理者开始意识到教师发展是管理的重要职责之一，教师发展获得学校管理者的支持。[1]

美国大学教师发展运动在20世纪七八十年代的蓬勃发展提升了大学教师的教学、科研和服务能力，也促进了其对自身工作生涯的良好认知与规划，极大地推动了大学教师的学术专业成长，同时为美国高等教育战胜困难作出了积极的贡献。

二、美国大学教授协会关于大学教师终身教职的制度建设

终身教职制度与大学自治、学术自由共同构成美国高等教育的三大基石。[2] 它是美国高校教师管理制度中一项关于教师聘任和职务晋升的制度，是美国高等教育制度的组成部分和教师管理制度的重要特色。它在维系美国高等教育学术自由理念、稳定高校教师队伍、不断提高教师水平、平衡高校学术权力与行政权力、保障美国高等教育质量等方面影响深远。

美国大学的管理制度类似于公司组织机构，其董事会由校外人士组成，校长通过聘用产生。这种管理制度下，美国大学教师的雇员地位给职业安全带来了种种风险。教师因信仰、政治观点或学术观点与政府当局不同而遭解聘的事件频频发生，大学教师的学术自由屡遭损害。因此，对美国大学教师来说，寻求职业安全保障成为一项迫切要求，学术自由与教师职位的稳定紧密联系在一起。鉴于此，1915年，美国大学教授协会成立伊始，便明确提出以终身教职制度来保障学术自由的这

[1] 林杰. 美国大学教师发展运动的历程、理论与组织[J]. 比较教育研究，2006(12)：30－34，50.
[2] 赵曙明. 美国高等教育管理研究[M]. 武汉：湖北教育出版社，1992：91.

一重要主张。此后美国大学教授协会又发布了一系列的声明对终身教职制度进行了深化与完善。

终身教职制度作为美国一项重要的现代高等学校教师管理制度，为维护学术自由作出了贡献。终身教职制度可以保证教师享有按照自己的信念去进行教学的权利，可以保证教师信奉不热门的学术的和非学术的目标的权利，还可以保证教师按照自己所理解的知识和思想去行动而不必害怕招致任何人惩罚的权利。[1] 罗伯特·哈斯克(Robert E. Haskell)甚至认为，学术自由与终身教职是一个硬币的两面。终身教职一旦授予，大学就要在很长的一段时间内承担该教师未来工作中学术发展、经济保障等方面的风险，而这对于各学校、各系科和同行来说代价都是很高的。因此，各学校对于终身教职的授予持特别谨慎的态度。终身教职职位的申报程序及评审标准非常严格。

（一）终身教职的申报程序

美国高校类型多样，各校在终身教职的申报程序上有所差异，但撇开具体操作步骤上的差异，其申报程序大致如下。[2]

第一步，提出申请。申请者按照校方规定提交自己任职期间在教学、科研等方面所作贡献的汇总报告。

第二步，校外专家评审。系主任将申请人提供的材料寄给申请人专业领域内的国内和国际知名专家，请他们写出对申请人学术水平和贡献的评价信。评价信内容一般包括：写信人的资历和学术成就；写信人了解申请人的途径、了解程度及有无私人关系；对申请人的学术成

---

[1] 亨利·罗索夫斯基. 美国校园文化：学生·教授·管理[M]. 谢宗仙，等，译. 济南：山东人民出版社，1996：158.

[2] 该部分内容参照：王春多. 20世纪美国大学终身教职制度研究[D]. 保定：河北大学，2005.

就、学术地位进行评价；同行对申请人工作的评价；和其他同类学校的同行相比，申请人是否有被批准的资格；申请人是否具有学术带头能力，是否具有位居所在研究领域前沿的创造能力；申请人有什么不足或有待提高之处。

第三步，本校专业委员会给出评审意见。由系主任提名，在本校内挑选五位对申请人专业熟悉而且资历高深的教授组成专业小组。该小组根据申请人提供的资料对申请人进行评价，并形成书面鉴定。

第四步，系终身教职评定委员会给出意见。系终身教职评定委员会由系内五到八名教授组成。该委员会根据申请人提供的资料以无记名方式投票表决并提交一份评价申请人的成绩与不足的书面鉴定书。

第五步，系主任提交评价和推荐信。系主任根据申请人提供的材料和本校专业委员会及系终身教职评定委员会的鉴定书对申请人作出综合评述，并提交评价与推荐信，将讨论意见、表决结果及其他相关文件上报学院。

第六步，学院学术评审委员会给出意见。由 10—15 位教授组成的学院学术评审委员会根据上述所有材料提出评审意见，并由学院院长给出书面评语。

第七步，学院内所有系进行总体评审。由该院内所有系主任组成的委员会对每一位申请者进行评审。申请人所在系的系主任在评审会上要发表自己对申请人的看法并回答与会者的问题。

第八步，学院院长给出意见。学院院长根据上述所有材料向校长提出自己的意见。

第九步，学校学术委员会给出意见。学校学术委员会审查并投票，以保持各学院之间的均衡。

第十步，校长根据所有评审材料提出最终裁决意见。州立大学还要上报州高等教育委员会审批后才能正式生效。如果教师的终身聘任申请未获通过,学校即以书面方式通知申请人下学年停聘或来年再次申请。每位申请人有两次申请机会。

(二)终身教职的评审标准

终身教职的评审标准主要包括教学、科研和服务三个方面。

第一,教学方面。主要考查申请者的教学工作量、选课学生量、学生及同行教师对其课堂教学的评价、观摩课报告和所获教学奖项等。

第二,科研方面。主要考查申请人发表论文和著作的数量及质量、参加学术会议并提交论文或报告的情况、申请科研经费的能力。

第三,服务方面。主要考查申请人为校内外学术团体和机构提供咨询和服务的情况,用于衡量其是否为本校及学校所在社区积极提供高质量的服务。

以上为终身教职评审的一般标准。由于美国高校类型多样,性质不同,其评价标准的侧重点也有所不同。据对各类高校的教师晋升和终身聘任标准的分析,综合性院校、文理学院和博士学位授予大学的学院院长倾向于把教学作为第一要务。[1] 而研究型大学比较注重考察教师的科研学术能力,其聘任和晋升标准以发表科研成果的数量和质量为最重要的指标。

(三)解聘原则及程序

从美国大学教授协会发布的一系列声明中可以看出,解聘终身教职的主要原因包括:终身教职教师永久丧失工作能力;出现严重的道德

---

[1] SELDIN P. Changing Practices in Faculty Evaluation: A Critical Assessment and Recommendation for Improvement[M]. San Francisco: Jossey-Bass Publisher, 1984: 46.

问题或因失职造成教学或科研事故；所授课程停开或所在专业停办；学校处于严重的财政危机；教师本人提出辞职等。除上述原因外，学校不得无故解聘终身教职教师。

高校如确实需要解聘教师，应遵循严格的程序。教师任期结束不予续聘，或因故需要提前解聘教师，应经过学校的教授会和董事会研究决定。在有争议的情况下，被指控的教师有权要求在公开的听证会举行之前告知被指控的原因，教师应该有机会在所有审查其被解聘事务的机构或团体前进行自我辩护，也允许他自己选择一位顾问像律师那样为自己辩护，且应有速记记录可供有关团体参考。若教师被指控不能胜任工作，则证人应该包括本校或外校其他（同行）教师和学者。任期内的教师由于非道德败坏原因而被解聘，不论其是否继续在该校履行他的义务，则应被支付从通知解雇之日起至少一年的工资。由于财政危机终止教师的终身教职，应该有确凿的证据。[1]

三、美国大学教授协会的大学教师发展实践

美国自殖民地学院建立以来就不时发生侵犯学术自由的事件，学院教师与院行政人员之间经常发生激烈的冲突。教师意识到要维护自身利益就必须建立能够代表教师利益的组织。1915 年美国大学教授协会的成立是学术自由发展史上的里程碑，这不仅是学术自由原则制度化的开端，而且是美国学术职业走向自觉的标志。美国大学教授协会于 1915 年发布宣言，此后又于 1940 年、1956 年、1958 年和 1970 年发布了一系列声明，对学术自由、终身教职制度等进行了深化与完善，为

[1] 王春多. 20 世纪美国大学终身教职制度研究[D]. 保定：河北大学，2005.

美国大学教师学术专业的发展提供了切实的保障。尽管在“麦卡锡时代”，美国大学教授协会发挥的作用有限，但这不能成为否定其存在意义的理由。实际上，美国大学教授协会在时代变迁中不断完善，为维护教师利益和促进大学教师学术专业发展作出了积极的贡献。

（一）美国大学教授协会由专业组织向工会组织转变

美国大学教授协会在建立之初并不具有工会的特征。1914 年，美国大学教授协会筹建委员会声明旨在建立一个与美国医药协会（American Medical Association）同等性质的专业性协会，服务高等教育。1915 年，美国大学教授协会又宣称意在保持与优化学术职业的标准和理念，视自身为美国高等教育的守护者。可见，美国大学教授协会成立之初是维护高等教育整体利益，促进学术职业健康发展的专业组织，而不是以保护成员的经济权利和提高其经济回报为主要目标的工会组织。20 世纪 50 年代后期和 60 年代初期，美国教师工会运动蓬勃开展。这给美国大学教授协会的成员和领导人带来了竞争压力。但美国大学教授协会秉持教师的“职业理念”，仍然拒绝走上工会组织的道路。20 世纪 60 年代发生的两起大型教师解聘事件都是以集体谈判或教师罢工的方式解决的。[1] 这提升了美国大学教授协会对于集体谈判的接受度。同时，美国教师联合会与美国全国教育协会在教师集体谈判中取得的巨大成绩也使得美国大学教授协会对自身地位产生忧虑。为了避免其他组织成为大学教师集体谈判的代表，美国大学教授协会于 1969 年基本接受了教师集体谈判和罢课的维权方式，并于 1971

[1] 1963 年至 1966 年，圣约翰大学发生的大规模解聘教师的事件沉重打击了美国大学教授协会所坚持的职业理想，促使其改变了对集体谈判的态度。1967 年天主教大学发生的教师罢课事件使美国大学教授协会进一步认识到集体谈判和教师罢工的力量，认为集体抗议是引起学校管理层重视的有效途径。

年决定加入教师集体谈判。1972年进一步发布了关于集体谈判的声明,明确提出将集体谈判作为美国大学教授协会实现高等教育目标的另一项重要措施。该声明指出,单纯依靠职业传统和道德说服的作用是不够的,还必须将通过集体谈判达成的一致意见以及法律强制力作为必要的补充,才能有效保证原则的实现。这些原则包括促进学术自由和终身聘任制的发展,保障正当程序的履行以及大学管理的不断改善。[1] 自此,教师集体谈判和罢课开始成为美国大学教授协会推行其主张的途径之一。1985年,美国大学教授协会成立全国集体谈判委员会以帮助建立全国各地的集体谈判工会。

美国大学教授协会由秉持"职业理念"的专业组织到具有工会性质的工会组织的转变,体现了其对时代的顺应和对自身的完善。20世纪70年代,美国高等教育三大危机的产生对各高等院校形成了巨大的冲击。为了求得院校本身的生存与发展,各高校纷纷进行专业结构调整,重新分配有限资源,加强资助那些与市场、工业联系紧密且能够创收的学术活动,削减边缘教育计划,并且重组、裁减教职人员,减少教师工资和增加教师工作量,对与市场、工业联系紧密的专业教师给予优惠待遇等。1980年成为西方高等教育的转折点,教师和大学被一体化地整合于市场之中,给予大学以特殊待遇的合法性,专业人士的训练基础,也包括专业特权,都遭到破坏和削弱,大学在未来将被贬低和等同为其他组织,学术专业也被贬低得如同其他工人一样。[2]这些调整措施将学术专业发展置于非常不利的地位,大学教师的学术专业发展面临巨大挑战。而美国大学教授协会的转变体现了其在不断实践的过程中充分意识到了教师的职业安全、社会地位、经济待遇等对于大学教师实现学

[1][2] 陈悦,高锡文.论美国学术专业的工会化——AAUP工会主义及其特征[J].复旦教育论坛,2006(5):70-73.

术专业发展，进而推动整个学术职业水平提高的重要性。它摒弃过去狭隘地关注专业主义的思想，进一步关注集体谈判和教师罢课对于大学教师维权的重要作用，积极支持并组织大学教师参与集体谈判，并在制度上不断健全与完善，建立起了由联邦到各区域、各州以及各学区的运作系统。美国大学教授协会工会主义的确立扩大了其在大学教师中的影响力。

（二）工会化后的美国大学教授协会对美国大学教师学术专业发展的支持

工会化是美国大学教授协会顺应形势发展需要不断完善自身的结果，协会虽然具备了工会组织的特征，但并没有忘记自身的学术职业特征，并紧紧围绕这一核心开展了一系列活动来维护学术职业界的利益，推动了美国大学教师的学术专业发展。美国大学教授协会在20世纪七八十年代对大学教师学术专业发展的贡献突出体现在其开始采用集体谈判制度来维护大学教师的权益。集体谈判不但将教师的工资和工作条件纳入谈判范围，还在课程设置、学生分班和教师的选拔与岗位分配等方面作出努力。这可以从一些合同统计中看出：1981—1982年，在具有法律效力的合同中，约有46%的合同对课程进行了规定，约64%的合同规定了学生分配政策，96%的合同涉及了教师选拔和岗位分配政策。[1]

1. 教师评价

教师评价机制公正与否对教师及其所在院校的发展都具有重大影响。合理的教师评价机制能够促进教师的专业发展，反之，则会影响其

[1] 李娜.美国大学教师集体谈判制度研究[D].开封：河南大学，2008.

工作热情与态度，从而阻碍其专业发展。然而，大学行政人员和大学教师的价值冲突往往使彼此对于大学教师评价机制的态度不同。行政人员希望借助教学评价对教师加以限制，提高自己的行政权威；而大学教师则希望教学评价是发展性评价，而非终结性评价，即大学教师希望通过评价更好地认清自己在工作中存在的不足以便改正和完善，而非让评价仅限于评价，或者是让其成为惩戒教师的依据。

针对教师评价问题，大学教师希望通过集体谈判对他们认为合同中不公正或者可能被行政管理人员用于惩罚教师的评价进行限制。这些限制包括教师的听课时间、听课地点、每周听课时数等。同时，教师希望禁止使用统一的评价模式。他们认为，应该结合不同教师的工作内容与特点给予不同的评价内容与评价标准，这样才不至于有失公平，也有利于不同教师找到适合自己的发展之路。大学教师通过集体谈判对一些评价加以限制，这在一定程度上捍卫了教师的学术自由权利，保障了教师在课堂上的主动权，有利于其教学学术自由的发展。此外，教师还可以通过行政人员的评价及其提出的不足和建议有针对性地促进自身学术水平的提升。

2. 教师解聘

20 世纪七八十年代，美国高等院校的专业调整和人员重组使得教师的职业安全不再那么有保障，教师被解聘的情况时有发生。大学教师借助集体谈判对行政权力作出了抗争，努力维护自己的合法权益。谈判过程中采取的优先排序策略、优先召回策略、重新安排和再训练策略等都发挥了良好的效用。优先排序策略即当一群教师面临被解聘的危险时，按照教师资历、是否获得终身教职、全职还是兼职等标准进行排序，资历浅、没有获得终身教职的兼职教师会最先被解聘。该策略是以牺牲一部分资历尚浅教师的利益来维护整个大学教师团体的声誉，间接表明了高校教师是一个崇尚精英、尊重学术声誉的特殊群体。优先召回策略即当校方由于财政原因而非学术原因解聘某位教师时，在该校财政状况好转后，被解聘的教师享有被优先召回的权利。重新安排和再训练策略即由于专业调整、重组产生教师被解聘的压力时，大学教师可以通过集体谈判要求校方尽量重新安排其他岗位，如安排他们到其他系科的有空缺的岗位或者是非教学岗位等。如果采用再训练策略，则校方应给该教师一个特别的学术休假年，或者给予一些学费补助，但这不能保证校方在再训练结束后一定重新聘任该教师。

尽管美国大学教授协会引导的集体谈判所采取的这些策略不能彻底地反击行政权力对大学教师权益的侵害，但它们确实在最大程度上维护了教师的职业安全，维护了大学教师作为学术职业者的荣誉与利益。

3. 班级规模

班级规模是大学教师与校方在集体谈判中争论的另一个主题。教师一般喜欢比较小的班级规模，他们认为小班教学能够更好地发挥教学的效用，对学生的学业有好处。而行政人员则认为缩小班级规模要付出更高的成本，其成效却很难确定。20 世纪 80 年代中期，田纳西州对班级规模进行了研究，该研究历时 4 年，包括 79 所学校的 6 300 名学生。研究者随机将低年级的学生分成三种情况：一个教师教 20 个学生；一个教师教 20 个学生但有助教；一个教师教 15 个学生。在阅读、单词学习以及教学的标准测验中，小规模班级的学生成绩高于规模大的班级以及规模大但有助教的班级。此外，研究者还发现，学生在规模小的班级中学习时间的长短与他们的测验成绩存在相关性：学生在规模小的班级学习时间越长，成绩提高越多。[1] 该研究为教师在集体谈

［1］ 李娜. 美国大学教师集体谈判制度研究[D]. 开封：河南大学，2008.

判中争取缩小班级规模提供了有力论据。

总体而言，美国大学教授协会在20世纪60年代末70年代初由专业组织向工会组织的转变体现了与时俱进、不断创新的精神，很好地应对了新时期提出的巨大挑战。相对于美国教师联合会和全美教育协会来说，美国大学教授协会虽然最晚参与集体谈判，但它在20世纪七八十年代大学教师的集体谈判中却发挥了不可或缺的重要作用。其领导的集体谈判涉及范围广泛，努力维护了教师的合法权益。更可贵的是，美国大学教授协会在向工会组织转变之后并没有忘记其所担负的学术职业的责任。因此，在努力为教师争取较好的教学和工作环境的同时，美国大学教授协会也坚持以学术职业为核心，不断为美国大学教师的学术专业发展提供良好的服务与保障，促进了大学教师学术专业本身，即教学、科研和社会服务能力的提升。

第四节

美国大学教师发展的历史成就

尽管20世纪七八十年代不是美国大学教师学术专业发展的“黄金时代”，但外在的挑战反而激发了美国大学教师发展运动蓬勃开展，也促进了美国大学教授协会等教育组织顺应时势的转变。该时期美国大学教师的学术专业发展实践为我们提供了宝贵的历史经验。

一、增强大学教师的自我发展意识

唯物辩证法的内外因辩证关系指出，内因是事物发展的根据，外因是事物变化发展的条件。外因只有通过内因促进事物内部矛盾双方力量对比发生变化，才能对事物的发展产生作用。无论大学教师发展的外在条件多么优越，如果缺乏大学教师的主动参与和配合，其发展都不能达到理想的效果。传统观点认为：一个好的教师就是一个精通本学科知识的教师。[1] 大学教师本身就是学者和专家，其从事的教学和科研活动本身就是专业活动，因此没有必要强调大学教师的专业发展。在20世纪60年代，只有一些零星的项目关注大学教师发展，属于个别院校的自发行为。进入20世纪70年代，不少人士依然不能理解大学教师发展。1972年，丹弗斯基金会(Danforth Foundation)召集60位专家讨论建立教学中心的可能性，结果同意者寥寥。当教学中心建立起来时，许多教师持反对立场，觉得自己是专业人士，不需要“被发展”，与其花那么多钱建中心，还不如用来提高工资、资助外出访学或用于学术研究。[2]由此可见，提高大学教师的教学技能、科研能力和服务能力固然重要，但帮助教师认识教师职业、学生和大学特点，改变对教学的态度，更是大学教师发展所必需的。正因如此，20世纪七八十年代美国大学教师发展运动中创建的一系列大学教师发展组织不但关注教育目标设计、课程规划、学业成就评估等，还特别关注大学教师的职业态度和教学态度。大学教师发展中心建立后，大学教师的观念也随之转变。他们开始意识到教学技能是可以通过后天学习的，大学教师发展中心不但可以促进提高教学技能，还给教师之间的交流与合作提供了平台。

[1][2] 林杰.美国大学教师发展运动的历程、理论与组织[J].比较教育研究，2006(12)：30-34,50.

对大学教师发展的关注还体现在理论层面。伯格奎斯特、菲利普斯和加夫(Jerry Gaff)提出了三种大学教师发展理论模型，从态度、过程、结构三个层次展开分析。伯格奎斯特和菲利普斯认为，大学教师教学技能的提高对于改善高校的教育质量固然重要，但如果只注重教学发展，大学教师发展仍难以取得理想的效果。如果一个大学教师不重视教学，没有意识到自己首先是一位教师的话，那么他对于大学教师发展项目所提供的新的教学方法与技能不会感兴趣，甚至持抵触态度。虽然态度不能决定一切，但它却是成功完成一件事情的首要因素。持有抵触态度的教师即使参与了大学教师的发展项目，也不会有真正的发展。因此，一个有效的大学教师发展项目必须涉及教师的态度，即和教育教学相关的价值观、哲学和自我认知等方面。[1] 加夫则认为，所谓的教师个人发展，不仅指与改进教育与教学相关的个人态度和价值观的澄清和演化，也指向对教师个人情感和精神世界的关怀。[2]

成人的学习动机主要来自内部，而不是外部。[3] 正是由于美国大学教师发展运动在实践与理论两个层面上都非常注重增强大学教师的自我发展意识，大学教师发展项目最终被大学教师接受，并在其发展过程中发挥了重要的作用。

二、关注大学教师的成人学习者角色

欲使大学教师发展项目真正促进大学教师的学术专业发展，就必须充分理解大学教师的多重角色。大学教师除了教师、学者或专家身份外，首先是一个人，是一个不断发展的个体。在不断发展的过程中，

[1][2] 林杰，李玲．美国大学教师发展的三种理论模型[J]．现代大学教育，2007(1)：62－66，111－112.

[3] 潘岳祥．成人学习理论与教师继续教育[J]．湖南师范大学教育科学学报，2005(4)：86－88.

大学教师是终身学习者中的成人学习者。根据诺尔斯成人学习理论，成人具有不同于儿童的学习特征与风格，因此大学教师发展必须充分考虑成人学习者的特点。

首先，制订不同的教师发展方案，满足具有不同专业背景和心理特征的教师的需要。成人具有丰富的学习经验和工作经验，这些经验是成人学习的重要资源。成人学习者都是带着个人丰富的生活经验和工作经验进行学习的。这些经验既是成人自己学习的基础，也是他们和其他成人学习者相互交流与学习的资源。[1] 每位大学教师的生活经验和工作经验不同，对于发展的需求也不相同。美国大学教师发展项目关注个体差异，满足不同教师群体的发展需求。如学校的教师发展组织为试图提高自身教学或科研水平的教师提供咨询服务，帮助教师针对自己的实际特点制订发展计划，为教师学习提供建议；为有计算机应用教学特长的教师提供奖金；研习会主题多样，能够满足教师的不同发展需求。[2]

其次，注重不同职业生涯阶段教师的不同需求。不同职业生涯阶段的大学教师对于发展的需求不同。美国大学教师发展运动中建立了以“生涯阶段”为中心的研习会等教师发展组织，为处于各个生涯阶段的教师提供服务。如面向新手教师的新教师适应计划，面向中高级教师的带薪休假、学术交流访问及新的教学方式等。

三、创设良好的大学教师发展环境

（一）组织保障

20 世纪七八十年代，美国高校设立了许多专门负责教师发展的组

[1] 潘岳祥. 成人学习理论与教师继续教育[J]. 湖南师范大学教育科学学报，2005(4)：86 - 88.
[2] 曲畅. 美国大学教师专业发展探析[D]. 长春：东北师范大学，2007.

织，为大学教师发展提供了组织保障。这些机构从多个方面推动了大学教师的学术专业发展。

首先，大学教师发展组织致力于提升教师的教学质量。它们组织相关的学习活动，为教师提出的教学项目提供外部支持，协助教师提出教师提案和新教师培训计划。20 世纪 70 年代以来高等教育的质量下降遭到了广泛的批评，提高高等教育质量的呼声越来越高。而大学对这些呼声作出的回应之一便是改变大学教师对于教学的态度并提高其教学技能。这一时期成立的一系列大学教师发展组织也都非常重视改善教学在大学教师学术专业发展中的地位。这可以从一些高校建立的教师发展组织的名称和任务陈述中看出。例如，华盛顿大学设有“教学、学习和技术中心”，其任务是为教学提供各种资源和支持。西卡罗来纳大学设立了“优质教学和学习中心”，该中心致力于为大学的全职教师和兼职教师提供有关教学的全方位服务，创造一个重视教学的环境。而密歇根大学教学研究中心通过提供综合的课程和教学发展活动致力于提升大学的教学质量。大学教师发展组织设立了许多项目帮助教师学习教学方面的知识：帮助教师获得新的教学技能，帮助教师获得有关自己教学行为的反馈，致力于探索教师对教学的态度、价值和情感；研究教学过程，和教师一起设计具体的教学目标，测量目标的实现程度；使用媒体设计教学材料，开发新的教学系统。

20 世纪七八十年代，大批的校内大学教师发展组织建立起来，一些跨院校的教师发展组织也大量出现。如 1976 年成立的高等教育专业和组织发展网络(Network of Professional and Organization Development)，该组织由致力于大学教师发展的专业人员组成，他们通过定期举行会议、发行出版物等形式来实现其共同目标——通过专业协会改善高校教学。[1]

其次，教师发展组织同时为大学教师提供科研支持。虽然 20 世纪 70 年代人们对于高等教育的关注从科研转到教学，到了 20 世纪 80 年代，教师发展又被定位于“发展者”之后，但科研始终是大学教师承担的一项任务。因此，大学教师发展组织在致力于提升大学教师教学水平的同时，还为他们的科研提供了许多帮助。一方面，大学教师发展组织为教师的学术研究和实践提供外部资金保障和制度保证，引导教师的研究计划符合联邦政府、州政府和所在学校的政策规定。大学教师发展组织成为协调教师个体与大学、研究机构与支持单位之间关系的重要组织中介。另一方面，大学教师发展组织向教师提供有关写作、编辑和出版方面的参考著作，旨在规范教师的科研与创作。有些大学教师发展组织还向教师提供有关外部经费支持的信息，比如，提供多种基金会的资料以及经费申请方式等，以帮助教师获得科研资金。

（二）资金支持

尽管 20 世纪七八十年代美国高等教育的财政危机严重，但大学教师发展还是获得了大量的资金支持。这或许正是出于不扩大教师队伍规模而提高其效率的考虑。20 世纪 70 年代资助大学教师发展项目的是一些私人基金会。如布什基金会(George H. W. Bush Foundation)、卡内基基金会、福特基金会、礼来基金会(Lilly Endowment)和丹弗斯基金会等。1969—1971 年，美国大学教授协会和美国大学协会接受了卡内基基金会对“改进大学教学项目”的资助。[2] 20 世纪 70 年代中期，丹

[1] 王春玲，高益民. 美国高校教师发展的兴起及组织化[J]. 比较教育研究，2006(9)：56 - 61，87.
[2] 曲畅. 美国大学教师专业发展探析[D]. 长春：东北师范大学，2007.

弗斯基金会和福特基金会等开始将教学中心作为优先资助的对象。1976 年，丹弗斯基金会拨给哈佛大学、斯坦福大学、西北大学及其他两所大学启动资金以建立大学教师发展中心。[1] 布什基金会支持的高校教师发展项目于 1980 年开始在明尼苏达州和达科他州的各种学院展开高校教师发展研究，目的是通过各种高校教师发展项目改善本科生教育。布什基金会为 30 多种教师发展项目提供为期 3 年的资金支持。随着大学教师发展运动如火如荼地进行，大学教师发展还逐渐获得了大学的行政管理人员及联邦政府的关注。他们也开始为大学教师发展项目提供一定的资助。大学为教师的学习和发展提供各种补偿金、补助金，以及各种社会福利，从资金、物质上保障教师发展方案的顺利推进。联邦政府也对大学教师发展中心给予了经费上的资助。到了 20 世纪 80 年代，美国大学教师发展已经拥有了稳定的经费支持。

（三）理论支持

美国大学教师发展理论从无到有，并伴随高等教育发展的需要适时完善。早在 20 世纪 60 年代初期，美国大学教师发展运动就以行为主义、感知训练运动和个体差异的研究作为其理论基础。到了 20 世纪 70 年代，大学教师发展运动蓬勃发展起来，有关大学教师发展的理论研究也较以前更加丰富。此时期最重要的理论成果当数伯格奎斯特和菲利普斯 1975 年在《有效大学教师发展项目的基本要素》(*Components of an Effective Faculty Development Program*)一文中提出并在 1977 年出版的《大学教师发展手册》(*A Handbook for Faculty Development*)中

[1] 林杰.美国大学教师发展运动的历程、理论与组织[J].比较教育研究，2006(12)：30－34，50.

修正的概念模型，以及加夫在其 1975 年的著作《关于大学教师更新：教师、教学和组织发展的进步》（*Toward Faculty Renewal: Advances in Faculty, Instructional, and Organizational Development*）中提出的大学教师发展理论模型。他们分别从态度、过程和结构三个层次进行了分析。伯格奎斯特和菲利普斯于 1975 年提出概念化的综合模型假设：大学教师发展是在态度、过程和结构三个层次上展开的。如果仅仅注重一个层次的变化，教师发展项目便很难获得成功。[1] 加夫所构建的大学教师发展理论模型则认为态度、过程和结构中的每一部分都可以独立发展，而不必参考其他两个部分的进度。伯格奎斯特和菲利普斯认为，他们之前提出的概念综合模型和加夫提出的理论模型的共同缺点是将教学发展限定为过程层次，把组织发展限定为结构层次。针对此，他们对两个模型进行了拓展和深化，将大学教师发展的三个维度和三个组成部分综合到一起。另外，他们还指出，任何大学教师发展都是在一定的制度环境中进行的。因此，要取得大学教师发展的显著成果，就要关注大学教师发展的外部制度环境的建设。

除此之外，20 世纪 80 年代关于“大学教师学术职业与成人发展”“大学教师个人生活与职业生活之间的关系问题”“大学教师职业倦怠问题”和“大学教师工作满意度与非工作生活满意度”等主题的研究非常丰富，也为大学教师发展运动提供了理论基础。

理论的传播需要一定的媒介与平台才能够实现，而以大学教师发展为主题的学术出版物则恰恰为教师发展理论的繁荣提供了讨论的平台。此类刊物包括：《学院教学》（*College Teaching*）、《变革杂志》（*Change Magazine*）、《合作学习与大学教学》（*Cooperate Learning*

[1] BERGQUIST W H, PHILIPS S R. Components of an Effective Faculty Development Program[J]. The Journal of Higher Education, 1975(2): 177 - 211.

and College Teaching)、《教与学论坛》(*The Teaching and Learning Forum*)等。这些学术出版物为大学教师学术专业发展和学术进步提供了丰富的资源。[1]

[1] 曲畅.美国大学教师专业发展探析[D].长春：东北师范大学，2007.

第四章

美国大学教师终身教职制度*

* 本章部分内容刊载于《教育研究》2004 年第 9 期。

20 世纪八九十年代以来，随着绩效管理原则在美国大学管理实践中的广泛运用，随着来自政府尤其是州政府的财政拨款数额下降而导致学费的大幅上涨，随着一系列向社会展示大学教育质量报告的发表，大学教育质量尤其是本科生教育质量引起学生及家长的担忧。民众对大学教育效率表现出前所未有的关注，对教师的教学、科研以及社会服务情况实施评价的呼声越来越高。改革甚至废除终身教职成为州立法机构、大学行政管理层提高大学教育经费利用率、减缓财政压力的一种选择。

公立大学设立终身教职的经费主要来源于政府拨款，私立大学则主要来源于个人捐赠及学生学费，因而终身教职问题引起越来越多的争议和讨论。州立法人员、大学董事会成员以及大学行政管理人员认为，大学终身教职教师忽视教学责任，不再向学生提供高质量的教学服务，不再从事高水平的科学研究活动；终身教职教师抵制变革的行为降低了学校适应经费减少和学生需要多样化的灵活性。[1]

然而，因为美国大学教授协会所确立的学术自由与终身教职的内在关系已被美国高等教育界接受，所以终身教职与学术自由之间的关系就成为讨论终身教职存废的焦点。

[1] UHFELDER S. Reform Tenure Now: Addressing Florida's Failed System, Outside the Lines Corals Gabels[C]. Florida: Foundation Florida's Future, 1995: 3.

第一节

美国大学教授协会与大学教师终身教职制度的确立

终身教职制度是美国高校教师管理制度中一项关于教师聘任和职务晋升的制度，是美国高等教育制度的组成部分和教师管理制度的重要特色。它在维系美国高等教育领域的学术自由理念，稳定高校教师队伍，不断提高教师水平，平衡高校学术权力与行政权力，以及保障美国高等教育质量等方面起到了重要作用。终身教职制度与大学自治、学术自由共同构成美国高等教育的三大基石。[1]

终身教职制度为维护学术自由作出了巨大贡献。该制度可以保障教师按照自己的信念进行教学的权利，可以保障教师信奉不热门的学术的权利和非学术目标的权利，还可以保障教师按照自己理解的知识和思想去行动而不必害怕任何人惩罚的权利。[2] 罗伯特·哈斯克(Robert E. Haskell)甚至认为，学术自由与终身教职是一个硬币的两面。

鉴于美国大学治理体系和治理制度的特殊性，终身教职在维护大

[1] 赵曙明. 美国高等教育管理研究[M]. 武汉：湖北教育出版社，1992：91.
[2] 亨利·罗索夫斯基. 美国校园文化——学生·教授·管理[M]. 谢宗仙，等，译. 济南：山东人民出版社，1996：158.

学教师的切实利益方面具有特殊价值。就治理制度和治理体系而言，美国大学选择了类似于公司化管理的组织机构，管理权由大学董事会掌握，大学董事会由校外人士组成，校长也由大学董事会聘任产生。该治理体系与治理制度将包括大学校长在内的大学人员置于“公司雇员”的地位，将大学教师职业置于极不安全的地位，大学教师可能因宗教信仰、政治观点或学术立场不容于大学董事会或政府当局而遭解聘。对大学教师而言，如何在自己的职业活动中享有必要的安全保障，如何改变自身在职业聘任等事务中所处的弱势地位，成为亟待解决的问题。

基于美国大学教授协会一系列声明而产生的大学教师终身教职，自其出现起，便在美国大学教师发展制度体系中居于重要地位，并日渐完善。

针对终身教职，美国大学教授协会发表的主要声明包括：1915 年的《关于学术自由和终身教职的原则声明》、1940 年的《关于学术自由和终身教职的 1940 年原则声明》、1956 年的《为了国家安全的学术自由与终身聘任制》、1958 年的《关于教师解聘过程程序标准的声明》、1970 年的《解释性说明》。这些声明主要就大学教师终身教职的相关事务作出较为全面的解释，构建起美国大学教师终身教职体系。

19 世纪末 20 世纪初，大学教师与大学董事会及其他管理者之间激烈冲突的事件屡有发生。这使大学教师认识到建立教师集体组织维护学术权利的必要性。在美国政治科学协会、美国社会学协会和美国经济学协会的大力推动下，1915 年，美国大学教授协会成立。其宗旨是：“加强学术职业成员之间的合作，充分发挥在维护美国高校利益以及研究方面的特殊作用；促进对有关高等教育的问题开展更加广泛的系统的讨论；保障学院和大学教师的言论自由；促成集体行动；提高学术职业水平，维护职业理想。”[1]协会成立不久便着手确立学术职业标准和规范。1915年12月发布了《关于学术自由和终身教职的原则声明》，声明涵盖了三方面内容。

第一，分析学术权利的基础以及学术职业的性质，指出教授与董事之间的关系好比联邦法官同任命法官的总统之间的关系。大学教师在提出和发表研究结论方面不受董事的控制，正如法官的裁决不受总统的控制一样；同理，董事没有为教授的思想和言论承担责任或者表示认同的义务，正如总统无须承担批准法院所有法律裁决的义务一样。[2]

第二，从大学的教学、科研和社会服务三大功能的层面阐述学术自由存在的必要性。

第三，指出自由与责任是统一的，大学教师在享受学术自由权利的同时，必须履行相应的学术责任和义务，遵守教师的职业道德。

1940年，美国大学教授协会联合美国大学协会发表了《关于学术自由和终身教职的1940年原则声明》。该原则声明主要涉及工作保障、大学行政事务模式、试用期问题、某校三年试用期对另一院校的适用问题、三年与六年评价期的规定、解聘的必要事由及一系列操作惯例，并阐明了“终身教职”的概念。[3] 1940年的原则声明得到了许多学术团体的认可。除美国大学教授协会、美国大学协会外，从1946年到1967年，共有50个学术团体签字承认。通过举行年会、发布公告、对学术自由案件进行调查审理等方式，美国大学教授协会大力促进教师终身教职制的实施。此后，美国大学教授协会不断对1940年的原则声明进行修正完善，以适应实际需要。相关内容参见本书第二章第三节，在此不

[1] 张斌贤，李子江. 大学：自由、自治与控制[M]. 北京：北京师范大学出版社，2005：115.
[2] 同上：117.
[3] 王全林. 精神式微与复归——“知识分子”视角下的大学教师研究[M]. 南京：南京师范大学出版社，2006：203.

作赘述。

20 世纪八九十年代以来，在市场经济的浪潮空前汹涌、席卷全球的情况下，美国大学经费减少，提高大学与学院教育质量和管理效益的呼声高涨。在此背景下，一方面，美国大学教师终身教职制度受到了质疑；但另一方面，关于终身教职的质疑也获得了强有力的辩护。

一、终身教职与学术自由的内在关系遭受质疑

（一）终身教职与学术自由是否存在必然联系

美国高等教育实践证明，终身教职与学术自由存在必然的联系。美国宪法第一修正案、特殊的申诉程序、雇佣合同等均不能替代终身教职对教师学术自由所发挥的保护功能。相对于终身教职而言，美国宪法第一修正案对学术自由的保护是有限的。美国宪法第一修正案禁止州政府侵犯自由演讲的权利，但这仅适用于公立学院与大学，不涉及私立学院与大学；学术自由所涉及的许多具体活动也不能纳入关于演讲权的法律分类条款。特殊的申诉程序保护学术自由的意义也比较有限，因为没有一位决策者承认是因为教师的某些言论而导致其被解职的命运。雇佣合同等方式将大学教师等同于公司雇员或企业职员，未能体现大学教师工作的特点以及大学教育的特点，当然也就难以有效地起到保护学术自由的作用。这些方式均须由处于弱势地位的教师承担举证责任。因此，有学者提出，在缺少终身教职的情况下，建设一种替代性的能够保护更为具体的学术自由事务的程序是极其困难的，终身教职、学院管理与学术自由之间所保持的密切关系已令美国高等教育受益匪浅。放弃终身教职制度将使得这一典范坍塌。

(二)学术自由是否需要终身教职的保护

美国公立与赠地大学协会主席麦格拉斯(C. Peter McGrath)在1997年2月28日的《高等教育记事》上撰文提出:依靠终身教职保护学术自由已经成为一种过时的认识,宪法第一修正案已经保护了教师的言论自由,不需要终身教职保护教师的言论自由。

学术自由在当代的美国高等教育领域并不是一个过时的概念,也不是一个得不偿失的概念。随着时代的发展,侵害教师学术自由的形式发生了变化。讲授达尔文进化论的教师已不会面临当年斯科普斯(John Thomas Scopes)所接受的审判,[1]"麦卡锡时代"也已经成为历史,但民权运动研究、反战浪潮、女性主义、反恐怖主义等与现实息息相关的研究仍需要一种以终身教职为基础的学术自由的捍卫与保护。失去终身教职的保护,大学教师对真理的探索便会受到极大的束缚,也就很难在有关多元文化主义、政治矫正、少数族裔及社会不利群体利益问题的研究中保持学者的清醒立场。如果没有终身教职的保护,可以想象一位科学家在一所接受烟草公司捐款资助的大学从事抽烟可以致癌课题研究的命运。更进一步说,缺乏由终身教职保护的学术自由,这类研究能在此类大学中正常开展吗?

大学教师的学术自由面临着新的困境。对外来经费的依赖、科学研究项目的争取、教师聘任政策中的性别歧视都成为大学教师学术自由的潜在影响源。相对于政府、大学董事会成员以及大学行政管理者来说,教师仍然属于弱势群体。终身教职对学术自由的保护并不因宪法第一修正案对公民言论自由的保证而失去自己的意义。

[1] 斯科普斯(John Thomas Scopes,1901—1970)是美国田纳西州的一位中学教师,1925年因讲授达尔文进化论而被指控违反当时的州法,犯"渎神罪"。这一事件构成轰动一时的"斯科普斯学术自由审判案"。

（三）依靠终身教职保护学术自由的代价是不是太大了

一些人士提出，鉴于解雇终身教职教师所存在的实际困难，[1]终身教职教师的存在已经成为大学提高自身适应市场灵活性、实施研究项目调整以及学科专业改革的一大障碍；一部分大学“庸才”的存在导致社会民众认为大学教授拥有太多的特权、太多的保障、太少的工作，不利于大学声誉的提高；终身教职的设立与维持需要大量的经费，20 世纪 90 年代初哈佛大学新设一个终身教授职位需增加 200 万美元的教育经费……[2]这些情况使得人们提出：依靠终身教职保护学术自由的代价是不是太大了？况且，依靠终身教职吸引有才华的人加盟大学教师队伍的必要性已经不存在。

上述观点不同程度地存在于 20 世纪 70 年代以来关于终身教职的政府性调查报告中。1970 年，大学校园冲突特别委员会（The Special Committee on Campus Tensions）经过调查提出：终身教职并不像商业工会体制那样确保工作的安定性，但终身教职的确以付出代价的方式发挥了这种作用；终身教职在某种程度上成为教师对学术事务漠不关心甚至缺乏学术责任的保护伞。无独有偶，校园骚乱总统委员会（The President's Commission on Campus Unrest）也在调查报告中提出，在保护资深教师的学术自由事务中，终身教职以其有力的作用为自己的存在赢得充分的根据。但终身教职同时保护偏离大学教育基本功能的行为，这对学生来说是不公平的；终身教职同时赋予教师逃避责任的自由，这是不可接受的。

---

[1] 1993 年 1 月，明尼苏达大学发现本校终身教职教授特威·扎哈维（Tzvee Zahavy）同时在北卡罗来纳大学兼职，按照明尼苏达大学的有关规定，扎哈维教授的做法属于严重违纪行为，校方决定对其作解聘处理。但校方的这一决定在几经周折后，才于 1996 年 3 月由明尼苏达州法院判决生效。

[2] ROSOVSKY H. The University: An Owner's Manual[M]. New York: W. W. Norton and Company, Inc., 1990: 189.

终身教职教师的存在并不绝对阻止研究项目的减少或调整，只是在研究项目减少或院系调整之前对相关教师的工作产生影响。大学的改革以及对管理的灵活性的追求并不意味着大学的一切以迎合市场的时尚为目标。实践证明，终身教职教师在教学、科研以及社会服务等方面的工作业绩要优于非终身教职教师。恰恰是由于获得终身教职所带来的对学术自由的保护，大学教师才有可能全身心地投入工作。当然，部分持有终身教职的教师可能被归入所谓的平庸教师的行列，但是没有证据显示这一问题的出现与其持有终身教职具有内在联系，终身教职更不能成为部分教授教学水平低下、科研业绩不佳的罪魁祸首。需要注意的问题是，究竟是什么原因导致出现这类现象。实际的情况往往是学校管理制度出了问题，一位平庸教师的背后往往站着一位平庸的管理者。

（四）终身教职教师享有的学术自由是不是一种没有任何评价和责任的自由

按照美国大学教授协会的《关于学术自由和终身教职的 1940 年原则声明》，终身教职并不保证教师获得终身聘用，终身教职的根本意义在于，获得终身教职的教师只有在符合学校解除职务的条款并依据正常学术程序的条件下才能被解职。一个享有终身教职的教师如果专业成就欠佳或者出现严重的教学不负责任的情况，仍然面临被解职的命运。另外，在大学教学计划调整、院系合并或研究项目撤销的情况下，在学校财务处于严重危机的情况下，享有终身教职的教师也面临被解职的命运。事实上，即使在度过为期 5—7 年的试用期，通过所在系同行评价、学院学术评审委员会评价、学校学术委员会评价获得终身教职后，教师仍须接受各种常规性的年度评价。而且，大学终身教职教师仍须承担必要的教学与研究责任。

大学教师应该不惜一切代价维护学术自由,维护大学及其组织机构的完整性和统一性,承担并完成相应的学术责任:通过研究与发表成果确保自己拥有一个学者的专业才能;承担并完成传播知识与创新知识的责任;捍卫学术同行以及大学在履行自己的学术责任时免遭任何校内外非学术性干预与控制的权利。

作为学术共同体的成员,教师不得歧视或骚扰大学学术同行,应该尊重其他学术共同体成员自由研究的权利;在进行学术交流与开展学术批评时,应对其他学者的意见表现出尊重;在对其他学术成员进行学术评价时,应努力体现公正原则;教师应该履行参与学校管理的责任;教师应该通过不懈的努力使自己成为一个教学、科研均卓有成效的教师与学者。

作为社区成员,教师拥有普通公民的权利和责任。教师在衡量这些权利和责任的时候,应该考虑到自己对学科、学生、职业以及大学所承担的责任。

总之,"在任何情况下,学术自由都是一种有限制的自由。学术自由不是教师讲授、讨论或发表任何内容的许可证。学术自由要限定在教师专业能力许可的范围内。学术自由以学术才能、责任与绩效为先决条件"[1]。

(五)终身教职本身是否已成为学术自由的障碍

按照美国大学教授协会1915年的《关于学术自由和终身教职的原则声明》,学术自由应该包括两个方面:教师的教学自由与学生的学习

[1] GEORGE R T D. Academic Freedom and Responsibility Symposium[J]. Journal of College and University Law, 2001.

自由。如果以维护并保证终身教职教师的学术自由为代价而使得教师忽视本科生教学职责的话，那么这本身也是对学生学习自由的损害。

终身教职并非导致部分教师忽视大学本科生教学职责的直接原因，更不应该成为损害本科生学习自由的直接原因。如果说部分终身教职教师忽视本科生教学的话，那也只能从大学的管理政策中寻找原因。根据美国教育统计中心(National Center for Education Statistics)1993年对全国90万名中学后教育机构教师实施的调查可知：在教学、科研以及社会服务等方面，终身教职教师的实际表现要优于至少是不逊于非终身教职教师。

（六）终身教职是否仅仅保护终身教职教师的学术自由

一些抨击终身教职的人士提出，终身教职仅仅保护终身教职教师的自由，这对非终身教职教师来说是不公平的。

按照1970年美国大学教授协会与美国大学协会对1940年《关于学术自由和终身教职的1940年原则声明》所作的补充说明：非终身教职教师以及包括助教在内的其他类型教师均享有学术自由权利。学术自由不应仅限于终身教职教师，而应惠及全体大学教师。终身教职制度为大学与教师免受立法人员、校友以及其他校外力量与组织的干预提供了卓有成效的保护。

二、终身教职是不是导致学术平庸的罪魁祸首

终身教职制度的抨击者认为，终身教职客观上滋长了终身教职拥有者的学术懈怠和不思进取，是形成学术界“朽木教师”的罪魁祸首。部分大学教师一旦获得终身教职，或者“马放南山”，安于现状，缺乏学术激情，变成一座“死火山”；或者孤芳自赏，画地为牢，不问世事，封闭

于自身的学术小圈子，忽视了自己所担负的教学与社会服务责任。部分终身教职教师业绩平庸，难称其职，为学生所诟病。一如米勒(D. K. Miller)所言，终身教职制使高校变得僵化，为恪守终身教职教师拥有职业安全这一原则，部分业绩表现不佳的终身教职教师得以长期把持某一职位而没能被及时解雇。[1]

终身教职的拥护者则认为，终身教职并不是导致部分教师业绩平庸、不思进取的直接原因。相关统计数据证明，终身教职教师的整体学术业绩表现要优于非终身教职教师。

三、终身教职是否造成大学教师职业事务中的不公平

终身教职的批评者提出，终身教职可能导致教师聘任事务中的不公平现象，容易引发教师聘任事务中的种族歧视和性别歧视。而且，教师一旦获得终身教职，便直接脱离学术劳动力市场的公平竞争，容易引起其他社会职业人员对大学教师职业及其从业者的反感，引发人们对职业平等理念的质疑。终身教职的拥趸则主张，作为以知识的传播、增扩为目的的职业，大学教师的职业活动具有自身的特殊性。而且，在学术领域追求优异、鼓励卓越有益于全部人群的社会公共事业，允许一部分学术优异的学者获得终身教职的保障，恰恰是公平原则中的"区别化对待"理念的体现与运用。

不过，尽管终身教职制度的辩护者针对上述批评与质疑进行了一一反驳，但迫于形势，改革终身教职的具体方案已提出，这些改革措施的施行将对大学教师学术专业发展产生深远的影响。

---

[1] 王正青，徐辉. 美国高校终身教职后评估制度的兴起、内涵及其评价[J]. 高等教育研究，2006(3)：93.

第二节

美国大学教师终身教职制度的改革

终身教职制度从本质上来说是一种在市场经济条件下保障学术自由的特权制度，但自其确立之日起就一直存在争议。20 世纪 80 年代以来，争议与改革之声呈现愈演愈烈之势。在特定的大学发展背景下，针对大学教师终身教职的改革实践也步入尝试和落实的阶段。

一、终身教职改革的背景

首先，终身教职制度面临的最严重的问题是非终身教授职位的迅速增加，终身教授和终身教职职位正悄悄地让位于非终身教授及非终身教职职位。非终身教授所占的比例越来越大，另外，兼职教师的数量增长迅速。进入 20 世纪 90 年代，中学后教育机构兼职教师占教师总数的比例逐年上升，1991 年和 1995 年分别是 35％和 40％，1997 年上升到近 43％，2003 年占 43.7％。

其次，由于教师市场的供求矛盾越来越尖锐，年轻教师面临着越来越严峻的就业困难。他们希望废除终身教职制度，给他们腾出更多的位置。大学管理层也受到各方面的压力，尤其是大学之间竞争的压力，认为高校终身教职制度的存在降低了美国大学与学院适应自由市场机制的能力，不利于大学（学院）学科与专业的调整、研究项目重点的转移、招生政策的改变，不利于制度和学科创新，成为制约大学发展和竞争的瓶颈。另外，技术进步，特别是信息技术的进步，对大学产生了重大的影响。网络的发展极大地丰富了高等教育的形式，虚拟大学和营利性大学大量涌现。虚拟大学和营利性大学的兴起，不仅影响了对全职教师的需求，而且也可能对终身教职的合法性提出新的挑战。

再次，20 世纪 80 年代，在公众、州立法者和高等院校董事会越来越强调教育绩效和问责要求的背景下，一些公立院校开始施行终身教职聘后评审制，比如夏威夷大学。新的终身教职聘后评审制度迅速出台，为数众多的立法机关、董事会和大学管理人员要求实施该类评审。1989 年，美国大学教授协会报告其成员中仅有不足 1%接受终身教职聘后评审；1996 年，依据卡内基高校分类法对 680 所高校实施分类调查的结果显示，61%的高校制订了不同形式的终身教职聘后评审制度；1997 年，终身教职聘后评审系统已在 28 个州进入讨论或执行阶段，到 1998 年增加到 30 个州，2000 年增至 37 个州。由于终身教职聘后评审制度的广泛应用，美国大学教授协会不得不调整策略，于 1998 年 6 月在第 84 届年会上签署《终身教职聘后评审：美国大学教授协会的回应》(Post-tenure Review：An AAUP Response)，从一味拒斥到引导规范，促使聘后评议着眼于教师发展，而不是旨在适应绩效责任要求，更不是强调对终身教职教师进行纪律制裁。

最后，伴随高等教育大众化和大学职能多样化，大学教师的学科专业、聘任类别、性别和种族日益多元化，学术专业的同质性日渐瓦解，这使得行政权力趋势得到加强，而且使学术专业内部在一些基本价值观问题上产生了分歧。

二、终身教职改革的基本原则

在《终身教职聘后评审：美国大学教授协会的回应》中，美国大学教授协会认为，终身教职聘后评审只能导致不必要的金钱开支与时间浪费，并可能对教师的创造力及教师与学院的关系产生消极影响，最终损害学术自由。美国大学教授协会指出，终身教职并不是一个凝固的历史概念，随着美国社会以及高等教育实践的变化，终身教职也应作出相应的改革。不过，任何对终身教职的现实改革均不能以损害教师的学术自由为代价，对终身教职的改革不应该成为终结终身教职的开始。鉴于终身教职聘后评审已经成为现实，美国大学教授协会就包括终身教职聘后评审在内的终身教职评估制定如下实施原则。

（一）发展性原则

终身教职聘后评审的实施应着眼于教师的发展，而不是对教师的制裁与惩罚；评审不是对终身教职的再评估，而是对终身教职教师教学、科研以及社会服务业绩的评估，目的在于帮助教师寻找差距，明确努力方向。

（二）教师参与原则

教师在设计、制订教师评审的程序时应发挥领导作用，要遵循学术同行评价原则。

（三）程序公正原则

大学应该就终身教职聘后评审的程序作出规定，保证程序公正，赋予教师正当的知情权、参与权与申诉权。

三、终身教职改革的具体方案

关于终身教职的改革，主要思路有两种：一是通过适当减少终身职位的设置数量以解决高校的财政危机问题，加上一批终身教授陆续退休，最终达到逐步废除终身教职制度的目的；二是重视发挥教师的专业特长，为社区或社会服务。20 世纪 90 年代以来，美国大学董事会和行政管理者改革终身教职制度的呼声越来越高。佛罗里达州和加利福尼亚州成立了不采用终身教职制度的学校，得克萨斯州、佛罗里达州、弗吉尼亚州、田纳西州以及阿肯色州把终身教职聘后评审制度写进了本州的法律。

由于经费原因，改革乃至废除终身教职成为州立法机构、大学行政管理层提高大学教育经费利用率、减缓财政压力的一种选择。各种改革大学教师终身教职的方案纷纷出台，对终身教职与学术自由的内在联系产生了冲击。

（一）加强终身教职聘后评审

终身教职聘后评审是以提高大学教师的专业能力为目的，定期对终身教职教师的教学、科研与社会服务业绩实施强制性审查的评价制度。

1. 评审目的

实施终身教职聘后评审制度的目的在于：最大限度地利用学校教育资源，适应学术需要和实现大学教育目的，促进教师可持续性发展目标的实现；促使教师个人的发展与大学的学术需要保持一致；对每位获得终身教职的大学教师实施经常性的全面评价，确保大学教师的学术成就与学术创造力实现持续提升。

2. 评审机构

终身教职聘后评审可以由同行教师组成的评审小组实施，也可以由基层单位教师、学院人事管理人员及由教师组成的评审委员会实施。评审结果要以口头或书面的形式告知被评审者。

3. 评审程序

校内各学院以及基层组织的终身教职聘后评审程序必须与学校公布的评审程序相吻合，程序的变更必须获得学院院长与学术事务副校长的同意。

4. 评审内容

评审内容主要包括教师的教学、科学研究或创造性的工作以及社会服务业绩。

5. 评审类型

终身教职聘后评审的形式主要包括常规性评审与集中性评审两种类型。

终身教职聘后评审正在引起越来越多的关注，而且越来越多的大学在保留终身教职的同时，更多地采用该方案作为终身教职的必要补充。

终身教职聘后评审制度的出台及实施与州政府的大力推动密不可分，准确地说，州议会、州高等教育机构以及州立大学董事会共同推动了该制度的实施。终身教职聘后评审制度在某种程度上是作为废除终身教职的一种政治性力量而出现的。在社区学院，类似的评审制度已经实施了数年，而到了 20 世纪 90 年代，终身教职聘后评审制度的影响力越来越大。美国教师联合会公布的资料显示，1996 年有 61%的公立和私立四年制学院实施了终身教职聘后评审制度。根据 20 世纪 90 年代的一项调查，在美国中北部高等教育学院联合会（North Central

Association of Colleges of Higher Education)的两年制学院中,70%的学院实施了类似终身教职聘后评审制度。

(二) 实施定期合同制或滚动合同制

新的聘任制以约定期限内的聘任制取代终身教职的无限期聘任制。定期合同制(term contracts)确保教师在 3 至 5 年的期限内享有受聘权,根据教师的教学、科研以及社会服务的业绩决定合同期满后是否续聘或终止聘任。滚动合同制(rolling contracts)即在约定的合同期满后继续延长一个时期。在某种程度上,滚动合同制需要提交传统终身教职意义上的前景规划,教师在定期合同制期满而又未获得终身教职之前可以获得超过试用期(一般为 7 年)的一个合同期。定期合同制或滚动合同制一般在小规模的实验性专业学院实施,教师的基本组织形式是"团队"(team),而非传统的"学系"(department)。滚动合同制向教师提供了更多可以选择展示自己工作业绩的机会,尽可能避免出现消极的结果。但其不足之处在于,大学管理机构难以确定教师继续留职抑或作出其他决定的时间。

(三) 实施长期合同制

长期合同制(long term contracts)又称可续约性合同制,是一种聘期较长,通常为 6—7 年或 5—10 年的合同制。合同期满后接受相应评价,在遵循大学与教师双方自愿原则的基础上,通过评价者可续签聘约。[1]

就其积极性而言,长期合同制的任职时间比终身教职要短,有利于

---

[1] 顾建民. 自由与责任——西方大学终身教职制度研究[M]. 杭州: 浙江教育出版社,2007: 203.

大学在制订财务和教学计划、安排相关项目上表现出必要的灵活性，提升大学在教师聘任中的主动性，并在一定意义上有利于激发教师教学和科研工作的积极性。大学教师聘任长期合同制的实施，关键在于评价标准的合理性和可操作性。鉴于大学教师在教师聘任事务中所处的事实上的弱势地位，如果评价标准或程序设计不当，长期合同制容易成为事实上的定期合同制。且长期合同制降低了教师的职业安全感，容易引导教师为实现续约而在学术活动中出现急功近利的行为，不利于教师和学校的长期发展。

（四）实施延期性定期终身教职

为解决美国大学出现的享有终身教职者年龄偏大的问题，部分人士提出实施延期性定期终身教职（tenure for a lengthy but fixed term），即从教师获得终身教职时起确定享有终身教职的具体时间，如规定在25年内享有终身教职。这一提议主要针对美国取消大学教授退休年龄限制后，享有终身教职的高龄教师数量增加，致使教师整体工作效率下降而提出的。此制度有待改进之处在于，向教师授予终身教职时难以确定他们在专业领域可能保持学术创造力的时间，且有年龄歧视的嫌疑。而且事与愿违的是，终身教职维持期的存在难以消除无创造性及工作潜力的终身教职教师的存在。

（五）引导教师放弃终身教职

以提高工资水平及改善工作环境为条件，引导终身教职教师主动放弃终身教职，或者接受滚动合同制。这一设想的提出事实上暗含着这样一个假设：工作能力强、教学科研业绩突出的教师不需享有终身教职，而享有终身教职的教师要么教学科研成就平平，要么发展前景不容乐观。[1] 但是，终身教职是一种社会福利，而不仅仅是属于个人的一种可以转让或买卖的私人商品。任何个人均无权让渡美国高等教育发展过程中所形成的这一保护学术自由的制度性工具。

（六）延长终身教职评审的试用期

延长终身教职评审试用期的目的是：在保留终身教职的基础上对其进行完善。延长试用期主要基于以下考虑：为期 7 年的试用期难以准确判断申请终身教职的教师是否有资格享有终身教职。或者是因为申请者本人大器晚成，在规定期限内没有达到享有终身教职的要求；或者是因为学科或研究项目的原因，有些学科或课题的实验研究需要更长的研究周期。在某种意义上，延长试用期还代表了长期以来在学术领域备受忽视的妇女和少数族裔学者的呼声。但是，相对于美国社会其他类似行业的试用期而言，在 6 年内决定是否授予申请者终身教职已经算是比较长的了，并且，针对不同的研究学科及研究项目确定延长试用期也缺乏可操作性，允许一个学科的申请者延长试用期往往意味着别的学科申请终身教职的人也要延长试用期。

（七）控制拥有终身教职教师的总量

控制终身教职教师总量的一个基本考虑在于，使大学更灵活地适应学系改革或按照社会需要调整办学方向。其另外一个考虑在于鼓励申请者多次尝试获得终身教职。在试用期间，即使申请者获得了值得奖赏的成就，但如果这些成绩达不到获得终身教职的条件，那么申请者也永远不会参与终身教职的申请了。而一旦确定了拥有终身教职教

[1] CAMPBELL J, RICHTER S, SHEPPARD J. Tenure in Transition: The Florida Experience[M]. Tallahahassee: State University System of Florida, 1996.

师的总量，那么教师便一直处于争取终身教职的过程中，直至获得终身教职。与延长终身教职评审试用期相似的是，这一提议的不足之处在于使教师处于一个更长的危险期中，而且事实上未能解决部分已获得终身教职教师工作动力不足、创造力下降的问题。应该说，大学为追求自身办学的灵活性而制订一个长期的综合性教师队伍建设规划是必要的。只不过这一计划不应该让处于试用期的教师承担过多的负担，而涉及鼓励年长终身教职教师退休、兼职教师与讲师的评价问题。

20 世纪七八十年代，上述有关终身教职制度的改革措施与替代性计划并未获得大规模的实施，但终身教职聘后评审制度、滚动合同制或定期合同制、长期合同制等改革方案所体现的大学教师职业理念，给大学教师的职业安全与学术自由带来了潜在的威胁。大学教师的职业安全系数降低。能否获得续聘，能否拥有一份具有安全保障的职业，成为大学教师重点考虑的问题。大学教师职业活动的目标或标准成为具体的教师教学或业绩评估指标，而不再是大学的长远目标和教师自身的职业理想。

围绕终身教职所提出的诸项改革方案在一定程度上降低了大学教师这一学术职业的吸引力。相较其他具有更优厚待遇和更美好前景的职业而言，大学教师吸引从业者的原因之一在于其享有的以终身教职为代表的职业安全。某种程度而言，终身教职事实上为学术职业的从业者提供了一定经济补偿。

第三节

美国大学教师终身教职的学术自由价值

面对终身教职遭受的质疑，以美国大学教授协会为首的终身教职制度的维护者提出，终身教职是学术自由的必要保障。调查显示，选择成为大学教师的人大多是因为这一职业具有智力挑战、思想自由、学术和教学自由、教学机会和时间自由等方面的吸引力。如果废除了终身教职，大学教师职业也就失去了这些吸引力。此外，有些学校急功近利地调整教学结构，压缩文理基础学科，加强应用学科；无视学术研究的长期性，追求研究成果的数量而牺牲质量；有些学校担心失去捐款和生源，干预教师对学生的评估。这些情况的出现都对学术自由的保障提出了更高的要求。最后，美国宪法第一修正案不足以保障学术自由。学术自由包含的许多内容并非言论方面的，例如课程设计、教材选择、大纲制订、学生学业评价等。因此，终身教职不仅没有过时，反而拥有充足的存在理由。

美国高等教育发展的历史及其实践证明，终身教职已经成为一个展示美国大学文化的重要概念，已经成为保护大学教师学术自由的制度性工具，已经成为对大学教师学术生涯的制度性保护，成为大学与教师营建共荣共生关系的一种制度性纽带。终身教职在大学及大学教师的教学、科学研究实践中体现出鲜明的学术价值，主要体现在以下五个方面。

一、终身教职是对大学教师专业化的一种制度性认可

终身教职出现的一个主要原因在于教师专业化，是对那些在试用期内教学、科研以及社会服务表现杰出，具有较高教师专业化水平的学者的一种肯定，同时更是对这些才华横溢、社会责任感强烈的学者放弃其他待遇优厚的职业而致力于人类文明水平提升事业的一种终身任职的承诺。

二、终身教职是对大学教师学术生涯脆弱性的一种制度性保护

大学教师的学术生涯是脆弱的，甚至是冒险的。新知识的探索与创新往往意味着对传统观念、信仰的拒斥和对传统习俗的抛弃。在教师的教学与科学研究实践中，又常常需要依靠捐赠人的资助来开展自己的研究工作。一旦教师或研究人员的研究结果与既定社会观念或主流价值观相悖时，或者有关研究成果的发表威胁到高等教育捐赠人的利益时，他们便面临着被解职的危机。终身教职制度的存在可以保护教师免遭非学术力量或组织的报复。在终身教职被纳入学术组织的制度体系之前，教师的学术职业生涯极易受社会习惯势力、行政管理者的突发奇想、政治实用主义以及社会压力的干预和迫害。关于学术发展的轻率决策、正当程序的缺失、捐赠人的主观意愿、政治家或管理委员会成员的主观愿望，均可能导致教授被解职。

三、终身教职是对大学教师职业选择的一种制度性回报

大学教师为维持学术生涯而作出的包括物质的、精神的以及其他

方面的投入，与其后来在学术生涯中获得的回报往往是不成正比的。促成教师投身于知识探索与传播事业的主要因素往往不是财富的积累，教师一般也不会期望自己的学术活动能使自己成为巨额财富的拥有者。就此意义上而言，终身教职仅仅是对教授们拒绝外界经济利益的诱惑，经过长时期的探索而成为所从事的学术领域专家的部分回报。

四、终身教职是保障大学教师享受学术自由的一种制度性工具

缺乏终身教职的保护，许多改变人类命运和生存环境的发现和发明以及争论性议题的解决都是不可想象的。终身教职确保学术职业免遭非学术力量的压迫，免受政府、教会、财团等强势群体的非正当干预，从而为教师自由地探索真理，揭示新知，自由地发表或展示自己的研究成果提供了一个自由的学术空间。

五、终身教职是建立大学与教师共生关系的一种制度性纽带

终身教职以其自身所包含的信任或权利因素，在事实上成为教师与大学建设共生关系的一种制度性纽带，成为大学与教师之间保持永久专业性关系的黏合剂。终身教职为教师学术文化以及学术道德建设提供了一种工具，为学术组织营造了一种凝聚力与向心力。如果终身教职所代表的信任或权利在一些大学中被滥用，那么需要思考的问题应该是造成这种滥用的制度化原因，即从学校的管理层面查找原因，而不应归咎于终身教职。

第五章

美国大学教师的学术自由权利保障制度

大学教师是以高深知识的传播、增扩为主要职责，以培养学生掌握专业知识和养成社会责任感为主要使命的特殊职业，其职业实践活动需要以拥有和行使学术自由权利为基础。自殖民地时期以来的美国大学教师发展实践证明，学术自由权利既是美国大学教师有效履行其职业责任的基本保障，也是大学教师发展制度建设的必要内容。

第一节

殖民地时期美国学院教师的学术自由权利

殖民地时期，美国学院的发展在继承欧洲大陆与英国学院制教育传统的基础上，呈现出鲜明的宗教色彩和强烈的出世特征。[1] 在此背景下，承担教育教学任务的学院教师的学术自由权利状况与该时期美国学院的教育目标、管理模式与教师状况等诸多因素存在密切联系。

一、教育目标

殖民地时期美国学院以追求并服务宗教利益为主要目标。哈佛学院宣称要把"为社会造就适合的人力，主要是培养教会人士"作为学院的主要教育目标。[2] 威廉·玛丽学院则把培养具有虔诚信仰、优雅举止以及良好教养的年轻教士作为学院的教育目标。1754 年，耶鲁学院

[1] 王保星. 殖民地时期美国高等教育发展的基本特征[J]. 清华大学教育研究，2000(2)：97－101.
[2] 滕大春. 美国教育史[M]. 北京：人民教育出版社，1994：71.

院长声称："学院是传教士的社团，以养成从事宗教事务的人员为己任。"[1]殖民地时期美国学院的教育目标是培养宗教人士。这一教育目标的确定使得美国的学院环境不同于中世纪以来欧洲大陆及英国大学以学者自治为主要特征的大学环境。殖民地时期，美国学院教师的教学活动以维护宗教利益，造就合格教会人士为基本出发点。学院教师的主要职责是培养合格的牧师，而非探索与传播新的知识。学院教师的学术自由意识尚不强烈，所享有的学术自由权利极其微弱和有限。

二、管理模式

在管理模式上，与欧洲大学不同，殖民地时期美国学院实施的是外部管理模式。哈佛学院在设院之初，学院管理事务便由校外 12 名非教育行业人士组成的院监委员会掌握。院监委员会的成员包括马萨诸塞殖民地总监、副总监、财政大臣各 1 名，地方官员 3 名，教会牧师 6 名。包括教师聘任、解聘在内的学院事务均掌握在院监委员会之手。之后，哈佛学院的管理模式发展为双会制（院监委员会与院务管理委员会共同管理学院事务），教师仍然不能参与学院规章的确立与实施。与哈佛学院不同，耶鲁等院校实施单院制管理模式（院务委员会或学院管理委员会承担学院事务管理职责），地方行政长官、教会牧师、企业或社会机构负责人等校外人士事实上掌握着学院的管理权。不过，与哈佛学院相同的是，学院教师同样被排除在学院管理事务之外，其学术自由权利缺乏必要的制度保障。

[1] BRUBACHER J S, RUDY W. Higher Education in Transition: An American History, 1636 - 1956 [M]. New York: Harper & Row Publishers, 1958: 8.

三、学院教师成长及其来源

就殖民地学院教师的成长过程及来源看，殖民地时期的美国学院未能经历一个像欧洲大学那样长期的学者成长时期，学院开办的主体往往并非学者群体。殖民地学院教师的主要职责在于传授相关的宗教神学知识以及现成的世俗知识，对未知领域的探索和研究尚未成为学院教师的任务，学者自治和学术自由权利尚未作为与学院教师职业相关的意识而出现。

上述情况使得殖民地时期的美国学院教师未能真正拥有现代意义上的学术自由权利，学院教师只有为学院存在的自由，而无在学院内的自由。[1]

四、教会因素与学院教师的学术自由权利

各教派组织基于宗教利益而介入、干预学院教师教学活动的行为成为影响学术自由权利的主要障碍。

殖民地时期，教会影响学院教师学术自由权利的主要方式是：教会确定了知识探究的主要方式，即对神学问题的探讨均要指向明确的《圣经》教义和基督教信条，而对神学经典的任何形式的背离和触犯都是不允许的，都要遭受严厉的制裁和惩罚。在殖民地时期，真理不是多元的，而是独一无二的。宗教真理只可以揭示，不可以探讨。这一时期一些学院教师学术自由权利遭受损害的事实也证明了这一点。哈佛学院首任院长邓斯特（Henry Dunster）对新生儿洗礼问题的探讨得出了与

[1] METZGER W P. Academic Freedom in the Age of the University[M]. New York: Columbia University Press, 1969: 43-123.

基督教教义相左的结论，最终失去院长一职。[1] 后来，耶鲁学院卡特勒(Culter)决意皈依圣公会教派的举动为信奉公理会教义的耶鲁学院所不容，最终只得辞去院长一职。[2] 邓斯特和卡特勒遭受如此命运的根本原因是他们违背了“真理”问题的探讨方法。

18世纪，哈佛、耶鲁等学院把正统的基督教教义作为学术规范的标准，克莱普(Thomas Clap)在1708年把宗教测验作为在耶鲁求职的一项基本要求。无独有偶，威廉·玛丽学院规定教师必须接受英格兰教会的第39条教义方能任教。新泽西学院的管理者也采取各种可能的监视手段，确保学院教师的著作、演讲的内容与宗教教义保持一致。

在教学实践中，出于对学院教师学术自由权利不能获得较好保障的忧虑，一些富有远见的管理者也就学院教师的学术自由权利提出倡议。1772年新泽西学院院长约翰·维斯澎(John Witherspoon)提出：为更彻底实现学院的教育目的，学院应该充满自由的空气，应该成为一个自由传授真理和知识的场所；不同教派之间由于自身利益而发生的矛盾与冲突不应该成为影响学院教师履行自己职责的主要因素；教师聘用的主要标准应是教学能力和道德品格；学院教师应该相互适应，而不是仅仅因为信仰不同而相互抵制或仇视。[3]

此外，各教派在设立及管理学院的过程中逐步认识到宗教宽容能够最大限度地保证各教派的利益，宗教宽容和信仰自由的认识开始在教会内部与世俗社会形成。基于此认识，公理会、圣公会、浸礼会以及其他教派在创办服务本教派利益学院的过程中，实施一种多样化的办学方

---

[1] HOFSTADTER R. Academic Freedom in the Age of the College[M]. New Jersey: Transaction Publishers, 1996: 138.

[2] 同上：86-91.

[3] HOFSTADTER R. Academic Freedom in the Age of the College[M]. New York: Columbia University Press, 1955: 154.

式，在教师选用、招生以及课程设置上表现出多样性。国王学院与布朗大学的大门自建校起即面向信奉不同教派的学生开放。宾夕法尼亚大学董事会成员来自各个有影响力的教派，包括天主教教派。布朗大学宣称：尽管各教派教义之间的争议可以自由研究，但各教派之间的差异部分均不能成为公共或经典的教学内容。[1] 所有这些均在客观上为后来美国大学教师争取学术自由权利提供了有利的认识基础和社会氛围。

第二节

美国建国至 19 世纪末大学教师的学术自由权利

18 世纪晚期，不同教派之间基于追求正统地位而发生的竞争与对抗开始让位于政治事务的冲突。19 世纪上半期，奴隶制成为一项敏感的政治议题。1830 年以前，在美国南部大学公开谈论奴隶制问题是禁止的，大学校长或教授对奴隶制问题的讨论将直接威胁到自己的职位。达特茅斯学院院长罗德(Lord)即因主张“奴隶制体现了上帝意志”而被迫辞去院长职务。南部的一些组织甚至动员在北部学院求学的青年放弃学业，以免接受北方有关奴隶认识的不良影响。美国南部学院拒绝使用北部学院教师编写的教材，韦兰德(Francis Wayland)的《道德科学》即在禁用之列。

[1] BRUBACHER J S，RUDY W. Higher Education in Transition：A History of American Colleges and Universities[M]. New Jersey：Transaction Publishers，1997：113 - 139.

内战结束后,为对抗以达尔文进化论为代表的自然科学对正统基督教教义的冲击,各学院联手禁止学生学习进化论。1878 年,范德比尔特大学迫使讲授进化论的生物学教授亚历山大·温切(Alexander Wenchell)辞职。[1] 1880 年的一份调查显示,拉法耶特学院禁止讲授进化论。哈佛大学校长费尔顿(Felton)认为,向年轻学生讲授进化论是对"上帝"的亵渎与不忠。此后,维护宗教教义正统地位的学术标准更多让位于复本位制、私人企业的公共调节、工会联合会等政治问题。

在宗教教义以及重要政治事务对学术自由产生持续影响的过程中,大学教师争取学术自由权利的斗争一刻也未停止过。弗吉尼亚大学的缔造者杰斐逊(Thomas Jefferson)首次把教师学术自由权利与大学发展真正联系起来,把保障教师的学术自由权利作为一项强制性的学术制度进行建设。杰斐逊认为,大学的基本使命在于促进人类的进步,而这种进步又往往是未被明确设计好或规定好的。事实上,没有任何人可以设计或规划这种进步。杰斐逊宣布:"人类思想享有无限的自由。在弗吉尼亚大学,我们不惧怕真理把我们带到任何地方,也不容忍任何错误,以便保证理性与真理联姻。"[2]不过,实践证明,杰斐逊在弗吉尼亚大学并未较好地保证大学教师的学术自由权利。在教材选用问题上,他提出要赋予教师选择教材的权利,但与"政府"有关的学生阅读书目则须由校监委员会指定。

19 世纪后半期,在诸多因素的综合作用下,现代自然科学发展所体现的不断探索新真理、保护研究自由的思想,商业领域内所奉行的自由竞争观念,现代国家公民所拥有的言论自由权利,宗教宽容思想等,无

[1] RUDOLPH F. The American College and University: A History[M]. New York: A Division of Random House, 1962: 411.

[2] BRUBACHER J S, RUDY W. Higher Education in Transition: A History of American Colleges and Universities[M]. New Jersey: Transaction Publishers, 1997: 311-318.

不在某种程度上为教师学术自由权利的争取提供了启示。“达尔文进化论的传播和学院、大学教育的世俗化、科学化助长了学术自由思想在美国大学的发展，资产阶级民主和人权思想的普及为大学的学术自由思想充实了新的内涵。”[1]

美国大学教师学术自由权利的发展，实际上是与大学教师争取研究自由，任真理探讨把他们带向任何地方而不用担心失去工作的权利相联系的。19 世纪晚期，在社会生活中居于强势地位的大财阀对美国大学教师的学术自由权利产生了较大影响。财阀以其不可撼动的社会地位导致了一系列大学教授被解雇事件的发生。布朗大学校长安德鲁斯(E. Benjamin Andrews)有关自由银本位制的立场为学校董事会所不容。学校董事会要求安德鲁斯放弃自己的立场，至少保证不在公开场合表述自己的观点。安德鲁斯拒绝接受这一要求，并愤然辞职。

由于在复本位制、城市有轨电车所有权、东方移民政策问题上所持的观点，斯坦福大学的罗斯教授招致斯坦福夫人(Mrs Leland Stanford)的不满，被迫离开斯坦福大学。同样，对铁路经纪人的批判也导致芝加哥大学的比米斯(Edward Bemis)教授离开芝加哥大学。威斯康星大学的埃利(Richard T. Ely)教授就劳工问题、公司权力滥用等开展研究，并发表了相关研究成果，被一些人指控蛊惑人心，煽动社会动乱。埃利先是被免去经济学联合会秘书长的职务，后又接受专门调查组的调查。为免于解除教职以及陷入其他困境，埃利接受了学校董事会的言论审查和相应的学术活动限制。[2]

19 世纪后半期，大批留学德国的美国青年回国，他们在引进德国学

[1] 别敦荣. 中美大学学术管理[M]. 武汉：华中理工大学出版社，2000：64.
[2] HOFSTADTER R, WILSON S. American Higher Education: A Documentary History [M]. Chicago: the University of Chicago Press, 1961: 858 - 859.

术成果的同时，还引进了德国大学以“教学自由”“研究自由”与“学习自由”为核心的学术自由理念。内战后，随着美国工、农业生产的发展以及社会政治体制的完善，大学以其在知识探索方面所发挥的不可替代的作用得到社会民众的普遍认可。一些明智的大学董事会成员以及校长也清楚地认识到，大学教师的学术自由权利对于大学发展以及知识演进具有重大意义。然而，值得注意的是，美国大学对德国学术自由观念的移植具有选择性。美国重点学习的是德国学术自由理念中的学习自由权利，主要体现为哈佛大学校长埃利奥特倡导实施的选修制改革。[1] 其他一些有影响力的大学也表现出类似的认识。1885 年，普林斯顿大学校长韦斯特(Andrew F. West)即在一篇文章中提出学术自由主要是指选修制、科学课程和自愿的礼拜活动。[2]

第三节

20 世纪美国大学教师学术自由权利保障实践

20 世纪 20 年代，美国经济衰退导致高等教育发展面临严重的财政危机。因经济原因解雇教授的事件接连不断，这严重影响了大学教授正常的教学与科研工作。

[1] 王保星. 选修制的实施与美国现代大学的成长[J]. 河北师范大学学报(教育科学版)，2002(5)：55-60.
[2] 陈学飞. 美国、德国、法国、日本当代高等教育思想研究[M]. 上海：上海教育出版社，1998：93-94.

除宗教、工业以及金融寡头个人的好恶、不同政治派别的参与等影响美国大学教师学术自由权利的因素之外，美国大学实施的外部管理模式、美国大学教师研究者与雇员（受委托人）的双重身份也使得大学教师的学术自由权利常常遭受侵害。由校外人士充任的大学董事会成员以及被驯服的大学校长常常成为大学教授解聘事件出现的内部原因。美国大学教师的学术自由权利期盼获得制度性的保障。

为美国大学教师学术自由权利提供制度性保障这一历史使命是由美国大学教授协会完成的。

一、1915 年《关于学术自由和终身教职的原则声明》

1915 年美国大学教授协会成立伊始，便发表了《关于学术自由和终身教职的原则声明》。该原则声明强调大学的职责在于通过积极的科学研究活动增加人类知识总量；向学生提供教学服务；为社会公共服务培养各领域专家。

为履行职责，应该采取如下实际措施保护大学教师的学术自由。

第一，设立由学术专业成员组成的适当的裁决性机构，积极介入大学教师的解聘与惩罚事务，保证教师研究与教学自由免受隐蔽的或公开的攻击。

第二，借助同样手段，保护学院行政管理人员以及董事会成员免受违反学术自由、行为独断的不公正指控。如果这类指控获得广泛的认同与确证，那将对大学的良好声誉与影响力造成伤害。

第三，通过维护学术职业的尊严与独立，保证终身教职与教授职位的稳定，使学术职业对学识、性格俱佳之士产生吸引力。[1]

[1] HOFSTADTER R，WILSON S. American Higher Education：A Documentary History[M]. Chicago：the University of Chicago Press，1961：876.

在1915年《关于学术自由和终身教职的原则声明》中，美国大学教授协会首次就学术自由与终身教职的关系做了说明：

第一，教授作为教师和学者享有言论自由；

第二，除非不称职或存在严重的道德失检行为，教师职位的稳定必须获得保证；

第三，大学教授、副教授以及讲师以上职称的专业技术人员，任职期限超过10年者均应终身聘用；

第四，涉及教师解聘和处罚的问题须首先经过学校专业人士组成的团体审议。接受处分的教师拥有申诉的权利。

《关于学术自由和终身教职的原则声明》发表后，美国大学教授协会积极宣传大学教师的学术自由权利与终身教职之间的密切关系，并积极介入有关大学教师学术自由权利遭受损害事件的调查。

尽管上述主张得到众多大学与学院的认可，并且美国大学教授协会也积极介入有关学术自由案件的调查与裁定，但第一次世界大战的爆发使得学术自由的呼声被炮火遮蔽。以国家面临“危险敌人”为借口而实施的学术自由限制政策，直接损害了大学教师的学术自由权利。德裔教授不得公开谈论战争，在日常生活中避免表现出对美国政府的敌意，以免引起麻烦；对国家是否忠诚成为聘用以及审查大学教师的重要标准；参与反战活动的教师得不到任何形式的保护。尼尔林（Scott Nearing）、沙佩尔（William A. Schaper）均被以“反对美国参战的立场影响其成功履行教师职责”为名而解聘。

二、1940年《关于学术自由和终身教职的1940年原则声明》

为进一步规范和明确大学教师所享有的学术自由权利并为之提供

有力的制度保障，1940 年，美国大学教授协会与美国大学协会联合发表《关于学术自由和终身教职的 1940 年原则声明》。关于学术自由，该声明指出以下几点。

第一，学术自由的根本目的在于服务公共利益。学术自由存在的全部根据是：大学是为公共利益而存在的，而不是为了满足教师个人以及大学的利益。公共利益的实现与保障有赖于真理的自由探索与自由展示。学术自由不是学者个人的自由言论事务，也不是大学教师追求个人利益的权利。大学教师凭借自身所拥有的学术自由权利对社会作出贡献。学术自由是大学及学者更好地服务于社会与民众整体利益的根本保证："研究自由"是获得真理性认识的基本工具，"教学自由"是教师传授已有知识以及自己科学研究结果的根本保障，"学习自由"是促成学生创造性学习以及个性化学习的基本前提。

第二，研究自由是更好探索真理的保证。保护学术自由就是保护对真理的探索。

1940 年的声明指出，终身教职是保证大学教师教学、研究以及校外活动自由的手段；大学终身教职所提供的充分的经济安全，使得学术职业对具有学术才能的人士产生吸引力。[1]

为具体发挥终身教职保护学术自由的工具性作用，1940 年的声明就大学教师聘任规则作出了详细说明，具体如下。

第一，教师的每次聘任均应就聘任期限与聘任条件作出明确的书面说明。

第二，教授终身教职的获得须依据明确的程序进行。大学教师或研究人员在经过最长不超过 7 年的试用期后，经学术同行评议即可享

[1] JOUGHIN L. Academic Freedom and Tenure: A Handbook of the American Association of University Professors[M]. Madison Milwaukee: University of Wisconsin Press, 1967: 36 - 37.

有永久或继续任职的资格。教师未被继续聘用的决定应至少提前一年通知教师本人。

第三，试用期内的教师享有等同于其他类型教师的学术自由权利。

第四，有关教师未被继续聘用或解聘的决定，均应经过教师委员会以及大学董事会的研究讨论，且当事人享有知情权与申诉权。

第五，大学财政危机所导致的教师解聘应该建立在财政危机真实存在的基础上。[1]

1940年的声明还指出：学术自由与学术责任相伴生，教师在获得学术自由权利的同时，也就承担了知识探索的责任，同时还承担了确保大学内其他成员学术自由的责任，承担了确保大学学术自由与学术自治的责任，承担了确保其他大学教师学术自由与大学学术自治的责任。

三、1970年《解释性说明》

关于享有学术自由的大学教师的类型及终身教职的授予程序，美国大学教授协会与美国大学协会在有关补充文件中强调：非终身教职教师以及包括助教在内的其他类型教师均享有学术自由权利。关于试用期内是否授予教师终身教职的决定必须在试用期满12个月以前作出；如果决定不授予相关教师终身教职，那么此后的一年即为教师受聘的最后一年；如果决定授予相关教师终身教职，那么自决定作出之日起，教师的试用期即告结束。[2]

事实证明，虽然终身教职未能在第二次世界大战期间以及"麦卡锡

[1] JOUGHIN L. Academic Freedom and Tenure: A Handbook of the American Association of University Professors[M]. Madison Milwaukee: the University of Wisconsin Press, 1967: 37-38.

[2] A Joint Committee of the AAUP and the Association of American Colleges. 1940 Statement of Principles on Academic Freedom and Tenure with 1970 Interpretive Comments[EB/OL]. [2018-12-30]. http://www.aaup.org/statements/Redbbook/1940stat.htm.

时代”完全保护美国大学教师的学术自由权利，但是美国大学教授协会确立的学术自由与终身教职存在内在关系的认识，已经成为美国高等教育制度文化的一部分，成为保障大学教师学术自由权利的基本工具。美国大学教授协会确立的学术自由与终身教职之间的关系获得较为广泛的社会认可。截至 2024 年 4 月，宣布接受美国大学教授协会《关于学术自由和终身教职的原则声明》的专业性学术团体或组织已达 260 多个。[1]

[1] Endorsers of the 1940 Statement [EB/OL]. [2024 - 4 - 14]. https://www.aaup.org/endorsers-1940-statement.

第六章

美国大学教师的教学发展制度*

* 本章部分内容刊载于《高校教育管理》2019 年第 3 期。

第一节

美国大学教师教学发展的理论意蕴

20 世纪后半期美国高等教育发展的历程见证了美国大学教师教学发展获得理论阐释的过程。在结束"黄金时代"的高速发展之后,美国高等教育步入"危机时代"。高等教育大众化所催生的规模压力,政府财政紧缩政策实施所导致的大学教育经费数额锐减,大学学费逐年上涨引发学生及家长对大学教师绩效的问责,使得大学教学质量成为美国社会普遍关注的问题。为了应对公众对大学教育质量低下、本科生教学质量未获得应有关注等批评和质疑,除了采取聘任优秀教师、招收高素质学生、降低生师比等传统措施外,美国大学还重点关注大学教师的教学发展。在此背景下,大学教师教学发展的理论意蕴阐释成为推进大学教师教学发展实践的基础。

一、教学发展概念

关于教学发展的概念及其具体内涵,1975 年伯格奎斯特和菲利普斯合作发表《有效大学教师发展项目的基本要素》,提出大学教师发展包括教学发展、组织发展和个人发展三个方面。其中教学发展包括课程开发、教学诊断和教学培训等;组织发展试图改善教学和决策的制度环境,涵盖教师和管理人员的活动;个人发展通常涉及促进教师成长的活动，如人际技能训练和职业咨询。团队建设和管理发展是组织发展的一部分。[1] 加夫则用“教师更新”(faculty renewal)来概括教师职业技能和意识的发展，并将其区分为教师发展、教学发展和组织发展。[2]

伯格奎斯特、菲利普斯、加夫等人提出的有关教师发展和教学发展的概念，是对“大学教师教学职业不需发展”这一传统观念的修正和超越，为大学教师教学发展开辟了广阔的空间。

二、教学性学术与教学发展

20 世纪八九十年代，为了适应日益复杂的社会发展对创新型人才的强烈需求，世界高等教育进入提高质量、追求内涵发展的新时代。高等学校教育质量评估和高等学校本科教学改革成为高等教育发展的重大主题。1990 年，美国卡内基教学促进基金会主席博耶在一份名为《学术反思：教授工作的优先领域》的报告中提出“教学性学术”(the scholarship of teaching)概念，为大学教师的教学发展赋予了学术地位。博耶提出，学术不仅意味着探究知识、整合知识和应用知识，而且意味着传播知识，我们把传播知识的学术称为“教学性学术”。[3]

在博耶教学性学术概念的基础上，美国学者舒尔曼(Lee Shulman)认为，教师的教学过程包含五项基本要素：理念、设计、实施、结果和分析。因而，教师的教学能力表现为：教学理念设计与教学行为实施的能力，促进师生间互动的技能，应对可以预期和无法预期的结果的能力，

[1] BERGQUIST W H, PHILIPS S R. Components of an Effective Faculty Development Program[J]. The Journal of Higher Education, 1975(2): 177 - 211.

[2] GAFF J G. Toward Faculty Renewal: Advances in Faculty, Instructional and Organizational Development[M]. San Francisco: Jossey-Bass Publishers, 1975: 14.

[3] 欧内斯特・L. 博耶. 关于美国教育改革的演讲[M]. 涂艳国，方彤，译. 北京：教育科学出版社，2002: 77.

以及对探索复杂实践所带来的特定结果进行分析的能力。[1] 博耶、舒尔曼等关于大学教师教学性学术内涵的界定及其相应的教学能力的表述，为美国大学教师的教学发展提供了较为具体的理论指导。

1991 年，美国全国教育协会发布《大学教师发展：一项国家资源的拓展》，进一步将大学教师发展的含义拓展为四个方面：个人发展、专业发展、组织发展和教学发展。其中教学发展指主要通过改善教师的教学环境和条件、提高教师教学技能、丰富学习材料的方式，最终实现提高学生学习成绩和教学质量的过程。教师需要有不断发展的能力。教学发展的内容包括：准备学习材料、更新教学模式与课程计划、认识学生及其学习风格、教学诊断、评价反馈学生学习效果、掌握教学技能。[2] 这一理解即成为美国大学教师教学发展的基本理论意蕴。

三、教学发展的个体化历程

大学教师的教学发展过程包括一系列阶段。

第一，形成教学意识——就教学策略、教学技术、教学实践形成清晰的自我意识。具体发展方式包括自我教学反思、教学材料阅读、教学录像观摩等。

第二，收集教学信息——向学生和同行搜集有关自己教学方式及其效果的信息。收集方式包括发放调查表、访谈、参观及举办工作坊。

第三，确定教学变革内容及变革方式——基于前两个阶段的发展结果，依据教学目标的设定和优先追求的教学发展事项，确定需要发生改变的教学内容和教学行为，并选择确保上述改变得以有效发生的教

[1] 王玉衡. 美国大学教学学术运动[M]. 北京：北京师范大学出版社，2012：56－57.

[2] NATIONAL EDUCATION ASSOCIATION. Faculty Development in Higher Education：Enhancing a National Resource[M]. Washington D. C.：National Education Association，1991：11.

学方式。

第四，改变教学内容和教学行为——实施上一阶段所确定的需要发生变化的教学内容和教学行为。

第五，评价教学改变结果——对上述四个阶段的教学发展过程及发展结果进行评价。[1]

第二节

美国大学教师的职业理想与教学发展策略

不同于一般性职业，大学教师的职业使命以对高深学术专业知识和教育教学知识的深入理解以及对教学技术手段的熟练掌握为基础，通过引领学生获得人文学科、社会科学和自然科学知识并形成批判性思维能力，最终促使学生在知识、技能和道德情感等方面获得全面发展。

一、基于自我导向性学习的教学发展与美国大学教师的职业理想

大学教师的职业使命所决定的美国大学教师教学发展的理想在于，实现自我导向性学习的教学发展。大学教师在教学实践中倾向于

[1] MARYELLEN W. Improving College Teaching[M]. San Francisco：Jossey-Bass Publishers，1991：35.

坚持自己的教学风格。大学教师在自己的学科领域工作,他们往往是自我导向的学习者和合作性的研究者。当作为教师工作时,他们倾向于以更完美、更充分的讲授来显示自己的努力,倾向于保持自己作为一个新教师时所形成的风格。[1]

大学教师职业使命的高效履行,重要前提就是要明确教学对于教师个人发展的价值,凸显富有活力的学术研究和富有激励性的教学之间的内在关联。长期以来,在教师和教学管理者中间流行着一种有害于教学发展的观念:学术研究活动使人头脑灵活,富于创新;教学活动则使人头脑僵化,不思进取。但事实上,成就大学教师教学发展理想的教学实践要求在教学活动中纳入学术研究成果,展示教学活动的学术力量,注重教学活动的激励性和启发性。[2]

大学教师教学发展赖以达成的学习是一种自我导向性学习。这是成人学习的首选模式。[3] 自我导向性学习的主要特征包括:个人自主,即个人在教学情境中具有自主思考和自由行动的倾向;个人自治,即个人具有自我管理、自我教育的意愿和能力;自我控制,即个人拥有在正式教育情境中就学习目标、学习结果、学习策略和学习评价等作出决策的倾向;自动对话,表现为个人在社会环境中对于非制度性学习机会的追求。因而,理想的教师教学发展就是一种基于自我导向性学习的教学发展:教师教学发展政策致力于实现教师教学的自我管理;教学发展的责任移交给教师;鼓励教师在教学发展中追求并实现非制度性

[1] CRANTON P. Self-Directed and Transformative Instructional Development[J]. The Journal of Higher Education, 1994(6): 726 - 744.

[2] SHERIDAN H. "Ichabod Crane Dies Hard: Renewing Professional Commitments to Teaching." In How Administrators Can Improve Teaching[M]. San Francisco: Jossey-Bass, 1990: 172 - 173.

[3] BROOKFIELD S. Understanding and Facilitating Adult Learning[M]. San Francisco: Jossey-Bass, 1986: 67.

的教学发展。[1]

二、美国大学教师发展的策略

美国大学在实现教师教学发展的过程中，探索了诸多行之有效的策略。

（一）成立教师教学发展专业机构，确定教师教学发展的目标与职责

1962 年，密歇根大学教学研究中心（Center for Research on Learning and Teaching）建立，成为美国第一个致力于推进大学教师教学发展的专业机构。关于教师教学发展目标，密歇根大学教学研究中心的表述是：促进大学开展卓越性和创新性教学；引领大学教师营造大学教学文化；形成尊重教学、鼓励实现学生差异化发展的教学氛围；注重在计算机辅助教学方面为学校教学工作提供咨询服务；为教师提供改进其教学意识和教学能力的相关建议和指导。为方便统领和开展全校教师教学事务，密歇根大学教学研究中心由教务长办公室直接领导。其三分之二的经费由密歇根大学教务长提供，三分之一的经费由密歇根大学各学院及接受服务的教师个人提供。为推进教师教学发展，密歇根大学教学研究中心接受密歇根大学教师顾问委员会（Faculty Advisory Board）的有关建议，为全校各院系的教师提供专业服务，在密歇根大学本科学院——文理学院和工程学院设立专门办公室，为本科学院教师教学发展提供针对性的服务。

斯坦福大学教学中心（Center for Teaching and Learning）成立于

[1] CANDY P. Self-Direction for Lifelong Learning[M]. San Francisco：Jossey-Bass，1991：23.

1975 年,成立初期主要利用大学的教育与学术资源,致力于提升旧金山沿海地区大学教育质量,1978 年转向本校教学服务工作。该中心接受斯坦福大学主管本科教育的副校长的直接领导,设有人文、科学与工程、社会科学、教育技术、口语交流五个教师教学发展项目。

20 世纪 70 年代,教师教学发展已成为美国大学一种普遍性的教育事务,教师教学发展活动和特殊项目纷纷出现。在美国两年制和四年制大学中,设立实施教师更新和教学发展项目的高校占 50%以上。联邦政府、州政府以及私人基金会为高校教师教学发展提供了资金支持,教师的教学理念、教学技术和教学技巧得以改进和提高。[1]

20 世纪 80 年代,宾夕法尼亚州立大学成立施赖尔卓越教学研究院(Schreyer Institute for Teaching Excellence)和教学技术中心(Teaching and Learning with Technology),由主管学术的副校长负责,并接受教务长的领导,隶属于教务长办公室。施赖尔卓越教学研究院和教学技术中心的主要职责在于提升宾夕法尼亚大学教师的教学发展和本科教学质量。

哈佛大学博克教学中心(Derek Bok Center for Teaching and Learning)成立于 1991 年,其前身为 1976 年设立的哈佛-丹佛斯中心,承担着提升哈佛大学教师和研究生助教教学质量、推进教学学术研究的职责。博克教学中心的教师教学发展目标为:提供课堂教学支持服务,如为新入职教师提供培训,为在职教师提供教学录像服务;开展教学评价并反馈评价结果;借助于教学研究成果的出版和推广,引领教师教学研究活动,提升教学的学术性,鼓励教师开展教学反思和提升,提高教学绩效。

---

[1] JABKER E H, HALINSKI R S. Instructional Development and Faculty Rewards[J]. The Journal of Higher Education, 1978(4): 316 - 328.

麻省理工学院教学实验室(The Teaching and Learning Laboratory)设立于1997年,是麻省理工学院推进教师教学发展,推广应用教学新技术和新方法,提升本科课程与教学质量的专门机构。麻省理工学院的教学实验室将教师教学发展目标阐述为：教师课程与教学内容的拓展。实验室协同各教学院系,加强与教师和学生的交流,支持教师开展持续性的课程创新活动,为新知识尽快进入课程提供必要的制度与基金支持;促进教师开展以学生为中心的教学技术与教学方法变革;积极引入人工智能理论和现代化教学技术,为教师开展可视化和数字化教学及教学技术与方法变革提供指导和服务。

普林斯顿大学麦克格劳教学中心(The McGraw Center for Teaching & Learning)成立于1999年,其教师教学发展职责主要涉及三个方面。一是教师教学方法改进：通过设立教学方法项目工作坊、提供教学咨询、新教师入职培训等方式,改进教师的教学方法。二是教师教学技能咨询：为教师提供教学与课程设计、课程大纲准备、课堂教学气氛活跃技巧等咨询服务。三是教学参观研讨服务：组织专题性的课堂观察和教学观摩,并开展相应的研讨交流。

加州大学伯克利分校于20世纪80年代成立教育发展办公室,2012年在此基础上设立教学中心(Center for Teaching and Learning)。加州大学伯克利分校教学中心通过组织新教师入职辅导和优质教学研讨会等方式为大学教师教学发展提供服务,内容涉及大学教师的职业生涯特点、优质教学准备、主动学习与课堂教学服务、教育技术的应用与创新、学生评价、学生主动性学习与合作学习的组织等。

(二)依据教师职业生涯特点,分类推进教师教学发展

依据大学教师职业生涯的特点,分类实施教师教学发展事务,是美

国大学普遍采取的推进教师教学发展的有效策略。

密歇根大学常设的教学发展项目包括三类。第一类是在职教师教学评估项目。该类项目面向密歇根大学全体教师实施，主要就资助项目实施状况、课程与教学质量、学生学习结果、学生期中学习状况等方面，对大学教师的教学实施过程性评价，并将评价结果反馈给教师，以促进教师教学发展。第二类是新入职教师教学适应性项目。通过组织教学观摩、课堂观察、教学研讨等方式，帮助新教师尽快胜任大学的教学任务，适应大学的工作氛围。面向新入职教师的课堂观察和教学研讨的主题一般包括教学技术的应用、大学卓越教学的理想和基本指标、大学课堂教学中的矛盾及化解方式等。第三类是未来教师养成项目。该类项目主要面向以大学教师为职业选择的研究生和博士后。项目内容包括：为参与项目的研究生提供教学培训，开展教学研讨，组织教学实践，提供教学指导，帮助他们撰写教学论文，获得教师资格证书。

宾夕法尼亚大学卓越教学与创新中心（Center for Excellence in Teaching, Learning and Innovation）在其官网主页声明，该中心长期致力于帮助宾夕法尼亚大学的教师在教学中取得优异成绩，以提高宾夕法尼亚大学的教育质量。教学中心组织午餐会和研讨会，邀请教师参加并讨论教学问题，分享经验，寻找教学问题的答案。每次教学午餐会集中讨论不同的主题。为保证讨论的深入和互动的顺利，每次教学午餐会注册参与的教师限制在 20 名以内。

宾夕法尼亚州立大学施赖尔卓越教学研究院和教学技术中心则根据教学事务的特点和教学流程，配置教师教学资助项目和资源，为教师提供教学咨询和教师发展服务，评价教师的课程与教学质量。具体教学发展事务包括三种。第一种，教师教学发展培训。教师教学发展培训有两类。第一类，面向新入职教师开展的岗前教学能力培训：通过开办工作坊、组织主题研讨会和开设培训课等方式，对新教师进行教学目标设定、课堂教学设计、教学方法、课堂提问、组织讨论以及学生评价等方面的专题培训。第二类，面向在职教师开展的教学能力提升培训：主要通过实施教学卓越促进项目和教学咨询服务项目，以沙龙、讲座、小型研讨会、教学经验交流会等形式，就教学新技术、新方法、新问题开展交流，为教师提供有关个性化教学和创新性教学的咨询服务。第二种，教师课程教学评价。施赖尔卓越教学研究院以课堂录像、课堂教学反思、课堂观察、问卷、访谈等组织教师自评、教师互评和学生评教，并向相关教师及时反馈评价结果，帮助教师客观认识自己的教学成就和教学不足，为教学改进提供参照。第三种，教学研究服务。为鼓励教师就教学理念、教学材料与教学方法等开展研究，施赖尔卓越教学研究院通过设立教学研究项目、资助研究经费、协调外部资助机构等方式推动教师教学研究工作，提升教学研究的学术水平，切实赋予教学活动以学术研究地位。

依据教师职业生涯特点采取多样化的大学教师教学发展方式已成为美国知名大学教师教学发展的普遍选择。锡拉丘兹大学教授琴特拉(John A. Centra)在一项有关大学教师教学发展的研究中将教学发展形式分为五大类：(1) 工作坊、研讨会或类似方式；(2) 教学分析与评估；(3) 教学媒体、教学技术或课程开发；(4) 大学层面施行的教学发展制度，如学术休假或年度教学奖励；(5) 综合性教师发展实践形式。[1]

（三）践行教学性学术理念，强化以教学文化为核心的教师教学共同体建设

为切实体现大学教师教学的研究性和学术性特点，美国高水平大

[1] CENTRA J A. Types of Faculty Development Programs[J]. The Journal of Higher Education, 1978(2): 151-162.

学还十分重视通过加强教学研究和资助相关教学研究课题及项目的方式，积极强化以教学文化为核心的教师教学共同体建设。密歇根大学教学研究中心协同教务长办公室、教师顾问委员会、讲师评审小组等组织，向在教学理论研究和教学实践创新领域作出突出成就的教师颁发教学发展奖、学生学习研究奖、教学改进奖、讲师专业发展奖、教学创新奖等多种形式的教学奖励。此外，密歇根大学教学研究中心还创新性地以“教学剧目”的形式传播新的教学理念和教学方式。“教学剧目”的特色在于将戏剧表演的元素融入教师教学发展的实践之中。剧目内容取材于教师的教学生活。剧目注重将教学研究、教学咨询、教学研讨等活动中所获得的新理念、新问题和新成果以戏剧冲突的方式表达出来，向观剧者传达需要改进的教学事务和需要树立的教学观念，同时达成教学管理者与教师之间的相互理解。实践证明，“教学剧目”的演出产生了积极的教师教学发展效果，极大地改变了教师的教学观念。[1]

哈佛大学博克教学中心在开展教师课程与教学评价，为教师教学水平的提升提供咨询和指导意见的同时，还积极践行“教学性学术”这一理念，发挥教师作为教学发展主体的积极性，以资助的方式鼓励教师根据自己的教学情况开展学术性的教学研究工作，如结合教师自己的课堂教学情况，就修读人文学科和社会科学类课程的学生适宜的阅读量及阅读效果等问题开展研究；资助教师就课程设置、教学效果、学习差异、学习期望、学习感受及改进建议等问题开展研究；资助教师出版研究成果或提交研究成果参与学术会议研讨。

在教师教学发展实践中，耶鲁大学教学中心（The Center for Teaching and Learning）注重发挥教师共同体的作用，以课程与教学方

---

[1] MATTHEW K, COOK C E, STEIGER J. Using Theatre to Stage Instructional and Organizational Transformation[J]. Change, 2006(3): 32-39.

法、师生沟通艺术、学生差异化学习需要等教学主题的研究为纽带，有效推广合作研究、同伴互助、教学经验的交流与分享等模式，组织教师开展系列研究；举办教学研讨会和教学经验交流会，为教师分享各自的教学经验搭建平台，帮助教师就学生信息收集技巧、学生思维能力训练方法、学生学业成就评定程序等教学事务交流经验，建设以教学文化为核心的教师教学共同体。

加州大学伯克利分校积极营造尊重教学的文化氛围。学校设有久负盛名的教学奖励——杰出教学奖，用以奖励那些全身心投入教学，激发学生好奇心和求知热情，并对学生成长产生终身影响的优秀教师。2018年，加州大学伯克利分校四位教师获此殊荣，分别是：电子工程和计算机科学系的约翰·德尼奥(John DeNero)，社会学系的玛丽·凯尔茜(Mary Kelsey)，心理学系的鲁迪·门多萨-登顿(Rudy Mendoza-Denton)和哈斯商学院的帕诺斯·派特卡斯(Panos Patatoukas)。其中，约翰·德尼奥被誉为高度热爱教学事业，其教学热情激励了莘莘学子，帮助他们建立了信心和热情；玛丽·凯尔茜的教学则被誉为精雕细琢，将课堂教学与学生的生活经验密切联系在一起。

第七章

美国大学教师的学术休假制度

学术休假是指大学教师在连续服务高等教育机构一定期限后的一种休整方式。高等教育机构通常为大学教师提供一定时限的全额或部分额度的带薪休假。大学教师可以利用学术休假自主从事科研、进修、访学等工作以促进自身专业发展。古德在其主编的《教育辞典》中将"学术休假"定义为：在教师为学校连续服务规定的年数（最初是六年）之后，作为一种补偿，提供给教师自我发展机会的一种计划。[1] 1994年，扎霍尔斯基在古德定义的基础上作了两点补充：教师在结束学术休假后仍回原单位效力；需要提交一份学术休假报告。[2]《教育大辞典》则将学术休假定义为："某些高等学校在教师连续工作若干年（如5—7年）后给予的一次带薪（全部或部分）休假。时间常为1年或数月。"[3]目前，学术休假制度已经成为美国大学普遍实行的教师专业发展制度之一，对美国大学教师的专业成长具有重要作用。

第一节

美国大学教师学术休假制度的沿革

美国大学教师的学术休假制度起源于19世纪末期，随着美国研究型大学的建立而创制，经过一百多年的发展，如今已经成为美国高等院

[1] GOOD C V. Dictionary of Education[M]. 3rd ed. New York: Mcgraw-Hill, 1959: 424.
[2] ZAHORSKI K J. The Sabbatical Mentor[M]. Bolton MA: Anker Publishing, 1994: 5.
[3] 教育大辞典编纂委员会. 教育大辞典：第3卷[M]. 上海：上海教育出版社，1991：117.

校普遍实行的教师专业发展制度之一。

一、学术休假制度的兴起

“学术休假”的英文为“sabbatical leave”“sabbatical”或“academic sabbatical”,从词源上进行考察,颇具宗教色彩。“sabbatical”源自拉丁语“sabbtun”、希腊语“sabbton”或希伯来语“sabbat”,后者是亚洲西部古国米堤亚一条河流的名字。传说这条河每周流淌六天,而到第七天就停止流动,由此得名“安息河”。因此,这个词在希伯来语里即“安息日”,后来又派生出“sabbatical year”,即“安息年”,指农业上每隔六年的休耕。19 世纪末期,“sabbatical”一词首次被援引到美国高校中,意味着每隔六年就轮休一次。现在,学术休假一般是指每隔一定年限,大学教师在全薪或减薪的情况下,外出一年或更短的时间以学习、休养或旅行。

学界一般认为学术休假制度最早创立于 19 世纪末的哈佛大学。[1] 但关于学术休假制度产生的具体原因,却有不同看法。伊尔斯(Walter Crosby Eells)认为学术休假计划是哈佛大学埃利奥特校长于 1880 年确立的一项创新制度,是他 40 年哈佛校长生涯教育改革中的一项具体举措。埃利奥特在其 1879—1880 年的年度报告中指出,尽管美国大学很早就存在休假(leaves of absence),但这种休假不同于制度化的学术休假,而是为了某些特定目的给予个别教授的不规则间隔休假。长期以来对不定时休假的不满最终促使制度化的学术休假计划产生,

[1] 关于学术休假制度产生的具体时间,学界曾存在不同说法,如米勒(Michael T. Miller)、布莱克本(R. T. Blackburn)和刘易斯(Karron G. Lewis)等人就认为学术休假制度产生于 1810 年。不过,随着研究的不断深入,越来越多的证据表明学术休假制度起源于 1880 年的哈佛大学。

并且这一制度很快为其他知名大学所效仿。[1] 1989 年出版的《牛津英语词典》称：1880 年，哈佛大学校长埃利奥特批准在本校工作七年以上的教师可以享受学术休假，并在休假期间享有半薪。扎霍尔斯基研究发现，埃利奥特在 1880 年实行学术休假制度实际上是为了把当时约翰斯·霍普金斯大学的著名文献学家兰曼(Charles Lanman)吸引到哈佛大学。可以说，制度化的学术休假计划取代不定时的休假是历史发展的趋势，而哈佛大学引进兰曼教授则直接使得学术休假制度产生。

随后，一些研究型大学也开始实施学术休假制度。在 19 世纪 80 年代中期，除哈佛大学外，还有康奈尔大学和卫斯理大学也确立了学术休假制度。其中，卫斯理大学是美国第一所给女性教师学术休假的高校。随后，哥伦比亚大学、布朗大学、阿莫斯特学院、达特茅斯学院和斯坦福大学等五所私立大学，以及加利福尼亚州立大学和伊利诺伊州立大学两所公立大学，相继建立起学术休假制度。到 1890 年，美国至少有 10 所大学将学术休假制度作为教师发展的重要手段。[2]

美国大学学术休假制度的产生与 19 世纪末研究型大学的崛起有直接关系。1876 年，美国第一所研究型大学约翰斯·霍普金斯大学创建，美国高等教育发展由此进入一个新的时代。高校越来越重视教师的科研，大学教师的职能从以教学为主转向以研究为主。这种情况促使了学术休假制度的产生和发展。美国教育史学家鲁道夫(Frederick Rudolph)在其所著《美国院校史》中提到：1877 年后，约翰斯·霍普金斯大学和芝加哥大学率先创立了许多学术性期刊、学术社团及大学出版社，美国的研究型大学越来越重视教师的学术生产，于是带薪休假、

[1] CROSBY W. The Origin and Early History of Sabbatical Leave[J]. AAUP Bulletin, 1962(3): 253-256.
[2] 林杰. 美国大学的学术休假制度[J]. 比较教育研究，2008(7): 56-60.

学术休假制度开始慢慢发展起来。到19世纪90年代，学术休假变得较为普遍，教师也形成学术休假的回报意识：发表观点新颖的论文、有新的实验发现、撰写出新的著作等。[1]

二、学术休假制度的发展

进入20世纪以后，美国大学教师的学术休假制度得以快速发展，其成果主要体现在两个方面：一是越来越多的高等院校实行学术休假制度；二是学术休假越来越规范化和制度化。由于研究型大学的示范作用，学术休假制度为越来越多的高等院校所接受。在20世纪前20年间，美国大概有40所院校采纳了学术休假制度；到20世纪30年代，全美已有178所院校将学术休假作为教师发展的重要措施。班耐特(Henry G. Bennett)于1932年向268所公立大学、技术学院及师范学院的校长发放了调查问卷，结果发现：有48%的院校确立了学术休假制度。[2]20世纪40年代，美国高等教育进入大众化阶段，高校对教师质量提出更高的要求，学术休假制度得到快速发展。总体而言，20世纪前半期，学术休假制度在美国高等院校中日渐普及，成为美国高校教师专业发展的常规制度之一，但各州和不同学校之间还存在着较大差别。

20世纪60年代中期，美国有近60%的大学以及近40%的学院允许教师带薪休假，745所四年制学院中有57%允许教师带薪休假。[3]20世纪60年代末期以后，由于美国高等教育规模的扩展，学术休假以更迅捷的速度在美国高等院校中得到普及，逐渐惠及包括行政人员在内的大学全体教职工，且学术休假形式多种多样。20世纪70年代，终

[1][2] 林杰.美国大学的学术休假制度[J].比较教育研究，2008(7)：56-60.
[3] 范明，杨小楠.高校教师学术休假制度国内外研究概况[J].北京教育(高教)，2014(5)：36-38.

身教授的数量不断上升，教师流动性减小，高校为保持原有教师的活力开始关注教师的发展，学术休假制度进一步规范完善。安德森(Anderson)和阿特塞克(Atelsek)在1982年的报告中称，全美有84%的四年制学院、64%的两年制学院都建立了学术休假制度。据美国《教育统计摘要》(Digest of Education Statistics)统计，截至1992年，在全美约3 400所私立院校、公立两年制和四年制学院中，已有2 500所院校实施了各种形式的学术休假，比例达到74%。[1] 从1880年哈佛大学最初创立学术休假制度到20世纪末，经过100多年的发展，该制度已经成为美国高校普遍实行的教师专业发展制度。

美国大学教师学术休假制度发展的另一条主线是不断规范化和制度化。特别是在第二次世界大战以后，随着越来越多的高等院校实行学术休假制度，一些州开始颁布与学术休假相关的规章制度，就学术休假的资格、经费、目标以及指标等各个方面作出规定。加利福尼亚州在1963年颁布的《加利福尼亚州教育法规》第13457—13461条中对学术休假的资格限制、休假薪酬等方面作了详细规定。1970年，华盛顿州立法预算委员会向高等教育委员会提交了一封倡议书，呼吁为州内所有的高等教育机构建立统一、全面、公正的休假制度。很快，高等教育委员会组织了对学术休假的讨论，并在第二年通过了《学术休假指南》。[2] 学术休假制度逐渐从校内规定上升为州一级的统一规定。1972年，美国大学教授协会和美国大学协会联合发表了《有关休假的原则声明》，学术休假有了全国性的规范标准可供借鉴。

[1] 林杰. 美国大学的学术休假制度[J]. 比较教育研究，2008(7)：56 - 60.
[2] 李子江，王玲令. 二战后美国高校学术休假制度的新动向[J]. 大学教育科学，2016(2)：52 - 57.

第二节

美国大学教师学术休假的相关规定

美国大学教师学术休假的相关规定因校制宜，各有特色，但每所学校都将学术休假作为教师的一项基本权利。尽管不同大学对学术休假的具体规定（如休假时间、申请资格、申请流程、薪酬待遇等）有所不同，但各校有关学术休假的规定大体一致，一般涉及：(1) 取得学术休假资格的服务期限；(2) 学术休假的目的；(3) 学术休假前的要求；(4) 同一时期学术休假教师的数量；(5) 学术休假期间的薪酬；(6) 学术休假后的职称、职位、资历等权利问题；(7) 学术休假的期限。[1] 以下将从学术休假的申请资格、申请程序、经费与指标、权利与义务四个方面介绍美国大学教师学术休假的相关规定。

一、学术休假的申请资格

美国大学教师学术休假制度的重要内容之一是学术休假资格问题，即谁能够享受学术休假。由于美国大学教师学术休假制度规定需由教师本人提出申请，因此学术休假资格也可理解为学术休假申请资格。美国大学主要从职称和服务年限两个方面对大学教师学术休假申

[1] 林杰. 美国大学的学术休假制度[J]. 比较教育研究，2008(7)：56－60.

请资格作出规定。

(一) 职称要求

学术休假制度是作为吸引教授接受应聘的条件之一创立的,可以说是为引进人才提供的一项福利待遇,因此学术休假的早期授予对象几乎只限于教授和副教授。根据休(Stickler W. Hugh)在1958年对州立大学和赠地学院做过的一项有关学术休假的调查研究,美国1/3院校的讲师没有休假福利。[1] 但随着这一制度的发展,享受学术休假的人员范围有逐渐扩大之趋势,首先从教授和副教授扩展到助理教授,再到全体教师。从20世纪60年代开始,学术休假逐渐覆盖包括行政人员在内的全体教职工。1962年,伊尔斯和霍利斯(Ernest V. Hollis)对美国48所最先建立学术休假制度的大学进行了学术休假状况调查,结果发现学术休假政策惠及范围为教授、副教授和助理教授的学校占比最大,约占所调查学校的43%;其次是将学术休假推及所有教师的学校,占比为34%;11%的学校仍然只将学术休假授予教授和副教授,4%的学校仅授予教授,还有2%的学校只为具有博士学位的教职工提供学术休假。[2]

20世纪60年代以前,美国学术休假制度主要针对教学和科研人员,但总体上呈现逐渐推广的趋势,从教授、副教授推及所有教师。20世纪60年代以后,美国大学开始思考是否应该将学术休假制度的适用对象扩大至高校行政人员。1970年,班德勒(Marion K. Bandley)针对加利福尼亚社区学院行政人员学术休假情况的调查结果显示,虽然有超过2/3的学校理论上已经将行政人员纳入学术休假制度的适用对

---

[1] 李红惠.美国高校的学术休假制度透视[J].当代教育科学,2014(13):41-45.
[2] 李子江,王玲令.二战后美国高校学术休假制度的新动向[J].大学教育科学,2016(2):52-57.

象,但真正付诸实施的学校并不多。[1] 原因是多方面的,其中最重要的一点是行政人员的流动性较小,工作任务难以安排和衔接。加利福尼亚南部的一所初级学院在调查报告中表示:“我们通常不会雇佣他人来替代某个行政职位的工作,而是对工作进行划分,由他人协助完成日常行政工作。”[2]因此,为大学行政人员安排两三个月的短期休假(可以和年假连在一起)的呼声较高。报告指出,一所旧金山港湾区附近的学院表示:“为了解决行政人员进行一个学期或一年休假造成的困难,我们正在努力为行政人员制定一个新的‘三月全薪’的休假政策。”[3]在实践中,该调查样本中有 10 所学院已经采用这样的制度。实际上,在此之前,已经有学校开始实行类似的休假制度。如,1964 年蒙特圣安东尼奥学院(Mt. San Antonio College)为行政人员提供了一种特殊的全薪制为期两个月的休假以及一个月的度假来代替学术休假。由此,行政人员享受学术休假在 20 世纪 60 年代以后逐步实现。总体而言,美国大学学术休假制度经历了从仅针对具有高级职称的教授和副教授,到面向全体教学和科研人员,再到全面惠及包括行政人员在内的全体教职工的过程。

(二)服务年限要求

获得学术休假的另一个必要条件就是教师或行政人员必须在高等院校服务达到一定年限。根据学术休假制度产生的历史渊源,一般要求连续服务七年。1880 年,哈佛大学校长埃利奥特批准在本校工作七年以上的教师可以享受学术休假,并在休假期间享有半薪。这一教学

---

[1][2][3] 李子江,王玲令. 二战后美国高校学术休假制度的新动向[J]. 大学教育科学,2016(2):52-57.

年限的规定为其后许多学校或地区所效仿，如 1963 年颁布的《加利福尼亚州教育法规》第 13458 条规定：学术休假不得授予对本地区未提供满七年连续服务的教职工。这意味着如果某位教师中间“跳槽”到另一所学校，只要学校在加利福尼亚州之内，之前的服务年限可以继续累积。[1] 而 1972 年发表的《有关休假的原则声明》中指出：教师在其他院校的服务时间都应计算在内，意味着跨学校工作服务在学术休假计算服务年限资格时已经没有了地域的限制。[2]

但是，并不是所有学校规定的教学年限都为七年。根据埃利斯(Walter Crosby Eells)和霍利斯(Ernest V. Hollis)的调查，大部分学校采用七年或六年的规定，也有极少数学校将教学年限分别规定为三年、五年甚至十年。同时还提出一些特别的服务期要求，如伯里亚学院以学期计算，满 20 个学期可进行学术休假。肯塔基大学的教职工在服务期满四年以后，可休一个学期半薪的假期；六年以后，可休全年半薪的假期；十年以后，可享受一学期全薪的假期。[3]就服务年限而言，美国大学教师的学术休假制度经历了只承认本校经历到承认本州经历，再到没有地域限制的过程。不少学校甚至还缩短了享受学术休假的服务年限要求。最后，除了职称要求和服务年限要求外，有的院校还规定休假者的年龄要小于 60 岁或 62 岁，且不授予五年内将要退休的人。

二、学术休假的申请程序

在美国，申请学术休假一般都要经过个人提出申请、主管部门评估和董事会批准等步骤，申请过程通常从院系到评估部门再到学校董事会。主管部门评估是学术休假申请过程中最为关键的环节，其主要功

[1][2][3] 李子江，王玲令. 二战后美国高校学术休假制度的新动向[J]. 大学教育科学，2016(2)：52 - 57.

能在于筛选学术休假申请,提供优先推荐名单。评估部门在不同的高校有不同的类型,但通常可以分为两种:一种是专门成立的学术休假委员会,如雷德赛尔大学的学术休假委员会,即隶属教授评议会下设的学术事务委员会;另一种是利用学校已有的委员会,如研究委员会、专业人事委员会、专业关系委员会、专业标准委员会以及薪资和评估委员会等。[1]

不同学校学术休假委员会的成员组成也不尽相同,通常包括教师、副校长、校长、董事会成员等。根据乔根森(Vern F. Jorgensen)在1974年开展的调查,加利福尼亚州的阿兰·汉考克社区学院学术休假委员会由校长、教务长以及三名教师成员组成;格罗斯芒特学院学术休假委员会成员包括两名行政人员和五名教师成员。[2]雷德赛尔大学的学术休假委员会对其组成人员作出了更加详细的规定,包括一名由学术评议会选举出的学院教授(必须为已任终身教职两年以上四年以下的教授),委员会主任由学术事务委员会每年选举一人担任,教务长作为协助人员参与休假计划评估。就成员组成来看,教师成员所占比例较大,并且学术休假委员会主任由教师成员担任。[3]当然,学术休假申请过程还与学校规模大小有关。在一些小型学校,申请者可以省略或减少若干中间环节,甚至直接向校长提出学术休假申请。

根据西玛(Celina M. Sima)和登顿(William E. Denton)在1995年对193所已建立学术休假制度的大学进行的研究,学术休假申请过程主要包括以下几个步骤:申请者准备申请表和详细的学术研究计划;申请者将有关材料提交给院系主任(有的学校要求院系主任对申请者的学术休假计划作出价值说明);院系主任将材料上报给学院院长和掌管

[1][2][3] 李子江,王玲令.二战后美国高校学术休假制度的新动向[J].大学教育科学,2016(2):52-57.

学术事务的副校长；副校长将申请提交至学校学术休假委员会进行评估；最后将评估和推荐结果提交至董事会批准，董事会有权因经费等问题否决申请。[1] 当然，不同学校的学术休假申请过程有所区别，以普通公立学校诺瓦东南大学为例：该校 1987 年开始试行学术休假制度，1990 年在全校范围内正式实施。其学术休假申请流程为：教师将申请报告交给院长，院长转交给教师委员会进行审查；教师委员会将审查讨论结果反馈给院长；院长根据财务状况、工作安排与申请性质进行综合考虑，然后向学术事务办公室或校长办公室建议是否批准休假申请；办公室主任或主管副校长审核后向校长汇报，由校长向学校董事会呈报并最后批准。[2]

一般来说，学术休假委员会需要按照一定标准对所有申请者的材料进行评估，并最终形成一份优先推荐名单提交董事会批准。学校董事会有权最终否决学术休假申请，但是学术休假委员会的优先推荐名单是董事会确定学术休假最终名单的主要参考依据。因此，学术休假委员会的评估是学术休假申请过程中最为重要的一个环节。由于受经费等因素影响，大学每年所能够提供的学术休假名额通常是有限的，而学术休假申请者数量有时会远远多于学校可提供的名额。那么，如果许多学者在同样的时间申请休假，学术休假委员会如何从众多申请者中进行选择，形成优先推荐名单？由此牵涉到学术休假申请评估标准的问题，即根据哪些指标遴选享受学术休假的人员。1971 年华盛顿州的《学术休假指南》提出，学术休假事务评估应当主要考虑以下因素：第一，要考虑学术休假项目或计划对教师教学的意义；第二，从学术背景和已有经验判断申请者是否有能力完成学术休假项目或计划；第三，要

[1] 李子江，王玲令. 二战后美国高校学术休假制度的新动向[J]. 大学教育科学，2016(2)：52 - 57.
[2] 林杰. 美国大学的学术休假制度[J]. 比较教育研究，2008(7)：56 - 60.

考虑该学术领域是否有必要进行新的拓展；第四，考虑替代申请人的教师人选能否胜任工作；第五，考虑资金支持以及其他相关人员的推荐情况。[1] 由此可见，学术休假项目或计划本身的价值（主要是指学术价值）及其实现的可能性是学校决定学术休假人选最优先考虑的因素。此外，学术休假申请者自身的情况（如资历、先前休假情况）、人事安排（休假名额和工作分配问题）以及资金等问题都是评估学术休假时要考虑的因素。[2]

三、学术休假的经费与指标

学术休假的经费与指标对学术休假制度的有序推进至关重要，前者关涉谁来为学术休假买单，后者则决定有多少教师能够享受学术休假，而经费的多少又直接影响着学术休假指标的数量。

（一）经费支持

学术休假期间所产生的费用既包括教职工在学术休假期间的工资和福利（如学校继续为教职工缴纳的退休保险金等），同时还包括雇佣兼职教师的费用。学术休假期间产生的费用通常由学校和教职工共同承担。学校往往会依据“收支相抵”的原则，为休假教师支付的薪资绝不超过教师正常工作的薪资。为了“收支相抵”，学校会尽可能不雇佣外校教师来完成休假教师的工作，而是选择那些工作年限不长、薪资较低的青年教师来工作，[3]即学校通常会利用教职工在学术休假期间减发的那部分薪水（学校往往需要额外再贴补一部分经费）聘请本校薪资较低的青年教师承担休假教职工的工作。

[1][2][3] 李子江，王玲令. 二战后美国高校学术休假制度的新动向[J]. 大学教育科学，2016(2)：52-57.

根据勒格朗(Dulcie LeGrand)和斯旺森(Herbertt L. Swanson)的研究,他们所调查的学院中,只有一所学院表示会为教师支付在社区外的旅行和生活费用。在这样的情形下,教师要进行研究,就必须寻求外部资助,而且学校为减轻财政负担,通常也鼓励教师寻求资助。尽管从原则上说,在进行学术休假计划价值评估时,不得将是否获得外部资助作为评估标准之一,但在实际操作过程中,获得外部资助的学术休假计划显然更具优势。伯宁(C. H. Boening)对阿拉巴马大学 1986 年至 1996 年的学术休假申请与批准数据进行了研究,发现有 97%获得外部资助的学术休假申请得到了批准。[1] 因此,教职工往往会采取申请个人基金、补助金、奖学金以及贷款等方式去支付研究费用。而在私立大学,基金会的资助是学术休假资金的主要来源之一,例如哈佛大学公共卫生学院就是直接使用陈曾熙的捐赠来资助学院的教授进行学术休假的。

20 世纪 80 年代,美国国家财政紧缩,高校能够自主支配的资金越来越少,尤其是依赖公共教育经费的公立大学和社区学院面临更大的资金缺口,学术休假制度的资助也在一定程度上受到影响。面对这样的情况,北卡罗来纳大学和英国斯特林大学的教师提出一种替代性休假方式,即可以在两国高校之间建立一种合作关系,教师可互换至对方学校进行交流、执教。如此可以在人事和资金方面节省大量资源,同时也为教师和学生提供了不同的学术交流与思维碰撞的机会。

(二)指标分配

学术休假的名额分配对于学术休假制度的正常运转至关重要。可

[1] 李子江,王玲令.二战后美国高校学术休假制度的新动向[J].大学教育科学,2016(2):52-57.

以说，合理的学术休假指标分配不仅可以保证学术休假制度有序运行，也是学校行政工作平等性、公平性的体现。由于学术休假申请程序和审批制度日益规范化和透明化，高校内部学术休假名额分配的公平问题已经不再是关注的焦点。经费是否充裕、资金是否到位直接关系到学术休假名额的多寡，尤其是在必须额外雇佣兼职教师的时候。由于受经费的制约，有些学校每年的学术休假名额并没有随着制度的发展而增多。相对而言，一些著名私立大学的筹款方式更加多元化，经费比较充裕，基金会和个人捐赠等资助方式可以承担更多教师学术休假的费用。主要依赖公共教育经费的公立大学和社区学院的学术休假名额远不如私立大学多，在国家对高等教育投入缩减的时候这种情况尤甚。当许多社区学院还在为3.8%的学术休假名额愤愤不平并要求提高到10%时，斯沃斯莫尔学院享受着每年20%的学术休假名额。[1] 有的学校每年只给予每个院系一个学术休假名额，还有的学校依照当年财政状况来决定休假人数。总体上看，虽然美国高校普遍实行学术休假制度，但是不同学校之间每年的学术休假名额却存在很大的差别，这种差别在知名私立大学和公立学校之间表现得尤为明显。

四、学术休假的权利与义务

学术休假的权利和义务是学术休假制度的重要内容之一，前者指教师在学术休假期间所享有的待遇，后者则是教师在学术休假期间应承担的责任。

（一）学术休假的权利

大学教师在连续服务一定年限后，每隔数年可以进行一次学术休

[1] 李子江，王玲令．二战后美国高校学术休假制度的新动向[J]．大学教育科学，2016(2)：52－57.

假：外出休整一年或更短时间。在学术休假期间，大学教师享有全额或部分工资和其他福利待遇。20 世纪七八十年代，美国多数大学学术休假时长和薪资[1]有几种固定形式，最为普遍的是“全年半薪”和“半年全薪”这两种形式。大部分学校两种形式均采用，但有少部分学校只采用其中一种形式。美国主要有学期制和学季制两种不同的学年形式，学期制学校基本采用上述最普遍的两种休假形式，而学季制学校则会相应地采取“一季度全薪，三季度半薪”或至少保证一个季度全薪的方式。此外，《加利福尼亚州教育法规》中规定可采取“三年之内休两个学期或三个季度”的方式进行休假，这两个学期或三个季度可以分开。从原则上说，享受学术休假的教职工不得寻求有报酬的工作。《学术休假指南》和《有关休假的原则声明》等权威文件都明确禁止教师在休假期间从事其他有报酬的工作。但在实践中，一般会允许特殊情况的发生。埃伯利(August W. Eberle)和汤普森(Robert E. Thompson)在 1972 年对 386 所高校进行了调查，数据报告指出，有 52%的高校允许享受学术休假的教职工参加有报酬的工作，并且这一比例在公立学校中要高出私立学校。[2] 另外，教师在享受学术休假的过程中各种待遇不变。《有关休假的原则声明》指出，不应因为休假等原因影响教师的职务晋升或者薪水增长；在教师休假期间，应照常发放各种保险金，个人和学校应继续缴纳养老金。

（二）学术休假的义务

大学教师在享受学术休假所赋予的权利的同时，相应地也需要承

[1] 一般来说，学术休假期间，教师享受全薪或半薪，但也有例外，如加州大学给予 2/3 的薪水，另有一些高校给予原薪的 40%和 60%。

[2] 李子江，王玲令. 二战后美国高校学术休假制度的新动向[J]. 大学教育科学，2016(2)：52 - 57.

担一定的义务。学术休假的义务一般包括递交学术休假计划、完成学术休假计划规定的事项以及返校等。递交学术休假计划并不是强制性的要求，不同学校对此有不同的规定。例如，在科罗拉多州立大学，没有博士学位的申请者才需要递交休假计划；迈阿密大学则要求详细地说明休假计划的价值所在。如果学术休假计划与学校或地区规定的休假目的不够吻合，可以有两周左右的时间进行改进。为了防止学术休假计划在休假期间无法完成，申请人可以在申请学术休假时准备备选计划。同时，教师在学术休假期间有完成自己学术休假计划中的科学研究、进修深造等任务的义务。教师应在学术休假结束后按照相关规定向学校提交书面报告或作出其他形式的反馈。

大部分学校都会要求教职工在学术休假结束之后返校。1964 年，勒格朗和斯旺森对弗吉尼亚州的 73 所公立初级学院进行了研究，他们发现，有 58%的学校要求休假者必须返校服务两年，有 25%的学校要求有公证人公证过的书面担保，以免休假者在休假之后不履行返校的义务。[1] 如果在休假期间发生意外受伤等事故，教职工可以不履行或延迟履行返校义务。学术休假返校之后，教职工的职位级别保持不变。而返校报告的要求则相对较高，有 63%的学校要求休假者在返校后提交书面报告，主要陈述休假者认为休假为自己和学校带来了什么利益。[2]部分学校对书面报告的字数作出要求，要求报告按照出版标准撰写，并将报告的质量作为下次休假、职位晋升以及提薪时的参考。有极少数的学校要求休假者在返校时进行口头报告。值得一提的是，根据美国的《国内税收法规》(Internal Revenue Code)中“日常且必要”的相关原则，如果想要减免休假过程中旅行费用的税收，休假者必须证明

[1][2] 李子江，王玲令. 二战后美国高校学术休假制度的新动向[J]. 大学教育科学，2016(2)：52－57.

这样的旅行“并不是为了个人利益去获得教育”。[1] 1954 年，在美国大学教授协会的帮助下，印第安纳大学通过学校的学术休假计划以及返校报告证明了该校休假者的旅行是其单位批准的且与工作相关的旅行，并不是为了个人利益，因此获得了税收减免。由此可见，学术休假计划和返校报告是校方利益的重要体现，也是休假者的义务。

第三节

美国大学教师学术休假制度的目标与价值

学术休假制度的目标是指大学实行学术休假制度的主观目的，而学术休假制度的价值则主要是指学术休假制度实施的客观结果，两者既紧密联系又相互区别。一方面，学术休假的价值受主观目的的影响，其价值常常就是其追求的结果；另一方面，受各种因素的影响，学术休假的最终价值往往又和原始目的有所差别。

一、学术休假制度的目标

不同类型的学校有不同的学术休假目标，但无论如何，服务学术自身始终都是学术休假的核心目标。学术休假的目标可以分为提高专业素养和获得身体上的休息两大类。1974 年，乔根森对 23 所加利福尼亚

[1] 李子江，王玲令. 二战后美国高校学术休假制度的新动向[J]. 大学教育科学，2016(2)：52－57.

州社区学院进行的调查表明，学术休假目标主要分为三类：进修深造（advanced study）、学术研究（research）和旅行（travel）。在进修深造方面，有些休假者选择利用休假去获得学位。斯怀特（Leonard Stright）回顾自己的学术休假时提到，学术休假政策的重心通常在于给予年轻教师一个攻读博士学位的机会。研究方面，休假者通常的研究成果包括书籍出版、文章发表以及其他学术性成果。而对于旅行，有 17%的学校要求休假者对旅行日期和地点进行详细说明，并且被调查的很多学校表示在此方面有一定的限制，例如旅行必须是出于研究或进修的需要，是前两者的“附属品”。[1]

由于美国大学自身发展需求的变化，大学教师学术休假的具体目标也会随之发生变化。据文献记载，当初哈佛大学埃利奥特校长实行学术休假制度的目的，就是为了帮助休假者保持健康，合理休息，更好地研究深造或做原始的文献、科学工作。学术休假制度是伴随研究型大学的兴起而产生的，科研目的是学术休假制度发展早期的核心目的。但 20 世纪 80 年代以后，美国高校教学与科研的矛盾进一步受到大众的关注，公众希望教师能够在教学上投入更多的时间，因此，学术休假制度的目标更加强调教学的地位。安德森和阿特塞克的调查结果表明，有 96%的学校学术休假目标为促进教师发展，其次为提升研究水平（78%）和优化学术工作（72%）。[2] 1998 年，康柏（Bai Kang）和米勒（Michael T. Miller）对 62 所大学的 100 名熟悉学术休假制度的高级教务管理人员进行了问卷调查，结果显示：30%的学校将改进教学作为推行学术休假制度的主要目标，其次是获取学位（进修深造）（29%）和进行研究（19%）。康柏和米勒在进行学术休假效果测评时，大多数

[1][2] 李子江，王玲令. 二战后美国高校学术休假制度的新动向[J]. 大学教育科学，2016(2)：52－57.

(68%)被访问者认为学术休假的主要成果在于教学方面的进步和提高。[1] 显然,进修深造和深化研究仍是学术休假的重要目标,但教学的重要性已经得到显著提高。

同时,偏向实用型人才培养的院校更加强调教学效果的快速达成,而研究型大学的学术休假目标仍然以研究为主。奥托(Linda R. Otto)和克罗特(Michael Kroth)对普通高等院校和职业技术院校的学术休假制度进行了比较研究,他们认为,前者的学术休假目标更倾向于满足研究的需求,而后者的学术休假目标更倾向于提高专业技术,为进行更好的技术教学服务。[2]除此之外,第二次世界大战后,随着科技在教学和研究领域(尤其是在一些理工科领域)的广泛应用,熟练使用新科技和新设备成为高校教师的一个重要任务,因此,很多教师选择在学术休假期间对自己学术领域的前沿性科技进行学习。学术休假的目标从专注研究到强调教学,缓解了教学与科研的价值冲突。这也是学术休假制度不断调整、完善的体现。

学术休假目标向来存在着以个人利益为导向的学术休假哲学和以机构利益为导向的学术休假哲学。[3] 尽管个人和机构二者的利益是相辅相成、互为一体的,但从整体上看,学术休假的目标是机构本位的,这在以往的许多研究中都得到了证实。1907 年,哥伦比亚大学托管委员会在一份报告中陈述,当时大学普遍建立的授予教授周期性休假的制度,不是为了教授本人,而是为了大学教育。同样,伊尔斯和霍利斯的研究也发现,在 20 世纪 20 年代以前尽管美国许多先行实施学术休

[1][2] 李子江,王玲令.二战后美国高校学术休假制度的新动向[J].大学教育科学,2016(2):52-57.

[3] 琼斯(David Michael Jones)认为,有两种相反的学术休假哲学,即以个人利益为导向的学术休假哲学和以机构利益为导向的学术休假哲学。其中,以个人利益为导向的学术休假哲学有三层含义:(1) 教师是最基本的受益者;(2) 休假的目的是休息;(3) 休假是一种报酬。以机构利益为导向的学术休假哲学也有三层含义:(1) 机构是主要的受益者;(2) 休假是为了工作;(3) 休假是一种投资。

假制度的院校承认，学术休假是帮助教师深造、研究和提升职业水平的活动，但其最终目的是促进院校发展。汤普森所收集的文献记录，由兰德尔（Otis E. Randall）领导的委员会在1924年发布了一份总结报告，报告的第一条结论就是：学术休假计划的主要目的应该是维护大学的利益。[1][2] 这表明，20世纪20年代初，学术休假已经成为大学的一种重要的投资方式。只有在第二次世界大战之后的一段时间，学术休假的目的是强调教师的身心发展（例如，旅行属于休假的目标之一）。20世纪80年代之后，几乎没有学校再明确将旅行作为休假目标。再加上返校义务的规定，高校越来越重视教师对学校的回报。实质上，学术休假目标还是不可避免地倾向于机构利益。[3] 可以说，学术休假的个人目的往往从属或服务于机构目的。

二、学术休假制度的价值

学术休假制度是当前美国大学普遍实行的教师专业发展制度之一，对大学教师的专业成长具有重要意义。大学教师工作久了之后就容易陷入模式化，产生职业倦怠，思维和行动越来越具有惰性，因此，教师的知识、技能以及情感等都需要更新。学术休假能促使教师有意或无意地重新评估原先的理论和实践，对自身以及所在的大学进行重新

[1] 李红惠.美国高校的学术休假制度透视[J].当代教育科学，2014(13)：41-45.

[2] 相似的研究还有很多，比如，1930年，在坎贝尔（Oscar J. Campbell）的指导下，美国大学教授协会的学术休假制度委员会做过一项全国性的调查，在419所院校中，有185所反映，学术休假制度是为学习和学问而提供的福利，而且这是实施学术休假制度首要的和最重要的原因。1958年，休（Stickler W. Hugh）通过调查州立赠地学院的学术休假计划发现，得到批准的休假活动主要有：深造、研究或专业著述；批准频率较低的是旅行、疾病治疗、身体保健。20世纪70年代以后，随着财政拨款增长比例的降低和终身教职获得难度的加大，为了保障教师职业安全，日益壮大的教师组织逐渐采用集体谈判的策略维护教师的利益，甚至在一些高校，教师还要与管理层谈判才能获得学术休假这项额外的福利。为了深入探究教师休假的动因和结果，西玛和登顿选择美国中西部的一所研究型大学为调查对象，使用该校1991—1993年的193份得到批准的休假申请函作为分析材料，结果表明，教师申请学术休假的主要目标依次是研究（49%）和著述（21%）。

[3] 李子江，王玲令.二战后美国高校学术休假制度的新动向[J].大学教育科学，2016(2)：52-57.

认识。在大学教师专业发展的过程中，学术休假制度在提高教师的学术水平、增强教师的教学能力、激发教师的工作热情、保持教师的身心健康以及加强教师的使命感和对大学的忠诚度等方面扮演着不可替代的角色。

（一）学术休假制度有助于提高大学教师的学术水平

学术研究是学术休假制度的重要内容和目标之一。古勒(Gooler)通过研究发现：教师在职业生涯初期进步较快，但在获得终身教职之后，进步的步伐就会慢下来，创造性降低，再往后甚至可能进入创造力停滞阶段。学术休假制度通过为教师提供一段较长时间的带薪假期，让教师自由地进修深造或从事科学研究，从而促进教师在相关学术领域或学科领域的专业成长。扎霍尔斯基指出，学术休假可以为教师提供新视角，促使教师实现专业化、个性化和创造性的发展。西玛指出，学术休假有利于提高教师的学术生产力。西玛和登顿对美国一所研究型大学1991—1993年间呈交的125份学术休假报告的研究发现，教师取得的实际成果包括：40余本已出版著作或书稿，26本书稿的部分章节，91篇已发表的论文，65篇待发表的论文，超过130万美元的研究补助金，36份被采纳的提案，94次讨论或特邀演讲，13门新开发或修订的课程，2篇音乐作品，1次研讨会，1篇分析报告。[1] 众多研究表明，学术休假有助于激发教师的创造能力，提升教师的学术研究水平。

（二）学术休假制度有助于提升大学教师的教学能力

20世纪80年代，美国大学科研和教学的矛盾突出并引起公众的广

[1] 李红惠.美国高校的学术休假制度透视[J].当代教育科学，2014(13)：41－45.

泛关注。这一时期的学术休假目标更加强调教学，因此，学术休假提升教师教学能力的价值得到凸显。特别是偏向实用型人才培养的高校，将提高教师的教学能力和效果作为学术休假的主要目标，使学术休假目标更倾向于提升专业技术水平和以此为基础的技术教学水平。学术休假能够有效提升大学教师对新科技和新设备的使用能力，进而提升他们的技术教学能力。西玛、克里夫顿（Clifton）和沃林（Wallin）认为，学术休假提升了教师的专业技能，更新了教学方法，提高了教学有效性，优化了学术课程。康柏和米勒对学术休假效果的研究表明，大多数（68%）受访者认为学术休假的主要成果在于教学方面的进步。[1] 所以，学术休假制度有助于提升大学教师的教学能力。

（三）学术休假制度有助于激发大学教师的工作热情

一般而言，教师在工作一定年限之后，工作满意度会下降，职业倦怠感会上升，工作热情也会随之下降。学术休假让大学教师获得一段时间进行休整，有利于他们恢复工作热情，从而有效地防止职业倦怠的发生。这在许多研究中得到证实，如，康柏和米勒的研究发现，学术休假有助于增强教师的责任感以及对高校的忠诚度；博伊斯（Boice）、西玛等人认为，学术休假有利于提高教师工作的满意度。[2] 由此可见，学术休假制度对激发教师工作热情和防止教师职业倦怠具有重要作用。这也有助于提高教师的使命感和对大学的忠诚度，降低大学教师的流失率。

此外，学术休假制度还有助于保持大学教师的身心健康。不少大学教师的工作强度高，压力大，一段较长时间的学术休假能够让连续工

[1] 李子江，王玲令. 二战后美国高校学术休假制度的新动向[J]. 大学教育科学，2016(2)：52－57.
[2] 李红惠. 美国高校的学术休假制度透视[J]. 当代教育科学，2014(13)：41－45.

作多年的大学教师得到休息，使压力得到有效的释放，有利于保持教师的身心健康。应当指出的是，学术休假制度在提高教师学术水平、增强教师教学能力、激发教师工作热情和保持教师身心健康以及加强教师使命感和忠诚度等方面的作用并不是彼此割裂的，而是相互联系，互相促进，相得益彰。最后，学术休假制度不仅对教师的专业发展具有重要价值，也对高校的建设具有重要价值。它有助于优化高校的学术氛围，改善学习环境，提高大学科研和教学的质量，进而提高大学的形象和学术声誉，有利于教师的招聘和留用。

第八章

美国大学教师的同行评议制度

同行评议作为一种评价事物的方法，被美国大学广泛使用。同行评议对美国高等教育发展的重要性不仅体现在高校基金项目的申请、学术论文的发表、论著的评价和科研成果的评审与奖励上，更体现在对大学教师的质量评估上。高水平、高素质的教师队伍是美国高等教育享誉全球的重要保障。本章主要在与教师的聘任、晋升和终身教职的评选等相关的范围内讨论美国大学的同行评议制度，主要涉及大学教师的科研、教学、社会服务等几个方面。

第一节

同行评议制度的内涵、起源与演变

一、同行评议制度的内涵

在西方学术界，同行评议的英文表述为“peer review”，“peer”是指同地位、同能力的人，“review”指的是鉴定性地或审慎地审查、观察。从字面意思来看，同行评议就是具有同等地位或能力的人审慎地审查或鉴定。目前学术界对同行评议还没有形成一个统一的、普遍被接受和认可的定义。人们通常会根据自己的研究背景对同行评议加以界定。比较有代表性的定义主要涉及以下几个方面。

第一，突出同行评议的价值与功能。例如，美国国会技术评估办公室的高级分析家楚宾(Dary E. Chubin)在《难有同行的科学：同行评议与美国科学政策》一书中提出了这样的定义：同行评议就是一套用来评价科学工作的有条理的方法，科学家们用来证明程序的正确性，确认结果的合理性以及分配稀缺资源（诸如期刊篇幅、研究资助、认可以及特殊荣誉）。[1]

第二，突出同行评议的实施过程与方式。如英国苏塞克斯大学的吉本斯（Gibbons）教授和曼彻斯特大学的乔赫（Georghiou）教授将同行评议定义为：同行评议是由该领域的科学家或邻近领域的科学家以提问方式评议本领域研究工作的科学价值的代名词；进行同行评议的前提是能够在科学工作的某一方面（例如其质量）体现专家决策的能力，而参与决策的专家必须对该领域的发展状况、研究评审程序与研究人员具有足够的了解。[2]

第三，对同行评议进行综合性与普遍性描述。如英国同行评议调查组认为，同行评议是由从事该领域或接近该领域的专家来评定一项研究工作的学术水平或重要性的一种方法。[3] 我国学者从更广泛的意义上将同行评议定义为：同行评议是某一或若干领域的专家采用一种评价标准，共同对涉及相关领域的某一事项进行评价的活动，其评议结果对有关部门进行决策有重要参考价值。[4]

上述定义都强调同行评议中同行专家的重要作用，并且将同行评议认定为一种评价的方法、形式和机制。作为一种评价方式，不同领域的同行评议对同行专家、评价内容、评价方法、评价标准以及评价目的有着不同的选择和设定。然而，只要能够紧紧抓住"谁来评""评什么""如何评"这三个核心要素，就能准确理解和运用同行评议。

---

[1] 达里尔·E. 楚宾，爱德华·J. 哈克特. 难有同行的科学：同行评议与美国科学政策[M]. 谭文华，曾国屏，译. 北京：北京大学出版社，2011：1.
[2] 吴述尧. 同行评议方法论[M]. 北京：科学出版社，1996：2.
[3][4] 同上：3.

二、同行评议制度的起源与演变

关于同行评议的起源，主要有以下几种说法。一种说法认为，同行评议最早始于专利申请中的查新。[1] 1416 年，威尼斯共和国在世界上首先实行专利查新制度。[2] 审查机构在对申请者提出的新发明、新工艺等进行审查以确定是否授予发明者对其发明的垄断权时，采用邀请同一行业或相近行业有一定影响力的从业者帮助审查与鉴定的方法。另一种说法主张，同行评议起源于 1665 年英国皇家学会（The Royal Society）创办的《哲学学报》（*Philosophical Transactions of the Royal Society*），认为此刊物所采用的由其会员对该刊论文手稿进行审查的机制是同行评议在科学活动中的最早实践。[3] 持第二种观点的学者将同行评议认定为科学范畴的活动，认为专利认证属于技术发明活动的范围，不是纯粹的科学活动。

其实，历史地看，上述观点之间并不互相矛盾。任何事物的发展都不是一蹴而就的，讨论同行评议起源问题不能简单地采用"一刀切"的方式。中世纪的行会准入机制中就已经蕴含了同行评议的精神。行会是由从事同一职业的人组成的集合体，虽然行会对新进成员的审核与现代意义上的同行专家对评价对象所作的价值判断不同，但它仍然闪现专业共同体的自治与自主属性。以中世纪大学为例，申请人只有通过学者行会的资格审核，才能拥有完整、合法的教师身份，成为学者行会的一员。15 世纪威尼斯共和国用于专利查新的做法，可以说是与同

[1] 吴述尧. 同行评议方法论[M]. 北京：科学出版社，1996：1；张彦. 科学价值系统论——对科学家和科学技术的社会学研究[M]. 北京：社会科学文献出版社，1994：219.
[2] 金一超. 论学术期刊的审稿人制度[J]. 浙江工业大学学报（社会科学版），2022，21(4)：446 - 451.
[3] 龚旭. 科学政策与同行评议：中美科学制度与政策比较研究[M]. 杭州：浙江大学出版社，2009：21；林培锦. 大学学术同行评议研究：利益冲突的视角[D]. 厦门：厦门大学，2012.

行评议方法类似的早期尝试之一。1665 年 3 月,英国皇家学会理事会在首次批准出版《哲学学报》的文件中指出,该刊论文的选用应首先由理事会的某些成员作出评价。[1] 因此,可以说,《哲学学报》的论文选用方法在理念上开启了由科学家对同行研究工作进行评价的制度化进程,并且建立起了科学家内部有组织地进行学术交流和质量控制的有效制度。

此后,随着科学技术的不断发展,同行评议的内涵与外延不断丰富和扩大,应用范围从论文发表审查逐渐扩展到其他领域。20 世纪 30 年代,美国率先将同行评议的方法引入科研项目的评审工作。1937 年,美国成立国家癌症研究所(National Cancer Institute)开始用同行评议的方法审定研究基金的发放。20 世纪 40 年代末,美国海军总署也采用同行评议的方法资助大学的科学研究。20 世纪 50 年代初,美国国家科学基金会仿照海军总署的做法,并对同行评议的方法进行了规范化处理,最终形成了一套比较完整的同行评议系统。之后,其他发达国家也相继在各自的科学系统中采用这种评议机制。与此同时,大学及科研机构中的专家评审活动也纷纷采用同行评议的方法,范围涉及科研项目立项、成果评奖及鉴定、学术机构和学科学位点评估、学术职位的聘任与晋升等多个方面。

[1] R. K. 默顿. 科学社会学[M]. 鲁旭东,林聚任,译. 北京:商务印书馆,2003:637.

第二节

美国大学教师同行评议的基本原则

从 20 世纪 70 年代起，由于美国民众对高等教育质量的担忧以及对教育改革的大力呼唤，大学教师评价在美国受到广泛关注。而同行评议被认为是促进教师专业化发展的有效手段，[1]受到美国高校的普遍重视。在同行评议被用于教师评价之前，学生评价是美国高校评价教师的主要手段。大学在教师聘用、教师职务晋升以及教学工作审查时，通常都会征求学生的意见。然而，由于学生无法对教师掌握知识的深度及广度、教师的课程设计能力以及教师所用教学材料的科学性等问题作出准确的评价，同行评议逐渐在美国高校教师评价中占据越来越高的比重。在实施同行评议时，美国大学主要坚持以下基本原则。

一、民主性原则

同行评议是建立在科学基础上的群体决策，即民主决策。因此，坚持民主性原则是由同行评议的本质决定的。美国大学的同行评议主要是由某一或若干领域的专家或大学同事依据相关学科的评价标准，共同对被评教师的教学、科研和社会服务等活动或职责进行评议的过程。

[1] MIGNON C, LANGSAM D. Peer Review and Post-tenure Review[J]. Innovative Higher Education, 1999(1): 49 - 59.

评议的结果对被评议人的聘任、晋升、终身教职的授予以及教学质量的改进都有重要的参考价值。因而，评议人的选择、评议标准的制订、评议方式的执行，甚至评议结果的公布都要时刻秉持民主性原则。以评议人的选择为例，美国一些大学在遴选评议人参加同行评议小组时，会主动征求被评教师的意见。如佐治亚大学规定，外部同行专家的名单由系主任和候选人共同拟定。候选人根据自己的研究领域预先自行拟定两份专家名单呈交系主任，一份是不超过 6 人的推荐名单，一份是不超过 3 人的回避名单。[1] 系主任必须从候选人提供的推荐名单中至少选择两人作为正式外部专家。同时，在获取外部评价信的过程中，系主任和其他教师必须保证不联系回避名单上的专家。

二、公开性原则

公开性原则是指大学在实施同行评议时，应将评议标准、评议结果等向外界公开。为充分发挥同行评议的功能，大学同行评议应在条件允许的情况下具有充分的公开性。尤其是在进行以促进教学为目的的教学同行评议时，评价的标准、指标、结果都应该向被评教师公开。以美国加州州立大学北岭分校为例，如果评议小组采用课堂观察的方式进行教学评议，课堂观察的表格或指标应该在评议开始前公布给被评教师。[2] 同时，被评教师也会在评议前将自己的课程大纲提交给评议小组。在加州州立大学北岭分校，教学同行评议的结果会以书面评语的方式反馈给被评教师。书面评语不仅包括总括性评价，还包括对被评教师授课优缺点的评价以及一些进一步促进课堂教学的建议。这样

[1] 李函颖.美国佐治亚大学外部同行评议制的执行及其权力探析[J].高等教育研究，2015(1)：98-106.

[2] 周景人.中美高校教师教学评价的比较研究——以上海师范大学与加州州立大学北岭分校为例[D].上海：上海师范大学，2014.

做的好处是,被评教师可以根据反馈意见对自己的教学进行针对性的反思和提高。

而当同行评议以匿名小组的评议方式开展,或者涉及聘任、晋升等人事决定时,同行评议的成员信息或决策结果应该遵守适度公开的原则。例如,负责组织匿名评议小组的系主任,不论在什么情况下都不能将成员名单透漏给其他人。

三、公正性原则

同行评议过程中的公正性原则是指保证被评议人(申请者)能够得到客观和无偏见的评审。也就是说,同行专家在对被评教师进行评议时,应不受与被评教师本身有关的因素,诸如年龄、性别、信仰、民族(或种族)、声望等因素的影响。评议应紧紧围绕评价内容和评价标准展开,以被评议人提交的真实材料和实际表现为评价依据,公平公正地进行评价。此外,在选择评议专家时,也应遵循公正性原则。评议小组的组织者在规避评议教师列出的回避名单的基础上,按照与被评议教师领域相同或相关的原则遴选评议专家。客观、真实、无偏见是保证同行评议公正实施的重要因素。

四、适用性原则

适用性原则是指同行评议应适用于不同的评价内容、评价对象以及评价主体。不同的评价主体有不同的评价诉求。针对不同的评议对象也应该采取不同的评价方式。在同行评议的实施过程中,评议的方法要随具体情况的改变作出相应的调整,从而与评价涉及的各个要素相适应。美国是联邦制国家,不同州的教育水平和状况大不相同。美国大学的类型也多种多样,甚至同一所大学内的不同系科也有互不相同的学科追求。以同行评议的目标为例,不同类型的高校会根据学校自身的定位制订不同的评议目标。卡内基高等教育委员会将美国高校分为研究型大学(在联邦政府财政支持或博士学位授予方面领先的100至150所学校),有博士学位授予权的大学(这类大学取得的财政资助或授予的博士学位数比研究型大学少),以及综合性大学和学院(这类学校承担文科教育和职业教育的任务)。以教育教学为主要职责的综合性大学和学院,在对教师进行同行评议时更看重被评教师的教学水平。而注重研究的研究型大学则比其他两类大学更关注教师的学术水平。

此外,当同行评议的结果用于人事决策时,大学往往采用匿名小组评议的方式。而当同行评议是以促进教学为目的时,课堂观察法通常更有效果,也更为被评教师所接受。

五、效用性原则

效用性原则主要是指同行评议结果应该真实有效。同行评议是同行专家的群体性决策活动。因此,评议结果是否有效在很大程度上取决于参与评议的同行专家。首先,同行专家的选择不仅应严格遵守相应的程序和标准,也应根据评价的实际情况有所调整。当同行评议的目的是改进教学方式和提高授课质量的时候,参加评议的人员最好是与教师地位相当的同事,而不是居高临下的专家学者或行政领导。因为专家学者或行政领导仅凭偶尔一次的课堂观察,很难长效地帮助教师改进教学,反而是有经验的教学同行或资深老教师更能带来有效的评价结果。其次,如果对同行评议小组的成员进行适当培训的话,他们就能更清楚地知道应该从所提供的档案材料和评估信息中寻找什么。尤其是对第一次参加评议工作的教师来说,这种培训更有必要。当评议小组的成员都能以相同的标准和评价范式开展评议工作的时候，评议的结果就是最有效的。

第三节

美国大学教师同行评议的实施程序

按照评议目的，美国大学实施的同行评议主要分为两类：总结性评议和形成性评议。总结性评议是为人事决策而进行的评议，主要涉及教师的聘任与晋升、终身教职的获得和薪水增加等方面。形成性评议也称绩效评议，主要是对教师工作效率和业绩的评议，是为促进教师、学校提高教育质量和工作效率而进行的评议。在美国高校，终身教职后的同行评议越来越倾向于形成性评议。在大多数情况下，形成性评议的结果通常会作为人事决策的重要参考。无论是与人事决策相关的总结性评议还是以促进提高为目的的形成性评议，评议的内容都主要涉及教师的教学、科研和服务等活动及其职责。

美国大学的主要特征是差异性，同行评议的实施程序也是如此，甚至各系科之间的评议流程也不尽相同。尽管在操作细节上存在许多差异，但美国各大学的同行评议通常包括以下几个步骤。

一、明确评议目标

在评议工作开始之前，制订并明确目标是系主任或系评估委员会首先要考虑的事情。目前在美国高校，同行评议既是决定教师聘任、晋升和薪水的常用手段，也是学界公认的最好的终身教职后评价手段。同时，同行评议也被广泛用于教学的改进。因此，作为美国大学基层单位的学系，往往会对组织某次评议的目的作出清晰的说明和认定。从适用性和效用性的角度出发，不同的评议目的制约着同行评议的内容和组织形式的选择。

二、选择评议内容和指标

早在20世纪70年代，就有学者对美国134所大学的453位系主任做过一次书面调查，询问他们在作晋升、增加薪酬或终身教职聘任等人事决策时，主要关注哪些评价内容或指标。调查显示，除了必要的一些证书之外，科研和教学的表现是学校评估教师的主要方面。究竟侧重哪一个因素，则因学校或院系的水平或追求的目标不同而有所差异。[1] 有研究者围绕大学教师的工作，按照不同类型大学的相对重要性列出了13项评价指标(见图8-1)。

综合来看，图8-1的指标可大致归纳为三类：教学、科研和社会服务。教学指标主要包括大学教师课堂教学、学生课外辅导、课时量、课程开发等方面的内容；科研指标反映的主要是大学教师在科研相关领域取得的业绩，包括科研专著、学术论文、研究报告、学术讲座等在内的学术活动；社会服务指标主要包括大学教师担任学校委员会和专业组织团体的领导职务、参与学校招生与注册、进行日常性的学生质询以及对社区和公众提供的服务等。[2] 分析发现，对研究型大学来说，出版

[1] J. A. 森特拉. 大学教师工作评估[M]. 许建钺，高远，赵世诚，译. 北京：北京航空航天大学出版社，1992：3.
[2] 许春东. 批判与超越——我国大学教师评价制度异化研究[D]. 武汉：华中师范大学，2012.

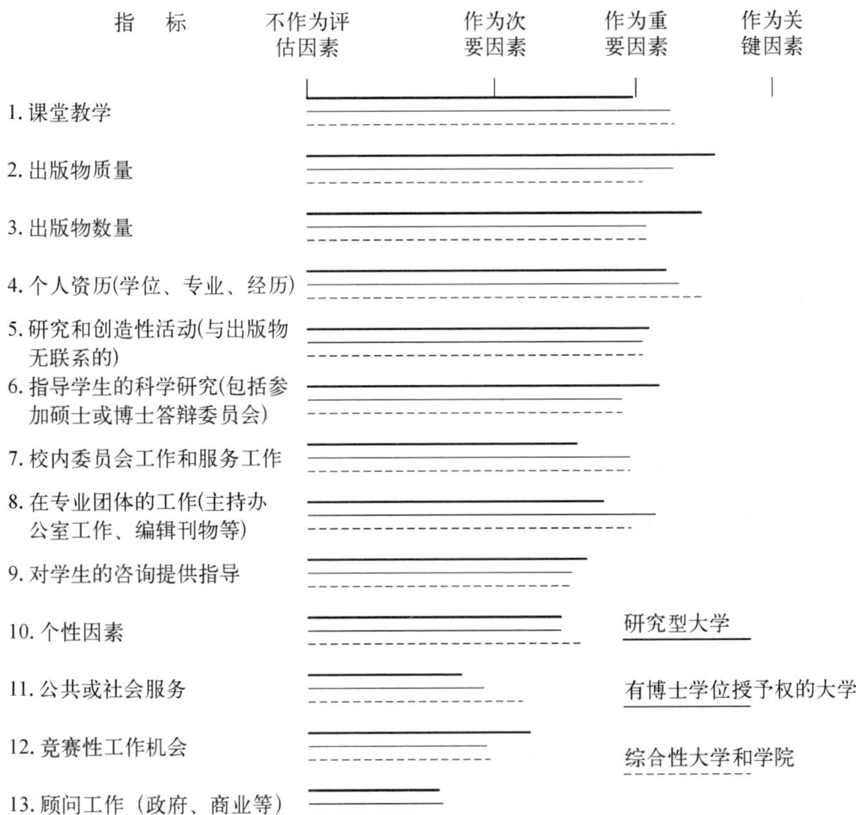

图 8－1　各项指标在评估教师工作中的相对重要性

资料来源：J. A. 森特拉. 大学教师工作评估[M]. 许建钺，高远，赵世诚，译. 北京：北京航空航天大学出版社，1992：5.

物质量，即学术研究的水平在大学教师评估中占据绝对优势地位；课堂教学则是影响综合性大学和学院评估的重要因素。

尽管不同层次的学校应该从自身定位出发，选择适合学校发展的重点评价指标，但是为了获得全国性的声誉，几乎所有美国大学在进行人事决策时，都会更多地关注被评教师的学术活动和出版物质量，甚至是出版物数量。高质量的教学越来越被作为教师晋升的必要条件而不是充分条件。至于社会服务类的活动，更是属于锦上添花的指标。虽然学校尊重那些把主要精力放在公共参与和社会服务上的教师，但如果该教师在教学或科研中的任何一项表现较弱，则会面临评估不合格的危险。以美国伊利诺伊大学厄巴纳-香槟分校为例，该校为教师晋升和终身教职的获得提供了两种评价模式：(1) 出色(excellent)的科研＋强劲(strong)的教学/强劲的参与和外展型服务；(2) 出色的教学/参与和外展型服务＋强劲的科研。[1] 可见，对研究型大学来说，高质量的科研是所有申请晋升的教师都必须具备的条件。仅在科研、教学和社会服务这三项指标中的一项表现优异，其他两项无所作为的申请人往往无法获得晋升。

此外，从改进教学的目的出发，同行专家对教师教学的评价内容主要包括：课堂教学实践、教材的选择、课程大纲和目标的设计、用于授课的书籍和资料目录、课程作业和试卷等。同行专家还可以抽查课程考试、论文和设计，审查教师对学生作业的评分和评语。围绕这些评价内容，同行专家对被评教师掌握本学科内容的程度、熟知本学科发展前沿的程度以及完成教学任务的实际情况作出判断。同行专家还可以进入课堂，通过课堂观察对评估信息进行补充。以下内容可以作为课堂评议过程中观察和记录的指南。[2]

(1) 课程是否准时开始？

(2) 学生出席的人数？

(3) 教师是否介绍了当天课程的主题？教学材料的呈现是否具有逻辑性？教师是否运用案例来阐释概念？教师是否在课程结

[1] 王建慧，沈红．美国大学教师评价的导向流变和价值层次[J]．外国教育研究，2016(7)：32-44．
[2] 周景人．中美高校教师教学评价的比较研究——以上海师范大学与加州州立大学北岭分校为例[D]．上海：上海师范大学，2014．

束时总结了主要观点?

(4) 教师是否展示了学科的知识?

(5) 教师授课是否清晰并能始终吸引学生的注意力?

(6) 教师是否热衷于教授的学科?

(7) 教师是否能清晰准确地回答学生的提问? 教师能否对作业的完成要求以及提交日期作出清晰的解释?

(8) 在课堂评议过程中如果教师布置小组任务,教师是否能给出明确的指示? 学生是否理解课堂中小组应完成的任务?

(9) 教师的授课内容或课堂讨论是否与课程大纲以及课程内容一致?

(10) 教师是否了解学生参与课堂教学的程度? 教师是否给予课堂参与度低的学生表达观点的机会? 教师是否接受学生的提问?

(11) 学生记笔记的速度是否能跟上教师的板书?

三、确定评议方法

美国大学同行评议的方法主要包括:调查表评议法、同行书面评议法和匿名小组评议法。当同行评议以促进教学为目的时,还会采用以课堂观察为基础的同事互助小组评议法。

(一) 调查表评议法

调查表评议法是指同行专家通过填写评议调查表,将被评教师和其他教师作比较后,对被评教师作出等级评价的方法。美国高校没有固定统一的同行评价表,各高校、各学院、各系往往根据自己的实际情况制订不同的评价表。20 世纪 70 年代,部分高校依据希尔德布兰德

(Hildebrand)、威尔逊(Wilson)和迪恩斯蒂(Dienst)在一项研究中提出的教师调查表制订了适合自己学校的教师评议表。该表主要由五个项目构成：研究活动和公认水平、知识广度、参加学术团体活动、有关业务活动、社会服务和咨询(见表 8－1)。

表 8－1　同行评议调查表

被评人：　　　　　　　　　　　　　　　　系别：

我和他的接触频率是：每天　每周　每月　每两个月　偶尔

下列项目是对教师情况的描述，请按项目评价你的同事，并在相应的符号上做标记。评价时，应将该被评人和本系/院的其他成员进行比较。如果你不能评估某一项目或某一项目不适用于被评人的工作，请在“不能确定，不适用”符号上做标记。

L	低分
BA	低于平均分
A	平均分
AA	高于平均分
H	高分
U	不能确定，不适用

请按下列项目评价你的同事

项目						
(一) 研究活动和公认水平						
1. 他的著作得到国家和国际层面的承认	L	BA	A	AA	H	U
2. 你熟悉他的著作	L	BA	A	AA	H	U
3. 他的著作有创造性	L	BA	A	AA	H	U
4. 他对同事的研究工作有兴趣	L	BA	A	AA	H	U
5. 他活跃地从事研究工作或业务活动(和教学无关的)	L	BA	A	AA	H	U
6. 能跟上他的学术领域方面的最新成就	L	BA	A	AA	H	U
7. 你在教学中参考过他的著作	L	BA	A	AA	H	U
8. 他的著作是高质量的	L	BA	A	AA	H	U
(二) 知识广度						
9. 他的知识广博，超出所教课程的范畴	L	BA	A	AA	H	U
10. 你或别人曾在研究工作方面向他请教	L	BA	A	AA	H	U
11. 你或别人曾在学术问题方面向他请教	L	BA	A	AA	H	U
12. 在广泛的学术领域的任何方面他都能推荐书刊	L	BA	A	AA	H	U

续 表

（三）参加学术团体活动						
13. 他在学校内参加许多讲座和其他活动	L	BA	A	AA	H	U
14. 他参加教师的各种组织或委员会	L	BA	A	AA	H	U
15. 他参加和学生有关的校园活动	L	BA	A	AA	H	U
16. 他在学术团体的事务方面是一个活跃分子	L	BA	A	AA	H	U
17. 你曾和他讨论过你的教学	L	BA	A	AA	H	U
18. 他关心自己的教学质量	L	BA	A	AA	H	U
19. 他关心学生问题	L	BA	A	AA	H	U
20. 他能够并愿意与学生谈有关问题	L	BA	A	AA	H	U
（四）有关业务活动						
21. 他以有效方式完成校内任务	L	BA	A	AA	H	U
22. 他能按规定日期完成工作	L	BA	A	AA	H	U
23. 他能与别人合作	L	BA	A	AA	H	U
24. 他作为委员会成员工作良好	L	BA	A	AA	H	U
25. 对委员会工作，他能采用适当方式彻底完成	L	BA	A	AA	H	U
26. 作为委员会成员，他对单位的工作进展有贡献	L	BA	A	AA	H	U
（五）社会服务和咨询						
27. 他能把自己的才能和时间用于校外公众	L	BA	A	AA	H	U
28. 他被公认为活跃分子	L	BA	A	AA	H	U
29. 他对自己的专业和团体的服务是和他作为一位教师和学者的首要职责相一致的	L	BA	A	AA	H	U
30. 外单位曾提出聘他为顾问	L	BA	A	AA	H	U

资料来源：J. A. 森特拉. 大学教师工作评估[M]. 许建钺，高远，赵世诚，译. 北京：北京航空航天大学出版社，1992：84-86.

然而，这样的评议调查表并没有在美国高校中广泛使用。原因可能是，许多大学对这种调查表的评估效果知之甚少，更有可能的是，正式的同行调查表极易破坏系内同事间的融洽关系。而高校在教学、科研以及学科建设等方面的长足发展却恰恰依赖于这种合作关系。

（二）同行书面评议法

与同行调查表评议法相比,美国高校更常用的是来自同行专家的书面评估。尽管有的系会采用定量的评估方法,但是书面评语可能会提供更加全面、生动的信息。围绕教学、科研和社会服务三个方面,提出一系列开放型问题会有助于获得这种信息。

同行书面评议法既可以用于大学教师聘任、晋升和终身教职的评定,也可以用于改进大学教师的教学。通常情况下,同行评议小组的成员在经过一段时间的课堂观察和材料审核之后,会根据已经获得的信息,结合自己的看法给出一份详细的书面报告。若这份报告被用于改进教学或提高薪资,书面报告的撰写人一般会与被评教师共同讨论评价结果,征求被评价人的意见。

（三）匿名小组评议法

匿名小组评议法通常用于被评教师职务晋升及申请终身教职的过程中。一般情况下,评议小组的成员可以是本院系的,也可以来自外校。在美国,几乎所有的晋升教师都需要提供校外同行出具的评价信,但具体的操作程序、有效性等问题,各校不尽相同。

在运作方式上,匿名小组成员不知道彼此的成员身份,也不知道是得到谁的提名参加评议小组。同时,成员也有义务对自己的评议员身份保密。小组成员阅读每一位候选人的材料,独立地进行判断。最后,这些书面意见会汇集到教务长(系主任)这里,由教务长作最后的整理。

（四）同事互助小组评议法

当同行评议被用于改进教学时,通常还会采用同事互助小组评议的方法。例如,有学者就建议组成同事互助三人小组,通过同事之间的互相评课和研讨来改进各自的教学质量，实施过程大致有以下几个步骤。[1]

第一步，确定目标。小组成员各自写出两到三个主要的教学目标，用于后续的互相听课观察。

第二步，召开首次小组会议。这次会议主要解决三个问题：第一，成员对已经列出的目标进行讨论，互相帮助并且明确各自的教学目标；第二，每个人还须列出别人应该注意的行为方式（讲课的组织形式、提问的方式、实验的方法）；第三，确定课堂观察手段（有些人可能依靠录像带，有些人可能收集学生的听课反映，有些人会采用自己设计的听课调查表）。

第三步，进行课堂观察前的准备。被评教师会通知班上学生将有两个观察员来到教室听课，并告诉学生观察员听课的目的以及在课后观察员可能会向他们提问。

第四步，进行课堂观察后的总结。在每次听课后的一周时间内，观察员须整理听课的细节，并针对首次会议上提出的行为方式对被评教师讲课的优缺点进行评议。在下次开会之前，被评教师可选择两三个观察员提出的问题继续研究和思考。

第五步，小组成员就彼此间的合作情况交换意见和建议。

此外，还有些研究者建议成立同行教学评估服务组。这种方法有助于训练一小部分教师成为评估和教学改革的技术顾问。他们通过若干次的课堂观察、拍摄教学录像、收集学生反馈等方式形成对被评教师的初步评议，并和教师进一步讨论形成新的改进措施。

---

[1] J. A. 森特拉. 大学教师工作评估[M]. 许建钺，高远，赵世诚，译. 北京：北京航空航天大学出版社，1992：98-99.

四、遴选同行专家

同行专家的选择直接影响同行评议的结果。依据评议的动机和方法选择恰当的同行专家是同行评议获得有效结果的重要保障。

（一）遴选标准

同行专家首先需要满足以下几个条件：第一，评议者与被评教师从事的研究领域相同或相近；第二，进行人事决策时，评议者在职称等级或工资待遇上与被评教师应没有竞争关系，因此，只有获得终身教职的教师才可以参加评议小组；第三，评议人应具有责任心，不因偏见和冲突而蓄意歪曲评价意见；第四，评议者可以是本校教师，也可以是外校教师，但是美国大多数高校要求评议小组的成员必须包含外系或外校相关研究领域的专家；第五，外部同行专家不能是被评教师的导师、以前的学生、亲密的朋友或学术合作者。

（二）遴选方式

关于同行专家的遴选方式，若同行评议基于匿名小组的评价，则小组成员的来源大致有两种：一种是被评教师和教务长（系主任）共同从晋升工作委员会中提名评估者；另一种也是由被评教师和教务长（系主任）共同挑选，但不限于晋升工作委员会。挑选评估者的方法还受系科大小的影响，如第一种选择方式就适合较大的系科。第二种选择方式的具体做法是，先由被评教师列出同行专家的推荐和回避名单，再由系主任对推荐名单中的人选进行筛选和补充，并最终确定评议小组的参与者。当同行评议的目的是改进教学方式和提高授课质量的时候，参加评议的人员最好是与被评教师地位相当的同事，而不是居高临下的专家学者或行政领导。

（三）专家培训

一般情况下，为了提升同行评议的有效性，许多高校会对评议人进行培训。尤其是实施教学同行评议时，那些没有评议经验的成员如果不接受适当的培训可能就不知道如何进行课堂观察。培训内容主要包括一些基本的评价技巧和注意事项（如面对面交流时的措辞和语气，被评教师必须教授的内容等）。

五、收集评议意见

在评议意见的收集环节，校内专家的意见比校外专家的意见收集起来要相对便捷。然而，对美国高校来说，外部同行的评价意见是证明被评教师的能力，尤其是科研能力的重要证据之一。因此，美国各大学都相当重视校外同行评价，发出的评审信数量都在三封以上。有些学校，像哈佛大学和休斯敦大学发给校外专家的评审信都多达十封以上。[1] 有些时候，为了确保能够获得足够数量的外部评价信，系主任还会在学校要求的数量外多向几名外部专家发放评价邀请函。因为，并非所有的外部专家都能在规定时间内返回评阅意见，有些专家给出的意见也有可能不符合系主任的要求。

在美国大学，学系是最基本的组织元素和最基础的运行单位，[2] 伯顿·克拉克称之为“美国大学的中心基石”[3]。学系有实质性的权

［1］ 许春东.批判与超越——我国大学教师评价制度异化研究[D].武汉：华中师范大学，2012.

［2］ LEE J J. The shaping of the departmental culture: Measuring the relative influences of the institution and Discipline[J]. Journal of Higher Education Policy and Management, 2007(1): 41 - 55.

［3］ CLARK B R. The Academic Profession: National, Disciplinary, and Institutional Settings[M]. Oakland: University of California Press, 1987: 1.

力和影响力，可以自主分配科研和教学资源。因此，在实施同行评议的过程中，系主任不仅起着组织者和协调者的作用，更在很大程度上决定着被评教师的命运。在匿名评审中，系主任通常承担着获取外部评价信的任务，被评教师本人不参与这个过程。

以耶鲁大学为例，学校在教师聘任工作中，组织外部专家对候选人进行评议时，一般会发放三封信函。首先，向校外同行专家发出征询信，希望校外同行专家为耶鲁大学提供优秀的候选人名单。在极少数情况下，如果耶鲁大学已经确定好了候选人名单，也可以不发放征询信。当第一封信回收后，耶鲁大学通常会发出评估信，邀请同行专家对候选人的教学能力、科研能力及其他潜在能力进行评估。发放评估信的同行专家及随信附上的候选人名单是系遴选委员会结合第一封信的反馈意见商讨决定的。评估信回收后，便可能会产生所谓的第一候选人或若干个最优秀的候选人。倘若没有达到这样的效果，耶鲁大学的聘任委员会将借助追加信来确定最后的候选人。一般情况下，三封信都回收后，就会确定最后的人选。[1]

六、反馈评议结果

通常情况下，同行评议的最终报告将反馈给教师本人。教师在收到评议报告的规定时间内，可以提出书面申请对评议结果进行讨论或反驳。美国各大学一般都设有专门的申诉组织来受理教师对评议结果的质疑以及因不满而提出的申诉。以马里兰大学为例，教师本人可以在职务晋升或聘任申请被否决后的两个月内，向校级申诉组提出复议申请。[2]

---

[1] 林培锦.大学学术同行评议研究：利益冲突的视角[D].厦门：厦门大学，2012.

[2] 许春东.批判与超越——我国大学教师评价制度异化研究[D].武汉：华中师范大学，2012.

在教学同行评议和终身教职后评议中，学校通常会采取相应的措施帮助那些得分较低的被评教师。具体形式包括：组织经验交流会，制订教师发展计划，实施教师进修计划等。如美国许多高校会为在终身教职后评议中不合格的教师制订发展计划以提高其教学或研究业绩，直到合格为止。如果不合格教师不愿意接受发展计划，或者连续两次或两次以上没有通过审核的话，他们将面临被解聘的危险。

第四节

美国大学教师同行评议的功能与价值

行之有效的同行评议对于作出正确的大学教师聘任和职位晋升决策，提高教师的教学水平和专业素养，以及实现大学教师的自主性发展等具有显著作用。同行评议若实施得当，则对大学教师发展具有多方面的积极价值。

一、美国大学教师同行评议的功能

美国大学的同行评议是指在美国各类大学中，相同或相近领域的专家依据一定的标准和程序对大学教师的教学、科研和社会服务等学术活动或职责的价值作出鉴别性判断的一种方法或机制。大学可以基于同行评议的结果作出职称评定、教学改进、薪酬增加、学术资源分配等决策。同行评议在实施过程中重视发挥教师的主体作用。相比其他评价方式，同行评议的结果更能为参评教师所接受。美国大学的同行评议主要有以下几个功能。

第一，同行评议有利于大学对教师聘任和职位晋升等人事问题作出正确决策。在现代大学制度建设中，建立科学而合理的教师晋升制度不仅是大学内部治理结构调整的重要工作之一，也是大学吸引并留住优秀教师的重要途径。一流的教师造就一流的大学。美国高等教育质量能够长期保持世界一流水平更是得益于此。对大多数美国大学来说，一流教师的标准首先是学术水平高，其次是教学质量好。在教师聘任和职称评定时，学校最看重的是被评教师在学术研究领域的成果和表现。然而，学术研究并非简单的知识生产劳动，而是具有专门性与高深性的职业劳动。它追求普遍真理和基本规律，是一种非常少见、与人类一般常规活动相距遥远的行为。[1] 因此，一个未受过严格而系统的专业训练的人是无法对学术研究作出优劣、高低等判断的。学术研究所具备的高深、专业的知识体系特征，决定了只有同行专家才有资格对其进行评判和鉴定。正如曾经担任耶鲁大学校长的理查德·C. 莱文(Richard C. Levin)所指出的，对于教师聘任，耶鲁的做法是看他在学术上是不是位居世界前列，这是招聘和晋升的唯一标准，而这一点，校长是没有办法判断的，要依靠他那个行当的专家。[2]

第二，同行评议有利于提高大学教师的教学水平和专业素养。尽管美国大学在作出人事决策时最看重教师的学术水平，但作为传播人类高深知识的机构，大学依然十分关注教师启迪心智、传授知识的能力。因此，早在20世纪前半期，美国大学就逐渐对教师教学展开了系统的评价。20世纪60年代之后，学生评教开始成为美国高校评价教师

[1] 奥尔特加·加塞特. 大学的使命[M]. 徐小洲，陈军，译. 杭州：浙江教育出版社，2001：76.
[2] 郑钰莹，顾建民. 同行学术评议初探[J]. 高等工程教育研究，2005(6)：32-34.

教学的主要方式。大学通过收集学生评教信息对教师的实际教学状况作出判断。然而,学生评教自诞生之日起就一直饱受争议。反对者认为,学生缺乏必要的专业知识,很难对课程和教学作出正确的判断。学生评价还会受班级规模、教师身份、课程性质(选修还是必修)等变量的影响。因此,尽管大学期待通过学生评教来改善教学状况,但很少有证据显示学生评教实现了这一目标。美国大学在探索新的教学评价方法的过程中,逐渐将注意力转向了同行评议。因为同行教师在教学评价的多个方面占据着比学生或行政管理者更有利的位置。首先,当评议者是与被评教师地位相当的同事时,他不仅熟知学校的评价标准和教学内容,更能和被评教师在一种较为轻松融洽的氛围中交流评议结果;其次,与被评教师所教科目相关的资深专家或经验丰富的教师,能够对被评教师专业知识的掌握情况作出较为全面、准确的判断。这些富有针对性的评议能有效弥补学生评教存在的不足。

第三,同行评议是美国大学自主性发展的保障。从学术研究的角度来看,大学是特殊的学术共同体。大学既从事高深知识的研究,又传播这些知识,还将研究的结果用于社会生产和服务。与其他形式的学术共同体一样,学术自由不仅是大学进行学术批判、追求真理的先决条件,还是大学繁荣自身学术发展的保障。大学只有保持独立与自主,才能避免成为受外部力量干预和控制的学术傀儡。因此,大学内部必须拥有一种能够有效保障其自主性的机制。显然,依靠同行专家进行学术审查的学术"守门人"——同行评议就是这种机制。它不仅是学术质量的过滤器,学术健康发展的助推器,更是保障学术共同体自我生产、自我发展和应用成果的有效手段。同行评议实施过程中的评议者和被评议者都是大学共同体的一员。遵循的评价标准和选取的评价内容都符合大学共同体的公认规范,评价的结果也更适用于促进大学共同体的发展。因此，同行评议维护并且充分体现了美国大学发展的自主性。

二、同行评议对美国大学教师发展的价值

1991年，美国全国教育协会发表报告书《大学教师发展：一项国家资源的拓展》，对教师发展作出了较为全面、系统的界定，认为教师发展基本围绕四个目标：个人发展、专业发展、组织发展和教学发展。个人发展包括提高人际交往能力，维护健康，进行职业规划等。专业发展指获得或丰富与专业工作相关的知识、技能与意识。组织发展则集中于创造有效的组织氛围，便于教师采用新的教学实践。教学发展包括学习材料的准备、教学模式与课程的更新。[1] 同时，该报告书还建议大学管理者在大学教师发展项目中发挥规划、执行和评估的作用。

可见，对教师进行评议是较为公认的促进大学教师发展的重要手段。评议是在收集信息、分析信息的基础上作出价值判断的过程。教师需要通过评议结果的反馈，对自身业务素质是否提高有所了解。然而，现代大学教师肩负着比前辈教师更多的责任。研究、教学、课程设计、咨询、社区服务以及参与大学的管理等占据着大学教师生活的方方面面。履行这些责任需要的知识和能力，远远超出对一个单纯研究者的要求。因此，大学必须采用更加有效的评价方式，才能保证大学教师发展取得预期成效。而同行评议以其对大学教师发展的特有优势和价值，逐渐被越来越多的美国大学所青睐。从美国全国教育协会对教师发展的界定出发，同行评议对美国大学教师发展的价值主要体现在专业发展和教学发展两个方面，即有助于提高与专业工作相关的知识、技

[1] NATIONAL EDUCATION ASSOCIATION. Faculty Development in Higher Education: Enhancing a National Resource[M]. Washington D. C.: National Education Association, 1991: 11-12.

能与意识，以及发展课堂教学方面的技能。

首先，同行评议可以使被评教师对自身的专业素养或教学水平获得清晰、客观的认识。大学在挑选同行专家时，第一个要考虑的因素就是评议人要与被评教师的专业领域相同或相近，并且最好是该领域拥有良好学术道德的代表人物。他们对被评教师的实际情况最有发言权，也比其他人更有可能作出准确的评判。评议结果也更容易为被评教师认可。此外，这些同行专家既不能与被评教师存在利益上的竞争关系，也不能与被评人有近亲关系、学缘关系、合作关系或朋友关系。既是资深学者，又与被评人“毫无瓜葛”，由这样的同行专家作出的最终评判会更加客观。而对自身水平的正确认知恰恰是促进教师发展的第一步。

其次，同行评议为被评教师和同行专家之间架起了一座联系的桥梁。评议工作的结束并不意味着被评教师接受专家指导的终结，反而可以视为长期合作的开端。被评教师可以在正式的评议之外，就专业发展中的困难和疑惑继续向同行专家请教。由此，被评教师就获得了更多的发展机会。同时，在这个过程中，同行专家也能得到专业上的提升和进步。从这个角度看，同行评议对双方来说，是互利双赢的评价机制。

最后，同行评议为大学教师提供了经验交流的机会。一直以来，美国大学教师都倾向于将课堂视为私人活动的领域。外人对其课堂的观察和指导，通常会使多数教师产生一种受人冒犯之感。因此，同事之间几乎不可能主动进行教学互评和心得交流。而对于那些需要改进教学水平的教师来说，同行或同事的帮助又显得至关重要。因为校外学者或行政领导并不了解被评教师的日常教学和工作模式，无法提出有效的改进建议，所以只有同事最适合进行这项工作。同事之间通过课堂观察、教学录像等方式收集被评教师的信息，形成评议意见。最后就评议结果和尚待改进之处与被评教师沟通。这种同行评议的方式为每位教师提供了“常在身边”的专家。

总之，美国高校的教师评价既是一项专业性很强的工作，又是一项需要协调多方利益的复杂活动。

结　语

从 1636 年美国第一所殖民地学院开办至今,美国高等教育已经走过 380 多年的历程。但是直到 19 世纪下半叶,美国高等教育在完成从古典学院到现代大学转型的过程中,美国大学教师发展实践才开始产生。又经过近一个世纪的发展,直到 20 世纪 60 年代末 70 年代初,才出现了大学教师发展观念和专门的大学教师发展机构。从此以后,大学教师发展作为高等教育的一个研究和实践领域,被越来越多的大学和学院接受,获得快速发展,并在 20 世纪 90 年代以后达到初步的繁荣。大学教师发展制度和教学改革一直被认为是美国高等教育为回应社会变革而采取的重要改革措施。

他山之石,可以攻玉。美国大学教师发展实践与制度建设在一个多世纪的发展历程中积累了很多宝贵的历史经验,可以为各国大学教师发展提供许多有益的启示。

一、美国大学教师发展制度的诞生与变革是美国大学教育实践的历史产物

殖民地时期,美国高等教育在继承和发展欧洲高等教育传统的基础上开始起步。最初的大学教师只不过是学院院长临时聘任以协助其管理和教育学生的助教。大学教师的职责有限,薪酬很低,流动性很大。在这样的情况下,没有大学教师发展制度的适宜土壤。从 18 世纪 20 年代开始,美国学院开始出现了教授职位。教授职位的出现,标志着大学教师专业性的增强。获得教授职位的大学教师很少在自身的专业领域从事专业研究,却以专业人士自诩,不认为自己有发展的需要。一直到 19 世纪下半叶之前,美国高等教育的规模仍然很小,教育目标仍然以培养学生虔诚的宗教信仰为主,不需要大学教师拥有多么高深的知识,大学教师发展及其制度建设的必要性尚未充分显现。由于高等

教育的规模小、收入少，支付给大学教师的薪水尚且不足，自然更难以拿出有效的资金支持大学教师发展。从 17 世纪上半叶到 19 世纪中叶，在长达 200 多年的美国高等教育发展和大学教师学术职业发展史中，并不存在大学教师发展的环境和需求，自然也不会产生大学教师发展实践。南北战争结束后，美国经济飞速发展，社会急剧转型，传统的殖民地学院教育已经不能满足社会的需要。为了适应社会变革的需要，美国高等教育开始了从殖民地学院向现代大学的转型。在转型的过程中，研究型大学兴起，学术职业专业化，学术研究被引进大学殿堂。这就要求大学教师不能仅仅是知识的传授者，而更应该成为知识的发现者和生产者。知识的生产和发现不是一蹴而就的，需要大学教师在专业领域内不断学习、发展与创新，也需要学校提供一定的物质条件作为保障。这就产生了大学教师发展及其制度建设的历史需求。而随着大量新型研究型大学的建立和古典学院的现代化改造，大学对优秀学者的需求也更为迫切。为了吸引和留住优秀学者，大学之间展开了激烈的竞争。提高待遇、改善学术工作环境、提供专业成长机会等成为最常用和最有竞争力的手段。在这样的情形下，美国大学教师发展实践及相关制度建设开始启动。

二、美国大学教育环境的改变和大学教师群体的内在需求是推动美国大学教师发展实践与制度建设的双重动力

美国大学教师发展是在大学教育环境和大学教师群体内在需求的推动下不断走向繁荣的。其中，大学教育环境的改变，促使美国大学教师发展实践的产生和观念的形成，直接推动了大学教师发展实践及相关制度在美国大学和学院中逐步普及，是美国大学教师发展的外部动力。而大学教师群体构成及内在需求的变化，则促使美国大学教师发

展实践不断调整方向，增加新的内容，使得大学教师发展项目和活动越来越具有包容性和针对性，是美国大学教师制度发展的内部动力。美国大学教师发展实践与制度建设就是在这种内外双重动力的推动下，不断健全完善的。

19 世纪下半叶，美国高等教育开始向现代化转型。为了争取优秀学者，一些主要的研究型大学开始为大学教师提供发展条件，诸如学术休假、研究资助、减少教学工作量等。20 世纪五六十年代，美国高等教育处于发展的“黄金时代”。一方面，联邦政府增加了对大学科研的资助；另一方面，高等教育规模急剧扩张，大学教师供不应求。与此同时，学术专业化程度进一步提高，大学教师的专业发展问题也日益凸显。为了吸引和留住人才，越来越多的大学和学院开始了大学教师发展实践，通过进一步推行学术休假、科研资助、减少教学工作量等传统的大学教师发展形式，以及增加学术交流资助和新教师培训等大学教师发展的新形式，进一步强化大学教师作为学者的专业发展。

20 世纪 70 年代至 80 年代末，美国高等教育面临财政、生源、信任等重重危机，为了应对这些危机，大学教师发展制度建设作为一项重要的变革措施受到越来越多高校的重视。在福特、布什、礼来等私人基金会和美国国家科学基金会等联邦基金会的支持下，越来越多的大学和学院开始设立大学教师发展机构，开展大学教师发展项目和活动，完善大学教师制度建设。这一时期，美国大学教师发展观念开始形成，并且在实践中从注重大学教师作为传统学者的专业发展转向关注大学教师作为教学者的教学发展。促使这种变化产生的主要原因是学生。20 世纪 60 年代末 70 年代初席卷美国主要大学校园的学生运动，引发公众对大学教学质量和学生成长的关注。在上述基金会的资助和美国大学教授协会、美国大学协会等高等教育组织的支持下，美国高校掀起了一场教学改革的热潮。与此同时,学生消费主义兴起,“学生发展”观念也开始形成。“学生发展”观念在要求教师付出更多精力、履行更多责任的同时,也要求大学教师相应地发展能满足学生发展需求的能力。这样,在“学生发展”观念的引发下,大学教师发展观念得以成型,大学教师发展制度也日益完善。大学教师发展和教学改革共同促使了这一时期大学教师的教学发展转向。从根本上来说,在“危机时代”,大学教师发展的最终关注点并不在大学教师,而在学生,希望通过大学教师的教学发展来满足学生对改善教学的诉求。

20 世纪 80 年代,美国高等教育质量问题凸显。与此同时,高等教育的市场化趋势也日益突出。政府、社会团体、公众批评美国高等教育质量下滑、学术生产力低下,要求对美国本科教学进行改革,对教授工作进行考评。在这样的情形下,越来越多的大学和学院设立大学教师发展机构,实施大学教师发展项目。这就使得 20 世纪 80 年代美国大学教师发展实践在“量”上有了很大的提升。美国大学教师的学术职业吸引力下降,大学教师遭遇“年龄危机”,兼职教师群体兴起,改革乃至废除大学教师终身教职的呼声日渐高涨。这对美国大学教师发展提出了新的要求,要求大学关注教师的职业发展,关注大学教师的多方面需要,关注不同大学教师群体的需要,通过设计和实施富有针对性的大学教师发展项目和活动来促进大学教师发展。在这样一种内在需求的推动下,美国大学教师实践开始关注大学教师个人发展、专业发展和教学发展等不同维度的发展,关注中年教师、兼职教师和研究生助教等不同教师群体的发展等。

20 世纪 90 年代以后,随着知识社会的到来和全球化进程的加快,美国高等教育面临的挑战越来越多,高校之间的竞争也日益激烈。为了在激烈变化的环境中掌握主动权,越来越多的大学和学院开始创设大学教师发展机构,实施大学教师发展项目。1997 年,有研究者对美国 45 个州 116 所不同类型院校的调查显示:几乎所有类型的院校都开展了某种形式的大学教师发展活动;六成以上的院校设有专门的大学教师发展机构,为大学教师发展项目和活动提供财政预算和经费支持。这在一定程度上反映了 20 世纪 90 年代以来美国大学教师发展实践的繁荣。这一时期,学生和大学教师群体构成也更加多样化,大学教师面临的学术工作和扮演的角色也更加复杂化,这就需要大学教师发展实践更加专业化,更具有包容性和针对性,开拓新的项目和活动形式,以适应大学教师发展的需要。在这一需求的推动下,美国大学教师发展项目和活动不断丰富,教学学术、未来教师发展、新教师发展、技术与大学教师发展相结合、多元文化教学、女性教师发展、少数族裔教师发展,等等。美国大学教师发展成为更加全面的活动。

由此可见,从产生至今,美国大学教师发展实践与制度建设都是为了帮助美国高校适应社会变化、迎接挑战、获取资源。美国大学教育环境的改变直接推动了美国大学教师发展的历史进程,促进了美国大学教师发展制度的完善。大学教师群体构成及内在需求的变化则使美国大学教师发展的内容和形式不断丰富,促进了美国大学教师的专业化。美国大学教育环境的改变和大学教师群体的内在需求成为推动美国大学教师发展的双重动力。

三、美国大学教师发展制度建设的历程同时也是大学教师发展内涵日益丰富的过程

美国大学教师发展的“奠基时代”并没有产生大学教师发展观念,大学教师发展被视为大学教师自己的事情,学校主要为大学教师发展提供机会和条件,促进大学教师个体在专业领域内的发展。20 世纪 60

年代末，学生运动打破了“教授神话”，对大学教学和课程提出更高的要求。为了满足学生发展的要求，越来越多的大学和学院意识到大学教师也需要发展，需要提高教学能力。在这样的情况下，大学教师发展观念开始产生，并在实践中主要表现为大学教师的教学发展。在一定程度上，大学教师发展作为一个研究和实践领域兴起，教学发展是其逻辑起点。20 世纪 80 年代，在成人发展和职业发展理论的影响下，美国大学教师发展观念开始拓展，整合了原有的教学发展和专业发展维度，增加了个人发展维度。但是 20 世纪 80 年代最突出的问题是高等教育质量问题，而质量问题的关键仍然是教学问题。因此，这一时期，虽然大学教师发展的维度得以拓展，但是教学发展仍然是其核心，并且在教学发展中更强调评估，强调学生学习的效果。20 世纪 90 年代以后，随着博耶多元学术观的提出，大学教师全面发展观念开始逐步形成。大学教师不仅是一个发展中的人，还是一个在特定组织中发展的人。那么对于大学教师发展，不能仅仅只重视大学教师的个人发展、教学发展和专业发展，还要注重为大学教师发展提供适宜的组织环境，也就是说大学教师发展应该将组织发展包含在内。这样，20 世纪 90 年代以后，大学教师发展就形成了一个全面发展的框架。在这一全面发展的框架中，教学发展之所以仍然能够成为核心，是因为这一时期美国高等教育发展强调学术的多元平衡，对科研之外包括教学、服务等在内的学术工作投以更多的关注。教学作为除科研之外大学教师最重要的学术工作，自然更加受到重视。而且，20 世纪 90 年代以后，学生的构成和需求日益多样化，信息技术日新月异，都对教学提出了更多的要求和挑战。通过促进大学教师的教学发展来改善教学，仍然是大学和学院工作的重点领域。

四、美国大学教师发展实践与制度建设的宗旨是以服务和发展的理念促进大学教师发展

美国大学教师发展实践与制度建设的一个鲜明特色是以服务和发展的理念来促进大学教师发展。早在“奠基时代”，大学教师发展观念还未产生之时，一些研究型大学即开始为大学教师作为学者的专业发展创造条件，通过为大学教师提供科研资助、学术休假、减少教学工作量等服务，促进大学教师的自我专业成长。“危机时代”，在“学生发展”观念的影响下，美国大学教师发展观念得以形成。“发展”意味着一种变化的过程，朝更高层次、更强大、更完善的方向迈进。对个体而言，“发展”意味着自我意识的增强、独立性的增强、认知能力的提升。在这种理念的指导下，大学教师发展必然要以满足教师的内在需要为目的。因为这一时期，“发展”的重点是学生，强调通过大学教师发展来促进学生发展，所以广泛设立和开展的大学教师发展项目和活动更加关注学生对于改善教学的诉求，一定程度上忽视了大学教师的内在需求。即使如此，这些项目和活动仍然带有很强的服务色彩。它们以满足教学需要为目的，对所有教师开放，采取自愿参加的方式。20 世纪 80 年代以后，美国大学教师发展的“服务”和“发展”理念更加凸显。大学教师发展以满足大学教师的内在需要为目的，不仅注重满足大学教师教学和专业发展的需要，也强调满足大学教师个人生活和成长的需要，还注重为大学教师发展提供适宜的组织环境。为满足大学教师发展的需要，院校通过问卷调查、评估等方式调查大学教师需求，确定大学教师发展项目和活动形式，通过发行简报、发布网站消息、举行午餐会等方式，让大学教师了解学校的各种服务项目。为免除大学教师的后顾之忧，院校提供的服务遵循自愿和保密的原则，并且很少与大学教师的职

业晋升和薪酬待遇等直接联系起来。可以说，在美国大学教师发展中，发展是目的，服务是手段，通过这两种理念的结合，美国大学教师发展不断走向繁荣。

五、美国大学教师发展实践与制度建设的基本抓手在校园

美国的大学教师发展实践是基于校园的。早在“奠基时代”，一些研究型大学就已经开始为本校大学教师的专业发展提供服务，但尚未出现专门的组织。在“危机时代”，一些大学和学院中出现了诸如教学中心、教师发展中心、教学研究与服务中心等专门的大学教师发展机构，为全校范围内的大学教师发展提供服务。20 世纪 80 年代，此类专门的大学教师发展机构日趋增多，大学教师发展机构开展的基于校园的项目和活动也逐渐增多。20 世纪 90 年代以后，大学教师发展活动日趋基层化。很多院校不仅在全校范围内开展大学教师发展活动，还在学院、学系等基层组织开展大学教师发展活动。虽然在美国大学教师发展的历程中，公私立基金会以及一些营利性公司也参与大学教师发展活动，为一些院校的大学教师发展提供资助和服务，但此类活动也主要是在校园内开展的。可以说，以校园为中心推动大学教师发展实践，是美国大学教师发展成功的关键。各个院校可以根据自身的传统、学校的使命、教学的特点、大学教师的需要实施有针对性的大学教师发展项目，因地制宜开展适合自己需要的大学教师发展活动，并且在活动过程中，院校的各级组织还可以根据自身需要和教师的反馈，随时调整活动内容，实现大学教师发展和院系组织发展的有机结合。

六、美国大学教师发展实践与制度建设的理想是促进所有教师实现全面的、有针对性的发展

美国大学教师发展实践与制度建设始终关注促进所有教师实现全面的、有针对性的发展。在“奠基时代”和“危机时代”，美国大学教师发展项目和活动面向所有在职的大学教师，注重为他们的专业发展或教学发展提供帮助，但还缺乏全面性和针对性。20 世纪 80 年代，美国大学教师发展不再只是重视大学教师作为学者或教学者的发展，而且注重向满足大学教师多维的、全面的、不断变化的需要转变。这一时期开展的大学教师发展活动涉及教学发展、专业发展和个人发展三个维度。不仅如此，这一时期的大学教师发展也更有针对性，开始关注不同群体、处于不同职业生涯阶段大学教师发展的需求，特别是中年教师、兼职教师和研究生助教的发展需求。很多大学和学院专门为这些群体设置了具有针对性的发展项目。20 世纪 90 年代以后，大学教师发展更加全面，更具有针对性。大学教师发展包括大学教师学术和职业生涯的各个方面，主要涉及教学发展、专业发展、个人发展和组织发展四个维度。发展的对象不仅包括在职的大学教师，还包括研究生这类准教师群体。针对不同大学教师群体的需要开发实施不同的大学教师项目：有针对研究生的未来教师发展项目和研究生助教项目，针对新教师的新教师发展项目，针对中年教师的职业生涯中期教师发展项目和终身教职后教师发展项目，针对即将退休教师的职业生涯晚期教师发展项目，针对兼职教师的兼职教师发展项目，针对女性和少数族裔教师的女性教师发展项目和少数族裔教师发展项目，等等。正是这些全面和具有针对性的大学教师发展项目，保障了美国大学教师发展实践的效果，使得美国大学教师发展实践走在世界高等学校教师发展的前列。

七、美国大学教师发展实践与制度建设始终追求教学与科研的平衡

殖民地时期创立的哈佛学院将教学确定为学校的中心工作以及学院教师的神圣职责。在此后的近一个半世纪，美国的大学基本上都以教学为主。19 世纪初，情况悄然发生变化，追求实用主导着美国大学的发展。为国家建设服务，为社会发展需要服务，为民众解决现实问题和困难服务，成为大学的教育追求。这在引导大学结构改革的同时，也改变了大学教师的职业责任。除传授知识外，大学教师还承担着越来越多的知识发现的责任。约翰斯·霍普金斯大学被视为美国第一所把知识的发现看得比单纯的教学更为重要的大学。同时，大学教师职业活动中教学与科研关系的争论愈演愈烈。大学教师应该关注借助有效的教学帮助学生不断掌握知识，还是有效开展科学研究活动？教学与科研相结合是为了学生、教师，还是为了社会和国家？教学与科研相结合应该遵循教育逻辑、科研逻辑，还是知识服务逻辑？与许多学术争论的命运相似，这些争论迄今并未形成共识。不过，有一点似乎是明确的：在很多大学，尤其是在享有世界声誉的一流研究型大学中，大学教师的教学与研究活动日渐疏离已成为不争的事实。

大学教师的教学与研究相辅相成乃至合二为一的假设，在 20 世纪初期的美国大学实践中遭遇强有力的挑战。这种挑战是双向的：一方面，批评者抨击大学教师忽视了自己的教学责任，未能与学生保持必要的接触，聘任大学教师过于看重其研究能力；另一方面，主要兴趣在于科研的大学教师则认为本科生教学事务分散了其从事研究活动的精力，主张研究应该成为大学教师一项独立的教育事务，而不是要通过借助教学甚至服务教学的方式来体现研究的价值。关于科研与教学的关

系，支持科研与教学脱离的教师坚信，即使科研没有在提高教师的教学水平方面发挥显著作用，科研的社会价值也是显著的，大学仍然应该支持教师在教学活动之外开展研究。相对于教学工作而言，教师的研究成果所获得的更高程度的社会认可，直接强化了教师的研究兴趣，并激发更为专业化的研究热情，即使这种越来越专门化的研究活动已经对培养一个心智得到全面训练的人的事业造成忽视甚至构成伤害，也在所不惜。研究已被确定为大学教学的一种基本的伴随物，教授们的研究兴趣就变得更加职业化和专门化。研究成为教授职业身份的一个重要组成部分和其在学术界名望的一个根本性决定因素。关注大学教育的人士发现，许多教师对研究过分重视和投入，而忽视了他们的教学责任，对学生的影响十分有限。对于研究的专注导致大学教师在身体与情感两个方面日益忽略学生群体的存在，遑论引导学生心智的训练和智慧的完善。

此后，导致美国大学教师教学与科研相脱离的实践不但获得“威斯康星观念”的理念支撑，还从第二次世界大战后美国大学在解决国家安全、公共卫生等一系列国家重大问题中所取得的骄人业绩中获得了实践根据。形成于20世纪初的“威斯康星观念”的基本内容包括：大学必须参与州的各项事务；大学与州政府密切合作；倡导学术自由。

美国研究型大学的教师承担国家重大科研项目的大规模实践始于第二次世界大战。战争期间，罗斯福总统接受时任卡内基研究院院长的万尼瓦尔·布什的建议，为大力发展大学科研拨付巨额经费。原子弹、雷达和盘尼西林即为此后大学科学研究的成果。第二次世界大战以后，以《科学——无止境的疆界》的发表为标志，联邦政府鼓励大学科学家不懈探索科学这一无止境的疆界，一些国家实验室交由大学管理，联邦科研开发经费向大学倾斜。大学教师也以自身科学研究的突出成就回报政府的慷慨资助。

1945 年到 1970 年间，在美国大学教师的学术专业生活中，由于研究的比重越来越大，教学逐步丧失了在大学的中心地位。科研能够带来高薪水、高职位和荣誉。大学教师把更多的时间花在科研活动上，他们更关注学科领域的发展，用让学生背诵的方式来应付教学。这种“重科研，轻教学”的现实状况一定程度上提高了研究生教育的质量，但同时导致教师们无法像以往那样把精力集中在本科生的教育上，本科生教育普遍贬值。大学教师队伍也相应出现了分化，有专门从事研究工作的教师，有专门从事教学工作的教师，有同时从事研究工作与教学工作的教师。在大学教师评价中，如何实现教学业绩与科研业绩评价的平衡，如何通过有效的大学教师评价使得教师的教学与研究工作既能满足学生发展的需要，又有利于教师自身的发展，成为大学决策者和高等教育研究者的重要课题。

与科学研究活动蒸蒸日上和以学术成果为教师评聘主要依据形成对比的是，教学被视为一种与学术无缘、无关甚至彼此排斥的技能。出色的教学艺术往往被学术界人士理解为一种表演的艺术，且往往会波及对“表演者”学术才能的怀疑。雷丁斯(Bill Readings)将大学教学职能所受到的来自研究领域的伤害理解为一种大学教育主题的转变，一种关于大学中心事务的元叙事的崩溃。其结果是产生出一种将教学和研究裹挟到封闭的管理制度之中的专业化动力。这对以培养大学生理性能力为己任的传统大学教学观的损害是不可回避的。

为同时解决与教学无关的科研和未得到科研补充的教学的双重问题，美国当代高等教育专家博耶在《学术反思：教授工作的优先领域》中，创造性地提出“教学性学术”的概念。博耶在提出“四维学术”的基础上，赋予教学学术性的内在品性。博耶将学术分为“探究性学术”

(the scholarship of discovery)、“整合性学术”(the scholarship of intergration)、“应用性学术”(the scholarship of application)和“教学性学术”(the scholarship of teaching)。其中,“探究性学术”注重对知识的探索与发现,重视研究的结果和研究过程,赋予研究结果以新的意义;“整合性学术”关注学科知识整合的意义,追求专门知识探究的宏大背景和普遍意义,突破日趋逼仄的专业知识探索空间和偏狭志趣,尝试运用整合性思维理解自身学术领域及相关领域的学术问题;“应用性学术”即将知识应用于解决现实问题的学术,不仅是对基础研究领域内探究结果的实践化,更是在科学和艺术之间架设桥梁的知识性活动;“教学性学术”不同于静态的知识传授,它涵盖课程设计、教学方法探索和教学过程反思等内容,具有动态性、变革性和拓展性。具体来说,“教学性学术”或者说“教学学术”,指的是大学教师教学知识和教学能力的综合体系,是一种集专业知识、教育教学知识、合作与交流能力、教师职业尊严和自豪感以及对未来一代成长所负有的责任感和使命感的综合性知识、心智与技能体系。作为一种学术性活动的教学,要求大学教师密切追踪专业领域的最新信息,不断完善自身的知识结构,掌握最新的知识传授方法与手段;作为一种学术性活动的教学,既是教师与学生之间实施主动的知识传授与接纳的互动过程,更是基于知识传授与理解的精神交往和心灵涵泳。在教学过程中,大学教师在促进学生发展的同时,逐步完成自身教学性学术的成长。

为确保理想的大学教学的学术性,博耶强调大学教学活动的学术性不仅体现为大学教师自身所拥有的高深专业知识的积累,高超至少是必要的教学技能和技巧的掌握,对知识接受者已有知识准备状况和学习心理的洞察与理解,而且要求大学教师对教学进行教与学两方面的深入研究。通过提高教学的学术性,实现大学教师教学与科研的互动与共进，实现教学与科研的平衡。在大学教师的教学与科研实践中，这种平衡表现在两方面：一方面，大学教师在课堂教学中能够向学生介绍相关研究领域的前沿成果和最新进展，培养学生的科学研究意识，尝试运用科学研究方法探讨相关问题，为科学研究事业的延续培养新生力量，实现科研对教学的促进；另一方面，大学教师在知识传授的过程中，注重培养学生的思维能力和创新意识，激发学生的好奇心，鼓励学生投身于未知领域探索的信心和勇气，在提高学生学业成绩的同时，培养学生的研究能力。

参考文献

一、中文书籍

[1] Clark Kerr. 大学的功用[M]. 陈学飞,等,译. 南昌:江西教育出版社,1993.

[2] J. A. 森特拉. 大学教师工作评估[M]. 许建钺,高远,赵世诚,译. 北京:北京航空航天大学出版社,1992.

[3] R. K. 默顿. 科学社会学[M]. 鲁旭东,林聚任,译. 北京:商务印书馆,2003.

[4] 阿瑟·林克,威廉·卡顿. 一九〇〇年以来的美国史(下册)[M]. 北京:中国社会科学出版社,1983.

[5] 阿什比. 科技发达时代的大学教育[M]. 滕大春,等,译. 北京:人民教育出版社,1983.

[6] 埃里克·古尔德. 公司文化中的大学[M]. 北京:北京大学出版社,2005.

[7] 爱德华·希尔斯. 学术的秩序[M]. 李家永,译. 北京:商务印书馆,2007.

[8] 奥尔特加·加塞特. 大学的使命[M]. 徐小洲,陈军,译. 杭州:浙江教育出版社,2001.

[9] 巴特摩尔. 平等还是精英[M]. 尤卫军,译. 沈阳:辽宁教育出版社,1998.

[10] 彼·杜伊格南,阿·拉布什卡. 八十年代的美国[M]. 陈镇球,等,译校. 世界知识出版社,1981.

[11] 别敦荣. 中美大学学术管理[M]. 武汉:华中理工大学出版社,2000.

[12] 伯顿·R. 克拉克. 高等教育系统——学术组织的跨国研究[M]. 王承绪,等,译. 杭州:杭州大学出版社,1994.

[13] 伯顿·克拉克. 研究生教育的科学研究基础[M]. 王承绪,译. 杭州:浙江教育出版社,2001.

[14] 曾绍元. 外国高校师资管理比较研究[M]. 北京:海洋出版社,1999.

[15] 陈宝森，等. 美国经济周期研究[M]. 北京：商务印书馆，1993.

[16] 陈洪捷. 德国古典大学观及其对中国大学的影响[M]. 北京：北京大学出版社，2002.

[17] 陈利民. 办学理念与大学发展——哈佛大学办学理念的历史探析[M]. 青岛：中国海洋大学出版社，2006.

[18] 陈伟. 西方大学教师专业化[M]. 北京：北京大学出版社，2008.

[19] 陈学飞. 美国、德国、法国、日本当代高等教育思想研究[M]. 上海：上海教育出版社，1998.

[20] 陈学飞. 美国高等教育发展史[M]. 成都：四川大学出版社，1989.

[21] 程星. 细读美国大学[M]. 北京：商务印书馆，2006.

[22] 达里尔·E. 库宾，爱德华·J. 哈克特. 难有同行的科学同行评议与美国科学政策[M]. 谭文华，曾国屏，译. 北京：北京大学出版社，2011.

[23] 德里克·博克. 美国高等教育[M]. 北京：北京师范大学出版社，1991.

[24] 菲利普·G. 阿特巴赫，帕特立夏·J. 冈普奥特，D. 布鲁斯·约翰斯通. 为美国高等教育辩护[M]. 别敦荣，陈艺波，主译. 青岛：中国海洋大学出版社，2007.

[25] 菲利普·G. 阿特巴赫. 变革中的学术职业：比较的视角[M]. 别敦荣，主译. 青岛：中国海洋大学出版社，2006.

[26] 菲利普·阿特巴赫，利斯·瑞丝伯格，劳拉·拉莫利. 全球高等教育趋势：追踪学术革命轨迹[M]. 姜有国，等，译. 上海：上海交通大学出版社，2010.

[27] 符娟明. 比较高等教育[M]. 北京：北京师范大学出版社，1987.

[28] 龚旭. 科学政策与同行评议：中美科学制度与政策比较研究[M]. 杭州：浙江大学出版社，2009.

[29] 顾建民. 自由与责任：西方大学终身教职制度研究[M]. 杭州：浙江教育出版社，2007.

[30] 郭德红. 美国大学课程思想的历史演进[M]. 北京：中央编译出版社，2007.

[31] 郭健. 哈佛大学发展史研究[M]. 石家庄：河北教育出版社，2000.

[32] 郭丽君. 大学教师聘任制：基于学术职业视角的研究[M]. 北京：经济管理出版社，

2007.

[33] 韩毅. 美国工业现代化的历史进程(1607—1988)[M]. 北京：经济科学出版社，2007.

[34] 贺国庆，王保星，朱文富，等. 外国高等教育史[M]. 北京：人民教育出版社，2003.

[35] 贺国庆. 德国和美国大学发达史[M]. 北京：人民教育出版社，1998.

[36] 贺国庆. 近代欧洲对美国教育的影响[M]. 保定：河北大学出版社，1994.

[37] 赫伯特・斯坦. 总统经济学[M]. 北京：中国计划出版社，1989.

[38] 亨利・罗素夫斯基. 美国校园文化：学生・教授・管理[M]. 谢宗仙，等，译. 济南：山东人民出版社，1996.

[39] 黄安年. 麦卡锡主义——美国的法西斯主义[M]. 北京：商务印书馆，1984.

[40] 黄福涛. 外国高等教育史(第二版)[M]. 上海：上海教育出版社，2008.

[41] 黄福涛. 外国高等教育史[M]. 上海：上海教育出版社，2003.

[42] 江乐兴，周国宝. 不可不知的 50 所美国一流大学[M]. 北京：中国水利水电出版社，2007.

[43] 江绍伦. 美国高等和中等教育发展过程[M]. 香港：生活・读书・新知三联书店香港分店，1980.

[44] 教育大辞典编纂委员会. 教育大辞典：第 3 卷[M]. 上海：上海教育出版社，1991.

[45] 康斯坦斯・库克，等. 提升大学教学能力：教学中心的作用[M]. 陈劲，郑尧丽，译. 杭州：浙江大学出版社，2011.

[46] 克拉克・克尔. 大学之用(第 5 版)[M]. 高铦，高戈，汐汐，译. 北京：北京大学出版社，2008.

[47] 克拉克・克尔. 高等教育不能回避历史——21 世纪的问题[M]. 王承绪，译. 杭州：浙江教育出版社，2001.

[48] 李素敏. 美国赠地学院发展研究[M]. 保定：河北大学出版社，2004.

[49] 丽贝卡・S. 洛温. 创建冷战大学——斯坦福大学的转型[M]. 叶赋桂，罗燕，译. 北京：清华大学出版社，2007.

[50] 刘献君，等. 中国高校教师聘任制研究——基于学术职业管理的视角[M]. 北京：科

学出版社，2009.
[51] 刘绪贻. 美国通史(第六卷)战后美国史[M]. 北京：人民出版社，2008.
[52] 刘易斯・科塞. 理念人：一项社会学的考察[M]. 郭方，等，译. 北京：中央编译出版社，2001.
[53] 罗伯特・M. 赫钦斯. 美国高等教育[M]. 汪利兵，等，译. 杭州：浙江教育出版社，2001.
[54] 罗杰・L. 盖格. 研究与相关知识：第二次世界大战以来的美国研究型大学[M]. 张斌贤，孙益，王国新，译. 保定：河北大学出版社，2008.
[55] 罗杰・L. 盖格. 增进知识——美国研究型大学的发展(1900—1940)[M]. 王海芳，魏书亮，译. 保定：河北大学出版社，2008.
[56] 吕达，周满生. 当代外国教育改革著名文献(美国卷・第三册)[M]. 北京：人民教育出版社，2004.
[57] 吕达，周满生. 当代外国教育改革著名文献(美国卷・第一册)[M]. 北京：人民教育出版社，2004.
[58] 马骥雄. 战后美国教育研究[M]. 南昌：江西教育出版社，1991.
[59] 马克斯・韦伯. 学术与政治[M]. 钱永祥，等，译. 桂林：广西师范大学出版社，2004.
[60] 毛澹然. 美国社区学院[M]. 北京：高等教育出版社，1989.
[61] 莫顿・凯勒，菲利斯・凯勒. 哈佛走向现代——美国大学的崛起[M]. 史静寰，钟周，赵琳，译. 北京：清华大学出版社，2007.
[62] 欧内斯特・L. 博耶. 关于美国教育改革的演讲[M]. 涂艳国，方彤，译. 北京：教育科学出版社，2002.
[63] 彭小云. 斯坦福大学[M]. 北京：军事谊文出版社，2007.
[64] 朴雪涛. 知识制度视野中的大学发展[M]. 北京：人民出版社，2007.
[65] 强连庆. 中美日三国高等教育比较研究[M]. 上海：复旦大学出版社，1995.
[66] 乔玉全. 21 世纪美国高等教育[M]. 北京：高等教育出版社，2000.
[67] 乔治・凯勒. 大学战略与规划：美国高等教育管理革命[M]. 别敦荣，主译. 青岛：中国海洋大学出版社，2005.

[68] 瞿葆奎，马骥雄. 教育学文集：美国教育改革[M]. 北京：人民教育出版社，1990.

[69] 沈红. 美国研究型大学形成与发展[M]. 武汉：华中理工大学出版社，1999.

[70] 唐纳德·肯尼迪. 学术责任[M]. 阎凤桥，等，译. 北京：新华出版社，2002.

[71] 陶爱珠. 世界一流大学研究[M]. 上海：上海交通大学出版社，1993.

[72] 滕大春. 美国教育史[M]. 北京：人民教育出版社，1994.

[73] 王保星. 美国现代高等教育制度的确立[M]. 石家庄：河北教育出版社，2005.

[74] 王道余. 美国加利福尼亚州高等教育总体规划[M]. 教育部国家教育发展研究中心，组译. 北京：人民教育出版社，2005.

[75] 王全林. 精神式微与复归——"知识分子"视角下的大学教师研究[M]. 南京：南京师范大学出版社，2006.

[76] 王廷芳. 美国高等教育史[M]. 福州：福建教育出版社，1995.

[77] 王英杰. 美国高等教育的发展与改革[M]. 北京：人民教育出版社，2002.

[78] 王玉衡. 美国大学教学学术运动[M]. 北京：北京师范大学出版社，2012.

[79] 威廉·墨菲，D. J. R. 布鲁克纳. 芝加哥大学的理念[M]. 彭阳辉，译. 上海：上海人民出版社，2007.

[80] 吴述尧. 同行评议方法论[M]. 北京：科学出版社，1996.

[81] 希拉·斯劳特，拉里·莱斯利. 学术资本主义[M]. 北京：北京大学出版社，2008.

[82] 邢克超. 共性与个性：国际高等教育改革比较研究[M]. 北京：人民教育出版社，2004.

[83] 休·戴维斯·格拉汉姆，南希·戴蒙德. 美国研究型大学的兴起——战后年代的精英大学及其挑战者[M]. 张斌贤，於荣，王璞，译. 保定：河北大学出版社，2008.

[84] 徐延宇. 高校教师发展——基于美国高等教育的经验[M]. 北京：教育科学出版社，2009.

[85] 许迈进. 美国研究型大学研究——办学功能与要素分析[M]. 杭州：浙江教育出版社，2005.

[86] 亚瑟·科恩. 美国高等教育通史[M]. 李子江，译. 北京：北京大学出版社，2010.

[87] 阎光才. 美国的学术体制：历史、结构与运行特征[M]. 北京：教育科学出版社，

2011.

[88] 袁仲孚.今日美国高等教育[M].上海：上海翻译出版公司，1988.

[89] 约翰·S. 布鲁贝克.高等教育哲学[M].王承绪，等，译.杭州：浙江教育出版社，2002.

[90] 约翰·范德格拉夫，等.学术权力——七国高等教育管理体制比较[M].王承绪，等，译.杭州：浙江教育出版社，1989.

[91] 张斌贤，李子江.大学：自由、自治与控制[M].北京：北京师范大学出版社，2005.

[92] 张友伦.美国西进运动探要[M].北京：人民出版社，2005.

[93] 赵曙明.美国高等教育管理研究[M].武汉：湖北教育出版社，1992.

[94] 周少南.斯坦福大学[M].长沙：湖南教育出版社，1991.

二、中文论文

[1] 陈明伟，刘小强.大学教师发展：教学学术的新视角[J].教育与教学研究，2010(12)：1-2，11.

[2] 陈悦，高锡文.论美国学术专业的工会化——AAUP工会主义及其特征[J].复旦教育论坛，2006(5)：70-73.

[3] 陈至立.认真学习贯彻党的十七大精神　以提高质量为核心加快从高等教育大国向高等教育强国迈进的步伐——在教育部直属高校工作咨询委员会第十八次全体会议上的讲话[J].中国高等教育，2008(4)：4-9.

[4] 陈至立.以提高质量为核心　加快从高等教育大国向高等教育强国迈进的步伐[J].求是，2008(3)：8-12.

[5] 邓存瑞.美国博士后教育简介[J].外国教育动态，1989(1)：16.

[6] 郭锋.教师发展：马里兰大学的经验——美国大学教师发展工作个案研究[J].国家教育行政学院学报，2007(3)：84-91.

[7] 韩建华.教学学术观念及其对大学教师专业发展的启示[J].江西社会科学，2009(8)：26-29.

[8] 贺玲，熊华军.国内大学教学学术研究综述[J].高等理科教育，2010(2)：9-13.

[9] 侯定凯.博耶报告20年：教学学术的制度化进程[J].复旦教育论坛，2010(6)：31-37.

[10] 华东地区高校教师培训专题研究课题组.华东地区高校教师培训现状调查[J].教师教育研究，2005(2)：33-37.

[11] 靳贵珍.大学学术水平的演变与未来大学的发展[J].国家教育行政学院学报，2004(4)：53.

[12] 李函颖.美国佐治亚大学外部同行评议制的执行及其权力探析[J].高等教育研究，2015(1)：98-106.

[13] 李红惠.美国高校的学术休假制度透视[J].当代教育科学，2014(13)：41-45.

[14] 李欢，魏宏聚.欧内斯特·博耶"教学学术"思想评析[J].理工高教研究，2009(6)：106-108.

[15] 李玲.美国大学教师发展的历史进程及其启示[J].大学教育科学，2006(6)：66-67.

[16] 李婷婷.美国大学教师教学发展的启示[J].集美大学学报(教育科学版)，2010(4)：25-28.

[17] 李政云.卡内基教学促进基金会教学学术运动述评[J].现代大学教育，2008(1)：56-61，74.

[18] 李子江，王玲令.二战后美国高校学术休假制度的新动向[J].大学教育科学，2016(2)：52-57.

[19] 廖惠芝.美国大学教师培训培养的经验与思考[J].理工高教研究，2003(4)：20-21.

[20] 林杰，李玲.美国大学教师发展的三种理论模型[J].现代大学教育，2007(1)：62-66，111-112.

[21] 林杰，李玲.美国大学教师教学发展的背景与实践[J].中国大学教学，2007(9)：87-90.

[22] 林杰.美国大学的学术休假制度[J].比较教育研究，2008(7)：56-60.

[23] 林杰.美国大学教师发展的组织化历程及机构[J].清华大学教育研究，2010(2)：

49 - 56.

[24] 林杰. 美国大学教师发展运动的历程、理论与组织[J]. 比较教育研究，2006(12)：30 - 34,50.

[25] 刘宝存. 肯定性行动计划与美国少数民族高等教育的发展[J]. 民族教育研究，2002(5)：51 - 56.

[26] 刘桂莲. 教学学术：高校教师专业化的重要视角[J]. 教育研究与实验，2009(4)：41 - 43.

[27] 刘济良，王振存. 美国大学教师发展的经验及启示[J]. 教育研究，2011(11)：104 - 107.

[28] 卢辉炬，严仲连. 美、日、中大学教师发展之比较[J]. 社会科学家，2008(6)：134 - 136.

[29] 罗丹，徐洁. 美国大学教师发展研究——以八所著名大学为例[J]. 教育与考试，2007(3)：89 - 93.

[30] 马万华. 研究型大学建设：伯克利加州大学成功的经验和面临的问题[J]. 清华大学教育研究，2005(3)：1 - 7.

[31] 美国大学教授联合会. 高等教育的贬值：美国大学教师收入报告(2005—2006年)[J]. 杨长青，赵丹龄，译. 清华大学教育研究，2007(3)：70 - 72.

[32] 潘岳祥. 成人学习理论与教师继续教育[J]. 湖南师范大学教育科学学报，2005(4)：86 - 88.

[33] 裴雅勤. 美国大学教师待遇及其决定[J]. 内蒙古科技与经济，2008(8)：320 - 322.

[34] 王保星. 大学教师的职业忠诚：市场化视角[J]. 江苏高教，2006(6)：45 - 47.

[35] 王保星. 选修制的实施与美国现代大学的成长[J]. 河北师范大学学报(教育科学版)，2002(5)：55 - 60.

[36] 王保星. 殖民地时期美国高等教育发展的基本特征[J]. 清华大学教育研究，2000(2)：97 - 101.

[37] 王报平. 美国大学教师职业发展权利法律保障初探[J]. 煤炭高等教育，2007(1)：50 - 52.

[38] 王春玲,高益民.美国高校教师发展的兴起及组织化[J].比较教育研究,2006(9):56-61,87.

[39] 王建慧,沈红.美国大学教师评价的导向流变和价值层次[J].外国教育研究,2016(7):32-44

[40] 王英.约翰·霍普金斯大学早期办学理念分析[J].河北大学学报(哲学社会科学版),2005(1):131-134.

[41] 文雪,沈红.试析美国大学学术职业发展的独特性——基于对美国大学终身教职制度的考察[J].高教探索,2007(2):68-71.

[42] 吴丽萍."肯定性行动"的得失——小议美国校园文化多元性的实现[J].科教文汇(下半月),2006(12):16.

[43] 杨长青,何有良.美国大学教师任职安全体系:理念与实践[J].高教探索,2006(5):61-63,87.

[44] 张斌贤,李子江.论学术自由在美国的制度化历程[J].沈阳师范大学学报(社科版),2003(5):6-10.

三、英文书籍

[1] ALEXANDER L T, Yelon S L. Instructional Development Agencies in Higher Education[M]. East Lansing, Michigan: Michigan State University, 1972.

[2] ALTBATH P G, BERDAHL R O. Higher Education in American Society[M]. New York: Prometheus Books, 1981.

[3] BERGQUIST W H. The Four Cultures of the Academy: Insights and Strategies for Improving Leadership in Collegiate Organizations[M]. San Francisco: Jossey-Bass Publishers, 1992.

[4] BOWEN H R, SCHUSTER J H. American Professors: A National Resource Imperiled[M]. New York: Oxford University Press, 1986.

[5] BROOKFIELD S. Understanding and Facilitating Adult Learning [M]. San Francisco: Jossey-Bass, 1986.

[6] BRUBACHER J S, RUDY W. Higher Education in Transition: A History of American Colleges and Universities[M]. New Jersey: Transaction Publishers, 1997.

[7] BRUBACHER J S, RUDY W. Higher Education in Transition: An American History, 1636 - 1956[M]. New York: Harper & Row Publishers, 1958.

[8] BUSH V. Science: the Endless Frontier [M]. Washington: United States Government Printing Office, 1945.

[9] CAMPBELL J, RICHTER S, SHEPPARD J. Tenure in Transition: The Florida Experience[M]. Tallahahassee: State University System of Florida, 1996.

[10] CANDY P. Self-Direction for Lifelong Learning[M]. San Francisco: Jossey-Bass, 1991.

[11] CLARK B R. The Academic Life: Small Worlds, Different Worlds[M]. New Jersey: Princeton University Press, 1987.

[12] CLARK B R. The Academic Profession: National, Disciplinary, and Institutional Settings[M]. Oakland: University of California Press, 1987.

[13] COHEN A M. The Shaping of American Higher Education: Emergence and Growth of the Contemporary System[M]. San Francisco: Jossey-Bass Publishers, 1998.

[14] DORRIEN G. The Making of American Liberal Theology: Imagining Progressive Religion, 1805 - 1900[M]. Louisville, Ky: Westminster John Knox, 2001.

[15] EBLE K E. Professors as Teachers[M]. San Francisco: Jossey-Bass, 1972.

[16] EELLS W C, Hollis E V. Sabbatical Leave in American Higher Education: Origin, Early History, and Current Practices[M]. Washington, D. C. : U. S. Government Printing Office, 1962.

[17] FREEDMAN M. Academic Culture and Faculty Development [M]. Orinda, California: Montaigne Press, 1979.

[18] FREELAND R M. Academia's Golden Age: Universities in Massachusetts, 1945 - 1970

[M]. New York: Oxford University Press, 1992.

[19] GAFF J G. Toward Faculty Renewal: Advances in Faculty, Instructional and Organizational Development[M]. San Francisco: Jossey-Bass Publishers, 1975.

[20] GOOD C V. Dictionary of Education[M]. 3rd ed. New York: Mcgraw-Hill, 1959.

[21] GRAHAM H D, DIAMOND N. The Rise of American Research Universities: Elites and Challengers in the Postwar Era [M]. Baltimore: Johns Hopkins University Press, 1997.

[22] HECHT I W D. The Department Chair as Academic Leader[M]. Phoenix, Ariz.: Oryx Press, 1998.

[23] HENRY D D. Challenges Past, Challenges Present: An Analysis of American Higher Education Since 1930[M]. San Francisco: Jossey-Bass, 1975.

[24] HOFSTADTER R, WILSON S. American Higher Education: A Documentary History[M]. Chicago: the University of Chicago Press, 1961.

[25] HOFSTADTER R. Academic Freedom in the Age of the College[M]. New Jersey: Transaction Publishers, 1996.

[26] HOFSTADTER R. Academic Freedom in the Age of the College[M]. New York: Columbia University Press, 1955.

[27] JENCKS C, RIESMAN D. The Academic Revolution[M]. New York: Doubleday Company ING Garden City New York, 1968.

[28] JOUGHIN L. Academic Freedom and Tenure: A Handbook of the American Association of University Professors [M]. Madison Milwaukee: University of Wisconsin Press, 1967.

[29] KAHN S. To Improve the Academy: Resources for Faculty, Instructional, and Organizational Development(Vol. 5)[M]. Stillwater, O. K.: New Forum Press, 1986.

[30] KERR C. The Great Transformation in Higher Education 1960 - 1980 [M]. Albany: State University of New York Press, 1991.

[31] MARYELLEN W. Improving College Teaching[M]. San Francisco: Jossey-Bass Publishers, 1991.

[32] METZGER W P. Academic Freedom in the Age of the University[M]. New York: Columbia University Press, 1969.

[33] MORISON S E. The Founding of Harvard College[M]. Cambridge, Massachusetts: Harvard University Press, 1963.

[34] NATIONAL EDUCATION ASSOCIATION. Faculty Development in Higher Education: Enhancing a National Resource[M]. Washington D. C.: National Education Association, 1991.

[35] O'BRIEN G D. All the Essential Half-Truths about Higher Education[M]. Chicago: The University of Chicago Press, 1998.

[36] PUSEY N M. American Higher Education, 1945 - 1970: A Personal Report[M]. Cambridge, Mass.: Harvard University Press, 1978.

[37] PUSEY N M. The Age of the Scholar[M]. Cambridge, Mass.: the Belknap Press of Harvard University Press, 1963.

[38] RHOADES G. Managed Professionals: Unionized Faculty and Restructuring Academic Labor[M]. Albany: State University of New York Press, 1998.

[39] RIESMAN D. On Higher Education: The Academic Enterprise in an Era of Rising Student Consumerism[M]. New Jersey: Transaction Publisher, 1998.

[40] RIESMAN D. On Higher Education[M]. New Jersey: Transaction Publishers New Brunswick and London, 1998.

[41] ROBERT L C, Hammond P B. To Retire Or Not?: Retirement Policy and Practice in Higher Education[M]. Philadelphia: University of Pennsylvania Press, 2001.

[42] ROGER L G. To Advance Knowledge: The Growth of American Research Universities, 1900 - 1940[M]. New York: Oxford University Press, 1986.

[43] ROSOVSKY H. The University: An Owner's Manual[M]. New York: W. W. Norton and Company, Inc., 1990.

[44] RUDOLPH F. The American College and University: A History[M]. Athens, Georgia: University of Georgia Press, 1990.

[45] SCHUSTER J H, Wheeler D W. Enhancing Faculty Careers: Strategies for Development and Renewal[M]. San Francisco: Jossey-Bass Publishers, 1990.

[46] SELDIN P. Changing Practices in Faculty Evaluation: A Critical Assessment and Recommendation for Improvement[M]. San Francisco: Jossey-Bass Publisher, 1984.

[47] SHERIDAN H. "Ichabod Crane Dies Hard: Renewing Professional Commitments to Teaching." In How Administrators Can Improve Teaching[M]. San Francisco: Jossey-Bass, 1990.

[48] THELIN J R. A History of American Higher Education[M]. Baltimore: Johns Hopkins University Press, 2004.

[49] TOURAINE A. The Academic System in American Society[M]. New York: McGraw-Hill, 1974.

[50] WESTMEYER P. A History of American Higher Education[M]. Charles C. Thomas Publisher, 1985.

[51] WILSON L. American Academics: Then and Now[M]. New York: Oxford University Press, 1979.

[52] WILSON L. The Academic Man: a Study in the Sociology of a Profession[M]. New Brunswish: Transacton Publishers, 1995.

[53] ZAHORSKI K J. The Sabbatical Mentor[M]. Bolton MA: Anker Publishing, 1994.

四、英文论文

[1] AMANDA O. The Scholarship of Teaching: Yesterday, Today, and Tomorrow [J]. The Journal of the Professoriate, 2012(1): 100-116.

[2] ARDEN E. Great Scholar, Great Teacher: One and the Same[J]. The Journal of

Higher Education，1964(3)：150－153.

[3] BALDWIN R G，BLACKBURN R T. The Academic Career as a Developmental Process：Implications for Higher Education[J]. The Journal of Higher Education，1981(6)：598－614.

[4] BENOS D J，et al. The Ups and Downs of Peer Review[J]. Advances in Physiology Education，2007(31)：145－152.

[5] BERGQUIST W H，PHILIPS S R. Components of an Effective Faculty Development Program[J]. The Journal of Higher Education，1975(2)：177－211.

[6] BOYER E L. Highlights of the Carnegie Report：The Scholarship of Teaching From "Scholarship Reconsidered：Priorities of the Professoriate"[J]. College Teaching，1991(1)：11－13.

[7] CENTRA J A. TYPES OF FACULTY DEVELOPMent Programs[J]. The Journal of Higher Education，1978(2)：151－62.

[8] CRANTON P. Self-Directed and Transformative Instructional Development[J]. The Journal of Higher Education，1994(2)：726－744.

[9] DILORENZO T M，HEPPNER P P. The Role of an Academic Department in Promoting Faculty Development：Recognizing Diversity and Leading to Excellence [J]. Journal of Counseling & Development，1994(5)：485－491.

[10] FELDER R M，SILVERMAN L K. Learning and Teaching Styles in Engineering Education[J]. Engineering Education，1988(7)：674－681.

[11] GAFF J G，SIMPSON R D. Faculty Development in the United States[J]. Innovative Higher Education，1994(3)：168.

[12] GILBERT A M. In-Service Education of the College Faculty[J]. The Journal of Higher Education，1949(4)：192－197，226.

[13] HAMLIN W G. A College Faculty Looks at Itself[J]. The Journal of Higher Education，1957(4)：202－206，236.

[14] HANSEN W L，HOLDEN K C. Critical Linkages in Higher Education：Age

Composition and Labor Costs[J]. Insurance: Mathematics and Economics, 1985(1): 55 - 64.

[15] HUBER M T. Faculty Evaluation and the Development of Academic Careers[J]. New Directions for Institutional Research, 2002(114): 73 - 84.

[16] JABKER E H, HALINSKI R S. Instructional Development and Faculty Rewards[J]. The Journal of Higher Education, 1978(4): 316 - 328.

[17] LEE J J. The shaping of the departmental culture: Measuring the relative influences of the institution and Discipline[J]. Journal of Higher Education Policy and Management, 2007(1): 41 - 55.

[18] LEVINE M J. Higher Education and Collective Action[J]. The Journal of Higher Education, 1967(5): 263 - 268.

[19] LEVINSON-ROSE J, MENGES R J. Improving College Teaching: A Critical Review of Research[J]. Review of Educational Research, 1981(3): 403 - 434.

[20] LIEBERMAN D. Beyond Faculty Development: How Centers for Teaching and Learning Can be Laboratories for Learning[J]. New Directions for Higher Education, 2005(131): 87 - 98.

[21] LOEB J W, FERBER M A, LOWRY H M. The Effectiveness of Affirmative Action for Women[J]. The Journal of Higher Education, 1978(3): 218 - 230.

[22] MATTHEW K, COOK C E, STEIGER J. Using Theatre to Stage Instructional and Organizational Transformation[J]. Change, 2006(3): 32 - 39.

[23] MAYHEW L B. Faculty Demands and Faculty Militance[J]. The Journal of Higher Education, 1969(5): 337 - 350.

[24] MAYO G D. Faculty Evaluation of a Faculty Development Center[J]. Research in Higher Education, 1979(3): 253 - 262.

[25] MCMILLAN J H. The Impact of Instructional Improvement Agencies in Higher Education[J]. The Journal of Higher Education, 1975(1): 17 - 23.

[26] MIGNON C, LANGSAM D. Peer Review and Post-tenure Review[J]. Innovative

Higher Education，1999(1)：49－59.

[27] MILLIS B J. Faculty Development in the 1990s：What it is and Why We Can't Wait [J]. Journal of Counseling & Development，1994(5)：454－464.

[28] MOUSOLITE P S. The Professor[J]. The Journal of Higher Education，1961(6)：323－328.

[29] NICKLIN J K. As its President Retired，Bush Foundation is Praised for its Support of Faculty Development[J]. The Chronicle of Higher Education，1996(4)：A41.

[30] NIXON J. "Not without Dust and Heat"：The Moral Bases of the "New" Academic Professionalism[J]. British Journal of Educational Studies，2001(2)：173.

[31] NORBERT R. Stages of Faculty Development[J]. New Directions for Higher Education，1973(1)：61－68.

[32] OLSON K W. The G. I. Bill and Higher Education：Success and Surprise[J]. American Quarterly，1973(5)：596－610.

[33] PORTER S R，PAUL D. Umbach. Analyzing Faculty Workload Data Using Multilevel Modeling[J]. Research in Higher Education，2001(2)：171.

[34] RAY C M. Are College Teachers in Short Supply? [J]. The Journal of Higher Education，1965(7)：390－395.

[35] RICHARDSON R，MOORE W. Faculty Development and Evaluation in Texas Community Colleges[J]. Community Junior College Research Quarterly of Research and Practice，1987(1)：19－32.

[36] ROSE H M. Teacher-Exchange Programs[J]. The Journal of Higher Education，1966(6)：321.

[37] SANFORD N. Academic Culture and the Teacher's Development[J]. Soundings，1971(4)：357－371.

[38] SCHUSTER J H. The Personal Dimension：Faculty Development[J]. Thought and Action，1989(1)：61－72.

[39] SEWELL W H. Inequality of Opportunity for Higher Education[J]. American

Sociological Review, 1971(5): 793 - 809.

[40] SHAPIRO W L, CARTWRIGHT G P. New Ways to Link Technology and Faculty Development[J]. Change, 1998(5): 50.

[41] SIMA C M. The Role and Benefits of the Sabbatical Leave in Faculty Development and Satisfaction[J]. New Directions For Institution Research, 2000(5): 67 - 75.

[42] SMITH P. Teaching, Research and Publication [J]. The Journal of Higher Education, 1961(4): 199.

[43] SPALDING W B. The Professor as an Educator [J]. The Journal of Higher Education, 1950(6): 336.

[44] STRIGHT I L. Sabbatical Leave: A Critique[J]. The Journal of Higher Education, 1964(10): 389.

[45] TRACHTENBERG S J. What Strategy Should We Now Adopt to Protect Academic Freedom? [J]. Academe, 1996(1): 23 - 25.

[46] WALHOUT D. The American Scholar: In 1837 and the Present[J]. The Journal of Higher Education, 1965(6): 299 - 306.

[47] WALTERS R. A New Degree for College Teachers[J]. The Journal of Higher Education, 1965(7): 392.

图书在版编目（CIP）数据

学术共同体的构筑：美国大学教师发展制度研究 / 王保星等著. — 上海：上海教育出版社，2024.11.
ISBN 978-7-5720-3196-0

Ⅰ. G645.12

中国国家版本馆CIP数据核字第20242Y2A70号

华东师范大学教育学高峰学科建设资助项目

策　　划　董　洪
责任编辑　钦一敏
封面设计　陆　弦

XUESHU GONGTONGTI DE GOUZHU: MEIGUO DAXUE JIAOSHI FAZHAN ZHIDU YANJIU
学术共同体的构筑：美国大学教师发展制度研究
王保星　黄梦婉　等著

出版发行　上海教育出版社有限公司
官　　网　www.seph.com.cn
地　　址　上海市闵行区号景路159弄C座
邮　　编　201101
印　　刷　上海展强印刷有限公司
开　　本　640 × 965　1/16　印张 21　插页 1
字　　数　252 千字
版　　次　2024年11月第1版
印　　次　2024年11月第1次印刷
书　　号　ISBN 978-7-5720-3196-0/G·2825
定　　价　78.00 元

如发现质量问题，读者可向本社调换　电话：021-64373213